2019年度教育部人文社会科学研究青年基金项目“生态环境损害赔偿与环境公益诉讼的衔接机制研究”（19YJC820032）资助

生态环境损害赔偿与环境公益诉讼衔接机制研究

SHENGTAI HUANJING SUNHAI PEICHANG YU HUANJING GONGYI SUSONG XIANJIE JIZHI YANJIU

梁春艳 著

法律出版社
LAW PRESS · CHINA
北京

图书在版编目（CIP）数据

生态环境损害赔偿与环境公益诉讼衔接机制研究 / 梁春艳著. -- 北京 : 法律出版社, 2024. -- ISBN 978-7-5197-9384-5

Ⅰ. D922.683.4; D925.304

中国国家版本馆 CIP 数据核字第 20242B0Q11 号

生态环境损害赔偿与环境公益诉讼衔接机制研究
SHENGTAI HUANJING SUNHAI PEICHANG YU HUANJING GONGYI SUSONG XIANJIE JIZHI YANJIU

梁春艳 著

策划编辑 张　颖
责任编辑 张　颖
装帧设计 鲍龙卉

出版发行 法律出版社
编辑统筹 法律应用出版分社
责任校对 张翼羽
责任印制 刘晓伟
经　　销 新华书店

开本 A5
印张 9　**字数** 202 千
版本 2024 年 9 月第 1 版
印次 2024 年 9 月第 1 次印刷
印刷 河北虎彩印刷有限公司

地址:北京市丰台区莲花池西里 7 号(100073)
网址:www.lawpress.com.cn
投稿邮箱:info@lawpress.com.cn
举报盗版邮箱:jbwq@lawpress.com.cn

销售电话:010-83938349
客服电话:010-83938350
咨询电话:010-63939796

书号:ISBN 978-7-5197-9384-5　**定价**:48.00 元

凡购买本社图书,如有印装错误,我社负责退换。电话:010-83938349

前　言

随着科学技术的迅猛发展以及经济模式的不断革新，大气污染、水污染、土壤污染、气候变化、外来物种入侵等环境问题不断涌现。为应对日益严峻的生态损害和环境风险给人类健康及可持续发展带来的巨大冲击，我国环保法治建设快速发展，环保法律法规的“立改废”力度日益加大。目前，我国相对完备的环保法律法规及配套办法，如《环境保护法》《水污染防治法》《大气污染防治法》《土壤污染防治法》《海洋环境保护法》等规定了环境规划、环境影响评价、“三同时”[①]、环境标准、环境监测等诸多制度，并赋予政府及环保行政机关通过罚款、没收违法所得、责令改正、责令采取补救措施、责令停产整治、责令停业关闭、代履行等行政命令、行政处罚及行

① 建设项目中防治污染的措施，必须与主体工程同时设计、同时施工、同时投产使用。

政强制等传统环保行政管制手段制裁违法者的行政权力。以行政权为主导的环保法律体系，为全面建设社会主义现代化国家奠定了根基。然而，在我国现行法律框架下，环境行政命令的功能侧重于纠正环境违法行为或消除环境危害后果，环境行政处罚聚焦于对违反环境保护法但尚未构成犯罪的单位或个人进行行政制裁，环境行政强制仅适用于能够代为排除妨碍或恢复原状的环境污染或生态破坏等特定领域。总的来说，传统的环境行政管制手段在生态环境严重受损或难以修复的领域以及存在重大环境风险的领域，尚未能充分发挥应有的修复、赔偿或预防功能。制度供给上的缺失，以及实践中“规制俘获”或“政府失灵”的客观存在，导致传统环境行政管制手段已经无法满足当前生态环境损害救济的现实需要。如今，在环保法律体系不断完善以及大力改革生态环境监管体制的同时，环境公益诉讼、生态环境损害赔偿正逐渐成为新时代突破生态环境损害救济“瓶颈”的创新方法。

早在2005年3月，梁从诫等28名全国政协委员联合提交《关于尽快建立健全环保公益诉讼制度的提案》（1223号），提出“我们迫切地呼吁尽快着手建立环境民事公益诉讼制度”；同年12月，《国务院关于落实科学发展观加强环境保护的决定》首次提出“推动环境公益诉讼”。2011年《国家环境保护“十二五”规划》中明确“支持环境公益诉讼”。在国家政策的推动下，各地积极制定环境公益诉讼地方规范性文件，如《玉溪市中级人民法院、玉溪市人民检察院关于办理环境资源民事公益诉讼案件若干问题的意见（试行）》《昆明市环境保护局关于办理环境民事公益诉讼案件的指导意见（试行）》《海南省高级人民法院关于环境资源民事公益诉讼试点的实施意见》。地方规范性文件的陆续出台以及地方司法实践如火如荼地开展,推动了我国环境公益诉讼的立法进程。我国《民事诉讼法》(2012 年修正)、《环境保护法》、《最高人民法院关于审理环境民事公益诉讼案件适用法律若干问题的解释》(2015 年)、《民事诉讼法》(2017 年修正)、《行政诉讼法》以及《最高人民法院、最高人民检察院关于检察公益诉讼案件适用法律若干问题的解释》(2018 年)、《最高人民法院、最高人民检察院关于检察公益诉讼案件适用法律若干问题的解释》(2020 年修正)、《人民检察院公益诉讼办案规则》、《人民检察院公益诉讼办案听证工作指引》等法律和司法解释的出台,为环境公益诉讼的开展提供了依据。其间,为破解"企业污染、群众受害、政府买单"的历史困局,严格落实环境保护法"损害者担责原则",中共中央办公厅、国务院办公厅印发《生态环境损害赔偿制度改革试点方案》(已废止),从顶层设计的高度创设了具有中国特色和革命性创新的生态环境损害赔偿制度。随后,《生态环境损害赔偿制度改革方案》、《最高人民法院关于审理生态环境损害赔偿案件的若干规定(试行)》(2019 年)、《最高人民法院关于审理生态环境损害赔偿案件的若干规定(试行)》(2020 年修正)、《生态环境损害赔偿管理规定》等文件相继颁发,搭建了我国生态环境损害赔偿制度的规则架构。至此,我国创设了生态环境损害赔偿与环境公益诉讼并驾齐驱的生态环境损害救济体系。

我国生态环境损害赔偿与环境公益诉讼在适用范围、赔偿目的、制度功能等方面高度重叠。为避免制度之间高度重叠与互相冲突,充分发挥各制度的合力,《最高人民法院关于充分发挥审判职能作用为推进生态文明建设与绿色发展提供司法服务和保障的意见》(法发〔2016〕12 号)提出:"试点地方省级政府提起生态环境损害赔偿诉讼,不影响社会组织依法提起环境民事公益诉讼,也不影响人身和财产权利受到损害的自然人、法人和其他组织提起私益诉讼。准确界定基于同一侵权行为发生的三类诉讼之间的关系,做好诉讼请求、事实认定、责任承担以及判决执行等方面的协调、对接。"《生态环境损害赔偿制度改革方案》提出:"生态环境损害赔偿制度与环境公益诉讼之间衔接等问题,由最高人民法院商有关部门根据实际情况制定指导意见予以明确。"虽然《最高人民法院关于审理生态环境损害赔偿案件的若干规定(试行)》第16、17、18条对生态环境损害赔偿诉讼与环境民事公益诉讼之衔接进行了原则性的规定,但远未涉足生态环境损害赔偿磋商与环境民事公益诉讼、生态环境损害赔偿磋商与环境行政公益诉讼、生态环境损害赔偿诉讼与环境行政公益诉讼之间的衔接关系问题。立法的不足与缺失,导致生态环境损害赔偿与环境公益诉讼衔接的司法实践出现角色定位冲突、功能定位模糊、衔接类型五花八门等问题。在新时代加快推进生态文明建设的背景下,如何将二者有效衔接并发挥生态环境损害赔偿与环境公益诉讼在环境公共治理中的协调作用,进而有效助力国家治理体系与治理能力现代化,仍是困扰理论界和实务界的难题,也是环境法研究的重要课题。

美国和欧盟地区关于公共机构运用民事或行政机制保护自然资源、公民或社会团体借助司法监督环境执法的法律实践和相关研究较为成熟。其中,美国对自然资源损害赔偿、环境公民诉讼的研究较具代表性,欧盟对环境损害预防救济、环境团体诉讼的研究亦具典型性。在美国,学者自20世纪70年代始,对自然资源损害赔偿和环境公民诉讼的立法背景、理论基础、原告资格、适用范围、损害评估、赔偿机制、规则变革和趋势预判等问题,运用案例分析等方法开展相关研究。欧盟经历了从私法向公法转变的研究历程,逐步形成更具行政色彩的环境损害预防救济制度，环境团体诉讼制度亦渐趋完善。欧盟地区学者主要对欧美环境损害救济制度比较、《关于预防和补救环境损害的环境责任指令》（ELD）在欧盟各国的立法转化和法律实践、环境损害预防救济机制、与欧盟各国相关环境法律责任制度的协调等问题运用案例、法经济学方法进行研究。由于政治体制、法律体系、社会背景和权力构造的不同，域外经验不能直接照搬，需辩证性借鉴。

21 世纪初，我国法学界和实务界开始积极开展学术研讨和试点实践，共同推动环境司法专门化建设。然而，2015 年以前，学者多从生态环境损害本身的特殊性出发，分别探讨生态环境损害赔偿或环境公益诉讼的适用范围、制度构建、域外立法等问题，鲜有关注生态环境损害赔偿与环境公益诉讼的区别，有的甚至认为生态环境损害赔偿即是以政府作为起诉主体的环境民事公益诉讼。自 2016 年以来，学者开始意识到生态环境损害赔偿与环境公益诉讼至少在权利主体、法理基础、法律性质等方面存在本质差异。然而，制度衔接机制的立法不足导致司法实践乱象丛生。在此背景下，学者进一步对生态环境损害赔偿与环境公益诉讼衔接的必要性、索赔权和监督权的适用等具体问题进行研究，并呼吁深入研究我国生态环境损害赔偿与环境公益诉讼的衔接机制。构建逻辑自洽的生态环境损害赔偿与环境公益诉讼衔接机制有助于理顺我国生态环境损害救济体系，推动国家环境治理体系与治理能力现代化。本书拟综合运用环境法理论和诉讼法理论审视并辨识生态环境损害赔偿与环境公益诉讼的本质差异，立足我国生态环境损害赔偿与环境公益诉讼的立法演绎与司法实践，进而证成生态环境损害赔偿与环境公益诉讼的衔接逻辑和运行机理。

目 录

第一章
生态环境损害赔偿与环境公益诉讼的关系辨识

生态文明改革要求将生态环境损害赔偿与环境公益诉讼有效融入我国现有环境法律体系。作为我国环境司法的新形态,生态环境损害赔偿与环境公益诉讼在适用范围、制度目的、功能价值等方面高度契合,但在权利主体、法理基础、法律性质等方面存在本质差异。目前,理论界与实务界对生态环境损害赔偿与环境公益诉讼的关系以及两者衔接的理论基础并未达成统一认识。清晰界定生态环境损害赔偿与环境公益诉讼的内涵和外延,进而辨识生态环境损害赔偿与环境公益诉讼的理论依据和法律属性,对理顺我国生态环境损害赔偿与环境公益诉讼的衔接逻辑和运行机理具有重要作用。

第一节 生态环境损害赔偿与环境公益诉讼的概念辨析

理论界主流观点认为,环境公益诉讼是指特定的国家机关、相关团体和个人,对有关民事主体或行政机关侵犯环境公共利益的行为向法院提起诉讼,由法院依法追究行为人法律责任的制度。① 以诉讼程序为划分标准,我国环境公益诉讼可划分为环境民事公益诉讼和环境行政公益诉讼。在环境民事公益诉讼、环境行政公益诉讼大力推进的同期,我国为破解“企业污染、群众受害、政府买单”的困境,创设了具有中国特色的生态环境损害赔偿制度。由此,环境民事公益诉讼、环境行政公益诉讼以及生态环境损害赔偿制度共同支撑起了我国的生态环境损害救济体系。本节首先拟对三项制度的内涵分别进行解读。

一、环境民事公益诉讼:内涵与特征

早在21世纪初,在我国立法尚未明确规定环境民事公益诉讼制度前,理论界已有学者前瞻性地呼吁我国应构建环境民事公益诉讼制度,并对环境民事公益诉讼的概念从起诉主体、诉讼目的、诉讼性质、诉讼程序等方面展开阐释。有学者主张将环境民事公益诉讼定义为:法定的组织和个人根据法律规定,为了保护社会公共环境权益,对违反环境法律、侵害公共环境权益者,向人民法院提起并要

① 参见吕忠梅:《环境公益诉讼辨析》,载《法商研究》2008年第6期。

求其承担民事责任，由法院按照民事诉讼程序依法审判的诉讼。[①]有学者提出，环境民事公益诉讼是指公民或组织针对侵害环境公益的其他公民或组织的行为，而请求法院给予民事性质的救济的诉讼。[②] 有学者提出，环境民事公益诉讼，是指任何个人或法定的组织都可以社会公众的名义，将侵害环境公共利益的不法私人行为诉诸法院，要求其承担民事责任并依民事诉讼程序进行审判的活动。[③]亦有学者提出，环境民事公益诉讼是指特定的国家机关、社会组织和公民，为维护环境公共利益，根据法律的规定，对已经或可能污染和破坏环境的行为，针对实施该行为的主体向法院提起并要求其承担民事责任，由法院按照民事诉讼程序依法审判的活动。[④]

随着环境民事公益诉讼试点探索的成熟推进，我国 2012 年修正的《民事诉讼法》第 55 条[⑤]首次在立法层面确认了环境民事公益诉讼制度，扭转了长期以来环境民事公益诉讼无法可依的被动局面。随后，2014 年修订的《环境保护法》第 58 条、2015 年发布并实施的《最高人民法院关于审理环境民事公益诉讼案件适用法律若干问题的解释》以及 2017 年修正的《民事诉讼法》明确赋予法律规定的机关和有关组织提起环境民事公益诉讼的起诉资格，并对社会组

---

① 参见叶勇飞：《论环境民事公益诉讼》，载《中国法学》2004 年第 5 期。

② 参见别涛：《环境公益诉讼的立法构想》，载《环境保护》2005 年第 12 期。

③ 参见詹建红：《论环境公益诉讼形态的类型化演进》，载《河北法学》2006 年第 8 期。

④ 参见李燕芳、李斌：《论我国环境民事公益诉讼制度的构建与创新》，载《法学家》2006 年第 5 期。

⑤ 该条规定："对污染环境、侵害众多消费者合法权益等损害社会公共利益的行为，法律规定的机关和有关组织可以向人民法院提起诉讼。"

织的起诉资格进行了限定。由此,我国环境民事公益诉讼由试点探索阶段进入立法纵深阶段。该阶段,立法为环境民事公益诉讼的开展提供了法律依据,却未明确界定其概念。学界对环境民事公益诉讼的讨论亦持续发酵。有学者呼吁对环境民事公益诉讼的界定应采功能主义路径,将其置于与传统诉讼的差异,以及司法权与立法权、行政权关系的背景下进行。① 有学者则从功能主义的角度将环境民事公益诉讼改称为"环境风险预防与监督诉讼",并将其定义为:为了保障环境公共利益,预防生态环境损害造成严重不利后果和监督行政机关依法积极履责,对存在环境风险之虞、正在实施且尚未造成严重后果的一般性环境风险行为,或已然造成严重损害后果且行政机关未依法履行生态损害索赔义务之行为,符合法定条件的社会组织或检察机关在穷尽行政方式仍无法有效救济时,代行政机关向人民法院提起以"停止侵害、排除妨碍、消除危险、修复生态"等为请求的环境风险阻却之诉,或"以损害填补"为诉求的生态环境损害索赔之诉。②

综观学界各类观点,并结合我国法律及司法解释相关规定,本书拟将环境民事公益诉讼界定为,法律规定的机关或有关组织,在环境行政救济无法有效发挥作用时,为救济生态环境损害或预防重大生态环境风险的发生,根据法律规定对已经或可能损害环境公共利益的环境违法行为,向人民法院提起的请求违法者停止侵害、排除妨碍、消除危险、修复生态或赔偿生态环境功能损失的诉讼。基

---

① 参见刘静:《环境民事公益诉讼的界限》,载《法商研究》2022 年第 3 期。

② 参见周勇飞:《生态环境损害赔偿诉讼与环境民事公益诉讼的界分——功能主义的视角》,载《湖南师范大学社会科学学报》2020 年第 5 期。

于此,我国环境民事公益诉讼应具有以下特征:

第一,原告为法律规定的机关或有关组织。以维护具有私益属性的人身权或财产权为目的的环境侵权诉讼,其原告系与受侵害的人身权或财产权具有直接利害关系的公民、法人或其他组织。与之不同,环境民事公益诉讼以维护不特定多数人所共同享有的环境公共利益为目的。环境公共利益最大的特征为非排他性、非专属性,其利益主体为不特定多数的公众。当不特定多数的公众共同享有的环境公共利益受损或可能受损时,基于诉讼实施权理论,环境民事公益诉讼的诉讼主体与利益归属主体相互分离,原告与受损或可能受损的环境公益之间不必然具有直接利害关系。但环境民事公益诉讼的原告须获得法律的明确授权,只能由法律将权利赋予具有代表环境公共利益资格的主体实施。根据我国《民事诉讼法》第58条、《环境保护法》第58条的规定,有权提起环境民事公益诉讼的原告为法律规定的机关或有关组织。法律规定的机关主要指检察机关[①],有关组织主要指符合《环境保护法》第58条规定的法定条件的社会组织。

第二,被告为已经实施生态环境损害行为或可能造成重大生态环境风险的自然人、法人和非法人组织。环境公益诉讼维护的是与生态功能密切相关的环境公共利益,从侵害行为的角度来看,一切侵害或可能侵害环境公共利益的行为都属于环境公益诉讼规制的

① 根据《海洋环境保护法》第114条第2款的规定,行使海洋环境监督管理权的部门可以代表国家提起海洋环境损害赔偿诉讼。根据《生态环境损害赔偿制度改革方案》等文件及司法解释的规定,省级、地市级人民政府及其指定的部门有权提起生态环境损害赔偿磋商或诉讼。为与海洋环境损害赔偿制度、生态环境损害赔偿制度进行严格区分,本书提及的环境民事公益诉讼仅限于检察机关或社会组织提起的环境民事公益诉讼。

对象。区别于环境行政公益诉讼所针对的是行政机关不依法履职的行为，环境民事公益诉讼针对的是民事主体(包括自然人、法人和非法人组织)实施的污染环境或破坏生态的行为。根据《最高人民法院关于审理环境民事公益诉讼案件适用法律若干问题的解释》第1条的规定，环境民事公益诉讼的被告是指“已经损害社会公共利益或者具有损害社会公共利益重大风险的污染环境、破坏生态”的民事主体(包括自然人、法人和非法人组织)。

第三，诉讼目的是补充环境行政执法的不足，维护环境公共利益。诉讼目的，是诉讼活动所追求的客观效果与主观愿望或目标。[①] 在涉及环境利益的相关案件中，受侵害的法益具有多元性，包括私人环境利益、国家环境利益和环境公共利益。环境公共利益有别于私人环境私益和国家环境利益。这种不同主要体现在利益内容的特殊性上。环境公共利益并非个体环境利益的总和或国家环境主权利益，而是环境本身所承载的、为不特定多数公众所共享的与生态环境密切相关的社会公共利益。生态系统的公共性和外部性，决定了生态利益只有自维性，没有自利性；具有公共性，不具排他性，其与受环境影响的私人利益具有本质区别。[②] 环境公共利益完整且不可分割。直接或潜在影响广大公众和未来世代子孙的环境公共利益之无主的或非私人所有(国家或公共机构所有)的环境要素、自然资源、生态系统的损害，才是环境民事公益诉讼所应救济的主

---

① 参见颜运秋：《公益诉讼法律制度研究》，法律出版社2008年版，第211页。

② 参见梅宏：《生态损害：风险社会背景下环境法治的问题与思路》，载《法学论坛》2010年第6期。

要实体性公益。[1] 环境私益诉讼以保护和救济具有个体性的私人环境权益为诉讼目的，环境公益诉讼以维护具有政治属性和法定性的国家环境利益为诉讼目的，而环境民事公益诉讼以维护和救济不特定多数人的非排他性的共享环境公共利益为诉讼目的。

第四，公益诉讼兼具预防性功能和救济性功能。通常情况下，生态环境损害具有潜伏性、累积性、长期性、难以逆转性等特点，并非损害行为一发生就立即产生损害后果。而一旦生态环境损害后果发生，就会对生态环境系统造成极大影响，导致生态环境难以修复，或者即使能够修复亦需要花费巨大的修复成本，违反社会可接受性的原则。因此，在生态环境损害尚未发生或存在重大环境风险，但传统环境行政救济手段难以有效发挥作用的情况下，容许适格主体运用司法补充手段进行救济亦是非常必要的。因此，环境民事公益诉讼不应局限于救济已经发生的生态环境损害，还应发挥对生态环境损害的预防性功能。为弥补事后救济功能的缺陷，《最高人民法院关于审理环境民事公益诉讼案件适用法律若干问题的解释》第 1 条，扩大了环境民事公益诉讼的适用范围，允许法律规定的机关或有关组织对“已经损害社会公共利益或者具有损害社会公共利益重大风险的污染环境、破坏生态的行为”提起环境民事公益诉讼。由此可见，我国环境民事公益诉讼既可以对已经发生的生态环境损害进行事后性救济，也可以对尚未发生但有可能发生的重大环境风险进行事前性预防。也就是说，环境民事公益诉讼具有救济受损生态环境的事后救济功能，同时也具有防止重大环境风险转为实

① 参见竺效：《论环境民事公益诉讼救济的实体公益》，载《中国人民大学学报》2016 年第 2 期。

际生态环境损害的预防性功能。

二、环境行政公益诉讼:内涵与特征

随着人类对环境保护与经济发展关系认识的不断升华,人类开始逐渐意识到环境问题不仅是微观层面的技术性问题,更是宏观层面的经济社会发展模式问题。环境问题的本质是环境公共利益受到破坏。"公共利益的需要"是行政裁量权的逻辑起点和价值归宿。[①] 环境的公共物品属性决定了环境保护主要通过政府履职等公共、公益方式来实现。[②] 我国宪法与环境保护法律亦明确规定地方政府和负有环保职责的行政机关对所辖区域内的环境质量负责。然而,作为理性经济人的政府或行政机关不可避免地存在违法履职或怠于履职的内生局限。此时,有必要对行政权力进行制衡或监督,以司法权监督行政权成为新型的法律监督手段。环境行政公益诉讼应运而生。

纵观我国环境行政公益诉讼的发展进程,其前后经历了司法探索(2015 年 7 月 1 日之前)、政策试点(2015 年 7 月 1 日至 2017 年 6 月 30 日)以及立法确认(2017 年 7 月 1 日至今)三个重要阶段。在不同阶段,理论界和立法界对环境行政公益诉讼的界定众说纷纭。

在司法探索阶段,学界对环境行政公益诉讼概念的探讨十分激烈。有学者提出,环境行政公益诉讼是指公民或法人(特别是环保公益团体),认为行政机关(主要是环保部门,但也包括政府)的具

---

① 参见杨建顺:《公共利益辨析与行政法政策学》,载《浙江学刊》2005 年第 1 期。

② 参见王曦、唐瑭:《对"环境权研究热"的"冷"思考》,载《上海交通大学学报(哲学社会科学版)》2013 年第 2 期。

体环境行政行为(如关于建设项目的审批行为)危害公共环境利益,向法院提起的司法审查之诉。① 有学者提出,环境行政公益诉讼是指环境行政行为(包括具体环境行政行为和抽象环境行政行为)不法侵害环境公共利益,任何人或法定的组织都可以环境公共利益保护为由,以社会公众的名义,请求法院按行政诉讼程序予以审判的法律活动。② 有学者提出,环境行政公益诉讼是指检察机关、公民、法人或其他组织认为行政机关的行政行为侵害或威胁到环境与生态资源等环境公共利益,依法向法院提起行政诉讼,由法院依照法定程序对行政行为的合法性予以审查并作出裁判的一种活动。③ 亦有学者提出,环境行政公益诉讼是指当环境行政机关的违法行为或不作为对公众环境权益造成侵害或有侵害可能时,法院允许无直接利害关系的人为维护公众环境权益而向法院提起行政诉讼,要求行政机关履行其法定职责或纠正、停止其侵害行为的制度。④ 还有学者提出,环境行政公益诉讼,就是公民、法人或者其他组织认为行政机关的具体环境行政行为(包括作为和不作为)违法,已经造成或极有可能造成重大环境损害后果时,依法向法院起诉,要求确认该具体环境行政行为无效或相关的行政机关履行行政职责的诉讼形式。⑤

在环境行政公益诉讼政策试点阶段,政策仅授权检察机关开展

---

① 参见别涛:《环境公益诉讼的立法构想》,载《环境保护》2005 年第 12 期。

② 参见詹建红:《论环境公益诉讼形态的类型化演进》,载《河北法学》2006 年第 8 期。

③ 参见林丽:《关于环境行政公益诉讼的法律思考》,载《河北法学》2007 年第 8 期。

④ 参见夏云娇:《西方两大法系环境行政公益诉讼之比较与借鉴》,载《湖北社会科学》2009 年第 5 期。

⑤ 参见曹和平、尚永昕:《中国构建环境行政公益诉讼制度的障碍与对策》,载《南京社会科学》2009 年第 7 期。

为期两年的环境行政公益诉讼试点探索。在该阶段,仍有学者呼吁扩大起诉主体范围,赋予社会组织甚至是公民为保护环境公共利益,借助司法监督违法行政行为的权利。如有学者提出,环境行政公益诉讼是指检察机关、社会组织及公民认为行政主体违法行使职权,侵害了社会不特定多数人的环境公共利益,依法向法院提起的行政诉讼。①

在两年试点探索的成熟经验指引下,2017 年修正的《行政诉讼法》首次在立法层面确立了环境行政公益诉讼制度。在该阶段,学者侧重从诉讼目的、诉讼对象的角度界定环境行政公益诉讼的概念。如有学者提出,所谓环境行政公益诉讼,是指为推进生态文明建设,以生态环境和自然资源方面的国家和社会公共利益为诉讼客体,以有关行政机关为被告的诉讼。② 有学者提出,环境行政公益诉讼是指当环境行政机关的违法行为或不作为对国家利益或社会公共利益造成侵害时,检察机关应以检察建议为诉前程序,要求行政机关履行法定职责或纠正、停止其侵害行为的制度。③

根据《行政诉讼法》第 25 条第 4 款④的规定,我国现阶段仅授

---

① 参见李媛辉、刘芳琳:《环境行政公益诉讼案件多发原因及对策探析》,载《环境保护》2018 年第 20 期。

② 参见付颖琦、杨朝霞:《我国环境行政公益诉讼的问题和对策——基于 2019 年 127 份典型裁判文书的分析》,载《环境保护》2020 年第 14 期。

③ 参见史一舒:《预防性环境行政公益诉讼的实践样态与制度建构》,法律出版社 2023 年版,第 10~11 页。

④ 《行政诉讼法》第 25 条第 4 款规定:"人民检察院在履行职责中发现生态环境和资源保护、食品药品安全、国有财产保护、国有土地使用权出让等领域负有监督管理职责的行政机关违法行使职权或者不作为,致使国家利益或者社会公共利益受到侵害的,应当向行政机关提出检察建议,督促其依法履行职责。行政机关不依法履行职责的,人民检察院依法向人民法院提起诉讼。"

权检察机关作为唯一有权提起环境行政公益诉讼的适格主体,其实质仍只是在"密封的国家机器内部寻求制约国家权力的力量"。但从理论上来看,权力并非专属于国家和其他公共机构,权力同样可以由俱乐部、协会、集团等社会组织甚至公民个人所拥有和行使。从长远来看,只有让社会力量融入环境公共治理领域,赋予其借助司法权监督行政权的社会权力,才能实现真正意义上的生态环境共治。基于对现阶段生态环境损害赔偿与环境公益诉讼衔接机制的现实考量,本书主要从实然层面对环境行政公益诉讼进行界定。我国环境行政公益诉讼制度是指检察机关在履行职责中发现负有环保职责的行政机关违法行使职权或者不作为,致使环境公共利益受到侵害的,有权向行政机关发出检察建议以督促其依法履职,行政机关仍不依法履行职责的,检察机关基于法律监督权依法向人民法院提起的客观诉讼。当前,我国环境行政公益诉讼具有以下几个特征:

第一,诉讼性质为客观诉讼。依诉讼性质不同,大陆法系国家将行政诉讼分为主观诉讼和客观诉讼。[①] 主观诉讼注重对"人"的保护,客观诉讼注重对"事"的监督。大陆法系国家的行政公益诉讼主要存在于行政诉讼领域,归属于与主观诉讼并行的客观诉讼类型。[②] 我国传统的环境行政诉讼以督促依法行政、维护行政相对人合法权益为目的,系典型的"民告官"的主观诉讼。而环境行政公益诉讼不同于以个人权利救济为目的的主观诉讼,环境行政公益诉讼并非以维护当事人合法权益为目的,而是以监督依法行政、维护

---

① 参见王名扬:《法国行政法》,中国政法大学出版社 1988 年版,第 641 页。

② 参见于安:《行政诉讼的公益诉讼和客观诉讼问题》,载《法学》2001 年第 5 期。

环境公共利益为诉讼目的,其本质在于维护客观的法律秩序或抽象的环境公共利益,属于"官告官"的客观诉讼。

第二,起诉主体具有法定性。传统行政诉讼的原告是与被诉行政行为有直接的利害关系的公民、法人或其他组织。而环境行政公益诉讼以维护环境公共利益为目的,起诉主体的诉权源于法律的明确授权,并非案件的直接利害关系人。基于中央的统一部署,我国环境行政公益诉讼的立法具有浓厚的中国特色,我国现阶段环境行政公益诉讼的起诉主体仅为法律规定的检察机关。针对我国现有环境公益诉讼在督政功能上力有不逮而在督企功能上用力过猛、环境行政公益诉讼适格主体单一的态势,未来我国环境诉讼整合的重要内容之一是从扩大起诉主体资格的角度重构环境行政公益诉讼。诚如万鄂湘认为,在环境行政公益诉讼的起诉主体方面,具有行政管理职能的相关行政机关是被告,而人民检察院,一切单位、公民都可成为原告。[①] 从国家治理体系和治理能力现代化的角度来看,赋予社会主体提起环境行政公益诉讼的起诉资格有助于突破"公权力监督公权力"的局限性,促进环境共治多元化格局的实现。

第三,被告为违法或怠于依法履职的政府或环保行政机关。根据《环境保护法》第6条第2款的规定,地方各级人民政府应当对本行政区域的环境质量负责;该法第10条亦赋予各有关部门相应的环境保护职责。根据《行政诉讼法》第2条的规定,行政诉讼的被告是行政机关或者法律、法规、规章授权的组织。在环境领域,"行政公诉"的主要被诉对象有环境、自然资源管理的行政主管部门,但也

---

① 参见袁定波、周斌:《环境污染受害者受援机制尚需完善 万鄂湘委员:建立环境公益诉讼是当务之急》,载《法制日报》2009年3月11日,第5版。

不排除其他行政机关的违法行为或不作为对环境公益造成的损害。[①] 当地方人民政府或环保行政机关违法实施或怠于依法实施行政行为，导致环境公共利益遭到损害，检察机关制发检察建议进行督促仍无效时，检察机关有权对地方人民政府或环保行政机关提起环境行政公益诉讼。

第四，诉讼目的在于督促地方政府或环保行政机关依法履行环保职责以维护环境公共利益或预防重大环境风险。在生态环境损害救济与风险防范领域，政府是第一责任人，依法负有环境保护义务，基本的环境公共物品应由政府提供、保障和增进。在环境公共治理的框架下发展的环境行政公益诉讼，其目的在于权力制衡，以司法权监督行政权，督促政府或环保行政机关依法履行国家环境保护义务，以维护环境公共利益和环境公共治理的客观秩序。在政府或环保行政机关未依法履行国家环境保护义务且内部行政监督机制失灵的情况下，环境行政公益诉讼可以为依法监督、维护环境公益提供有力的司法保障。

三、生态环境损害赔偿：内涵与特征

长期以来，在我国环保执法实践中，行政机关主要通过行政处罚、行政命令或行政强制等传统行政管制手段制裁环保违法者。行政处罚聚焦于对违反环境保护法但尚未构成犯罪的单位或个人进行行政制裁，行政命令则侧重于纠正环境违法行为或消除环境危害后果，行政强制仅适用于能够实施代履行的环境污染或生态破坏领

① 参见王一彧：《检察机关提起环境行政公益诉讼现状检视与制度完善》，载《中国政法大学学报》2019年第5期。

域。而我国传统的行政管制手段在生态环境损害救济场域中存在内在缺陷,导致我国历史遗留或新生的严重生态环境损害问题往往由政府修复,有损环境公平正义的理念。在这种背景下,为破解"企业污染、群众受害、政府买单"的困局,党的十八届三中全会明确提出对造成生态环境损害的责任者严格实行赔偿制度。中共中央办公厅、国务院办公厅于2015年12月3日印发《生态环境损害赔偿制度改革试点方案》(已废止),创设了具有中国特色的新型生态环境损害赔偿制度。随后,《生态环境损害赔偿制度改革方案》《关于审理生态环境损害赔偿案件的若干规定(试行)》等政策性文件和司法解释相继出台,为生态环境损害赔偿制度的运行提供了规范指引。

生态环境损害赔偿制度的基本原理是:承认环境资源所提供的生态服务功能有价,根据"损害者担责"原则,通过对特定主体赋权的方式,对生态环境损害者进行责任追究,达到恢复生态系统的功能、维护生态环境利益的目的。[①] 根据生态环境损害赔偿的进程,生态环境损害赔偿分为生态环境损害赔偿磋商和生态环境损害赔偿诉讼。有学者提出,生态损害赔偿磋商制度,是指在生态损害发生后,由法律规定的行政机关组织开展调查评估、编制修复和赔偿方案,并主动与赔偿义务人进行磋商的生态损害修复和赔偿的全新调处模式。[②] 生态环境损害赔偿诉讼则是指对造成特定级别或发生在特定环境保护区域的环境损害事件,以及具有其他严重后果的环境

---

① 参见史玉成:《生态环境损害赔偿制度的学理反思与法律建构》,载《中州学刊》2019年第10期。

② 参见黄锡生、韩英夫:《生态损害赔偿磋商制度的解释论分析》,载《政法论丛》2017年第1期。

损害行为，由享有履行国家环境保护义务的政府或其指定的机构作为权利人，经与损害责任者就损害赔偿进行磋商且无法达成一致，向人民法院提起以“生态修复”或“修复不能下之金钱赔偿”（经济损失＋功能损失）为请求的损害填补之诉。[①] 综观学者观点，并结合《生态环境损害赔偿制度改革方案》等相关文件，可以将生态环境损害赔偿制度界定为，为最大限度地履行国家环境保护义务，对穷尽传统行政管制手段仍无法救济的严重生态环境损害，赔偿权利人与赔偿义务人就生态环境损害修复与赔偿等事宜进行磋商，但未达成一致的，由赔偿权利人及时向人民法院提起生态环境损害赔偿诉讼的一项新型制度。

我国生态环境损害赔偿制度主要具备以下几个特征：

第一，适用范围仅限于传统行政管制手段无法救济的严重生态环境损害。国家在维护和促进基本环境公共利益方面负有不可推卸的职责和义务。当出现环境问题时，政府和环保行政机关应运用法律规定的行政管制手段制裁违法行为人，最大限度地救济受损的生态环境或预防环境风险的发生。虽然我国传统的环境行政管制手段（行政处罚、行政命令、行政强制）存在天然缺陷与固有局限，无法实现对生态环境本身损害的有效填补与充分救济，[②]但政府或行政机关不应放弃法律赋予的行政权转而径直依赖司法权来寻求生态环境损害救济。因此，唯有当传统行政管制手段无法有效解决

① 参见周勇飞：《生态环境损害赔偿诉讼与环境民事公益诉讼的界分——功能主义的视角》，载《湖南师范大学社会科学学报》2020 年第 5 期。

② 参见张力、庞伟伟：《大规模侵权损害救济机制探析》，载《法治研究》2017 年第 1 期。

生态环境损害问题时,才存在行政机关提起生态环境损害赔偿磋商或诉讼的制度空间。[①] 此外,赔偿权利人并非针对所有的生态环境损害均可启动生态环境损害赔偿磋商或诉讼。唯有在因违法行为导致严重生态环境损害后果的场域,赔偿权利人才能与赔偿义务人进行生态环境损害赔偿磋商或在磋商无法达成一致时提起生态环境损害赔偿诉讼。如我国《生态环境损害赔偿制度改革方案》在“因污染环境、破坏生态造成大气、地表水、地下水、土壤、森林等环境要素和植物、动物、微生物等生物要素的不利改变,以及上述要素构成的生态系统功能退化”的生态环境损害范围内,以列举方式明确了生态环境损害赔偿制度的适用情形,即“发生较大及以上突发环境事件的”“在国家和省级主体功能区规划中划定的重点生态功能区、禁止开发区发生环境污染、生态破坏事件的”“发生其他严重影响生态环境后果的”。《最高人民法院关于审理生态环境损害赔偿案件的若干规定(试行)》第 1 条也规定了生态环境损害赔偿诉讼仅适用于“发生较大、重大、特别重大突发环境事件的”“在国家和省级主体功能区规划中划定的重点生态功能区、禁止开发区发生环境污染、生态破坏事件的”“发生其他严重影响生态环境后果的”三种情形。简言之,生态环境损害赔偿磋商或诉讼仅适用于穷尽传统行政管制手段仍无法救济的、因违法行为导致严重生态环境损害的场域。

第二,赔偿权利人为经法定授权或委托行使索赔权的人民政府或相关部门。《生态环境损害赔偿制度改革方案》将赔偿权利人的

---

① 参见彭中遥:《生态环境损害赔偿诉讼制度研究》,中国社会科学出版社 2022 年版,第 73 页。

范围由《生态环境损害赔偿制度改革试点方案》（已废止）规定的省级政府扩展至国务院授权的省级、市地级政府（包括直辖市所辖的区县级政府）。各省市根据《生态环境损害赔偿制度改革方案》的授权，进一步指定其所属的统一行使全民所有自然资产所有者职责的部门或其他相关部门负责生态环境损害赔偿磋商或诉讼具体工作。《最高人民法院关于审理生态环境损害赔偿案件的若干规定（试行）》亦将赔偿权利人的范围规定为“省级、市地级人民政府及其指定的相关部门、机构，或者受国务院委托行使全民所有自然资源资产所有权的部门”。申言之，生态环境损害赔偿磋商或诉讼是为了弥补传统环境行政管制手段在损害赔偿方面的不足，涉及严重生态环境损害的调查评估、损害赔偿、修复监督等复杂工作，故赔偿权利人一般为法律授权或国务院委托的政府或行政机关。也就是说，生态环境损害赔偿的赔偿权利人包括法律规定或国务院授权的省级、市地级政府及其指定的相关部门或机构。

第三，赔偿义务人为造成严重生态环境损害的违法者，同时具备结果性和违法性双重要件。《生态环境损害赔偿制度改革方案》明确提出：“违反法律法规，造成生态环境损害的单位或个人，应当承担生态环境损害赔偿责任，做到应赔尽赔……各地区可根据需要扩大生态环境损害赔偿义务人范围，提出相关立法建议。”可见，为严格追究生态环境损害赔偿义务，任何违反法律法规的规定、导致严重生态环境损害后果发生或扩大的主体均可能成为赔偿义务人，即赔偿义务人是指违反法律法规，造成严重生态环境损害的单位或个人。国家授权各地区根据地方需要扩大赔偿义务人的范围，如江苏省、包头市、拉萨市、乌海市规定，在有关环境服务活动中弄虚作假，对造成的环境污染和生态破坏负有责任的环境影响评价机构、环境监测机构以及从事环境监测设备和防治污染设施运营维护的机构，应当与赔偿义务人承担连带责任。理论上来说，环境服务机构、危险废物的提供者、环境侵权行为的帮助者等主体，作为生态环境损害赔偿责任的潜在义务主体存在一定的制度依据。[①] 这些主体在因违法行为导致严重生态环境损害的情况下，亦可能被纳入赔偿义务人范畴。

第四，具有填补性救济功能。如前所述，生态环境损害赔偿的适用范围仅限于穷尽传统环境行政管制手段仍无法救济的严重生态环境损害。当前，我国传统环境行政管制手段具有内在局限性，难以实现责令赔偿或修复的目标。而生态环境损害赔偿制度，可以使造成严重生态环境损害后果的赔偿义务人承担生态修复和赔偿责任，有助于弥补传统行政管制在损害救济方面的缺陷，实现环境公平正义。生态环境损害赔偿磋商或诉讼遵守“损害者担责原则”，实质上是一项遵循“无损害则无赔偿”的生态环境损害填补规则而建立的事后救济制度。赔偿权利人提起生态环境损害赔偿磋商或诉讼之根本目的，即在于填补严重生态环境损害、维护环境公共利益，避免国家为生态环境损害买单。由此可见，生态环境损害赔偿制度的功能在于填补和救济严重的生态环境损害，区别于兼具预防重大环境风险与救济生态环境损害双重功能的环境公益诉讼制度。

第五，磋商是诉讼的前置程序。《生态环境损害赔偿制度改革试点方案》（已废止）有关“赔偿权利人也可以直接提起诉讼”的表

① 参见冯汝：《政府提起生态环境损害赔偿诉讼制度研究》，中国政法大学出版社2022年版，第53页。

述将生态环境损害赔偿磋商作为选择性程序,赔偿权利人可以在磋商后起诉或未经磋商直接起诉。但由于严重生态环境损害的修复和赔偿涉及较为复杂的鉴定评估、损害修复启动和期限、赔偿的责任承担方式和期限等具体问题,与赔偿义务人进行磋商,便于更高效地就修复方案技术可行性、成本效益衡平、赔偿义务人赔偿能力等情况达成共识,因此,就经济效率和公平正义的角度而言,将磋商由选择性程序转为前置性程序,更有利于避免冲突的发生,能更高效地实现生态环境损害的修复和赔偿。因此,《生态环境损害赔偿制度改革方案》将赔偿权利人也可以直接提起诉讼的表述,明确规定为"磋商未达成一致,赔偿权利人可依法提起诉讼"。只有当赔偿权利人与赔偿义务人磋商未达成一致或因客观原因无法进行磋商时,赔偿权利人才可提起生态环境损害赔偿诉讼,即生态环境损害赔偿诉讼的启动必须以磋商为前置程序。

第二节 生态环境损害赔偿与环境公益诉讼的学理辨识

环境民事公益诉讼、环境行政公益诉讼以及生态环境损害赔偿均以维护和救济环境公共利益为共同的价值目标。从形式上来看,生态环境损害赔偿与环境公益诉讼在内涵和特征方面存在差异;从实质上来看,生态环境损害赔偿与环境公益诉讼在理论依据与功能定位方面亦有本质区别。本节尝试从理论依据、功能定位两个维度对生态环境损害赔偿与环境公益诉讼的逻辑关系进行深度辨识。

一、理论依据之界分

从学界既有的研究成果看,关于生态环境损害赔偿与环境公益诉讼关系的讨论众说纷纭。通过归纳并辩证性分析众多学者的观点可知,学界虽对生态环境损害赔偿与环境公益诉讼的关系存在不同认识,但大多数学者均认为生态环境损害赔偿与环境公益诉讼彼此独立但相互衔接。生态环境损害赔偿与环境民事公益诉讼、环境行政公益诉讼的理论基础不尽相同,鉴于此,有必要探寻并厘清这三项制度背后的法理依据。

(一)环境民事公益诉讼:法定诉讼担当论

尽管我国环境民事公益诉讼的司法实践已有20余年之久,但理论界和实务界对于环境民事公益诉讼之理论基础的探讨尚未形成定论,主要表现为环境法学者与民事诉讼法学者的分歧,而造成分歧的关键原因在于两大阵营的分析视角存在较大差别。前者主要从实体法的视角出发,以"环境权说"为典型观点;后者主要从程序法的视角出发,以"法定诉讼担当说"为代表观点。两种分析视角恰恰揭示了环境民事公益诉讼理论基础的两个侧面,即实体请求权的理论基础和诉讼实施权的理论基础。这种理论分立为"利益归属主体"和"利益代表主体"的疏离提供了依据。诚如学者所言,基于环境公益"利益归属主体"与"利益代表主体"之间的疏离,需要分别考察实体请求权和诉讼实施权的法理基础。① 环境公益与私人利益的内在关联是环境公益转化为私主体诉诸司法之权利的最终

① 参见程多威、王灿发:《论生态环境损害赔偿制度与环境公益诉讼的衔接》,载《环境保护》2016年第2期。

依据,而"利益归属主体"与"利益代表主体"的疏离为环境公益诉讼提供了诉讼法上的依据。[①]

1. 环境权理论的反思

随着环境问题对人类的影响不断加大,人类开始关注环境保护的重要性以及环境保护与经济发展之关系问题。1960 年,美国法学界兴起了一场关于公民在良好环境中生活的法律依据为何的争论,由此,环境权的概念脱颖而出。1972 年联合国环境大会通过的《人类环境宣言》首次在国际上对环境权作了规定:"人类享有自由、平等和舒适的生活条件,有在尊严和舒适的环境中生活的基本权利。同时,负有为当代人及其子孙后代保护和改善环境的庄严义务。"此后,环境权作为公民在良好环境中生活的一项基本人权得到不少国家的肯定。20 世纪 80 年代,我国理论界和实务界亦掀起了环境权的讨论热潮,但由于在环境权的法律属性、内涵和性质方面存在诸多争议,至今"环境权"并未在我国法律上得到明确规定。尽管世界上不少国家在宪法和法律层面确认了环境权,但关于环境权的可诉性问题一直饱受争议。有学者认为,各国宪法和环境基本法律中规定的公民享有良好环境的权利不应被视为实体性基本人权,而应当被看作揭示环境保护的政策、理念的宣示性条款。[②] 实体性环境权的概念较为模糊,因而从实体意义上来看,环境权往往只能作为一种法律外的"应有权利"或法律上具有纲领性、政策宣示

① 参见黄锡生、谢玲:《环境公益诉讼制度的类型界分与功能定位——以对环境公益诉讼"二分法"否定观点的反思为进路》,载《现代法学》2015 年第 6 期。

② 参见朱谦:《环境权问题:一种新的探讨路径》,载《法律科学(西北政法学院学报)》2004 年第 5 期。

性的“准法律权利”，而程序性环境权——知情权、参与权、求偿权，容易在环境法中得到确认和保障。诚如学者所言，在立法和司法实践方面，实体性环境权理论的建树较少，而以知情权、参与权、求偿权为内容的程序性环境权却在环境法中得以具体化并发挥了重大作用。[①] 有学者提出，环境权是环境公益诉讼最核心的权利基础。[②] 亦有学者认为，除在诉的利益方面应以保护公共利益作为其实体内容外，对环境民事公益诉权不应再要求任何特别要件，更不应存在比私益诉权更为严格的要件。[③] 由于环境权内容模糊泛化，突破了传统的实体请求权理论边界，为适应以维护环境公共利益为目标的环境民事公益诉讼的发展，诉权不再以实体性权利为其必要的前提要件，而是逐步发展为依托诉讼程序法而产生的程序性权利。

2. 法定诉讼担当理论

传统民事诉讼理论认为，诉权是“渗透着实体权益因素的程序性人权”。[④] 以启动诉讼为目的的程序性诉权与实体性权益密切相关。但在现代社会，消费者权益保护纠纷、环境权益保护纠纷等群体性、公众性的权益纠纷不断涌现，由此催生了新型诉讼模式。在这种背景下，为了满足现代新型诉讼的发展需求，传统诉权理论不

---

① 参见王明远：《论环境权诉讼——通过私人诉讼维护环境公益》，载《比较法研究》2008 年第 3 期。

② 参见杨朝霞：《论环保机关提起环境民事公益诉讼的正当性——以环境权理论为基础的证立》，载《法学评论》2011 年第 2 期。

③ 参见段厚省：《环境民事公益诉讼基本理论思考》，载《中外法学》2016 年第 4 期。

④ 柯阳友：《起诉权研究：以解决“起诉难”为中心》，北京大学出版社 2012 年版，第 4～5 页。

得不寻求革新和突破，创设出与主体实体权利相分离的理论模型。环境民事公益诉讼则是典型的现代新型诉讼。就环境公益诉讼而言，将法定诉讼担当作为诉讼实施权的理论基础具有解释力。[①] 法定的诉讼担当是指基于实体法或诉讼法上的规定，第三人可以自己的名义为他人的权利进行诉讼。在现代新型诉讼制度构建中，立法者通过立法创设环境民事公益诉讼制度，并通过立法授权法律规定的机关或有关组织代表公众依法提起诉讼，以保障不特定多数公众所共同享有的环境权益。法定诉讼担当的本质系立法者在充分且正当的价值衡量基础上，赋予非实体权利义务归属主体以诉讼实施权，并在此基础上保留、限制或者剥夺实体权利义务归属主体的诉讼实施权，以衡平诉讼担当人、诉讼被担当人以及相关利害关系人的实体权益保护与正当程序保障。法定诉讼担当人根据法律的强制授权而非根据法律关系主体的意思表示或直接利害关系获得诉权。出于维护不特定多数公众所共享的环境公共利益、弥补传统行政执法缺陷的需要，立法者创设了发挥补充功能的环境民事公益诉讼制度，依据《民事诉讼法》第 58 条、《环境保护法》第 58 条的授权，法律规定的机关和有关组织获得特定起诉资格，则是法定诉讼担当理论的突破和创新。

（二）环境行政公益诉讼：国家环境保护义务论与法律监督论

在环境法和诉讼法领域，学者积极探讨环境行政公益诉讼的理论依据，并形成了公共利益理论、公共信托理论、利害关系理论、私人检察官理论、纳税人权利理论、基本权利理论等理论，这些理论为

---

① 参见程多威、王灿发：《论生态环境损害赔偿制度与环境公益诉讼的衔接》，载《环境保护》2016 年第 2 期。

该制度(作为整体公益诉讼中的一部分)在美国、德国、法国等国家的最终确立起到了开道先锋的作用。[①] 但由于社会背景、权力构造以及法律传统等因素存在实质差异,直接移植国外理论必然会出现“水土不服”。因此,有必要结合我国环境行政公益诉讼的制度缘起和社会背景,以国家环境保护义务论和法律监督论作为其理论基础。

1. 国家环境保护义务论

国家义务随着国家的产生而产生。国家在不同发展阶段肩负着不同的国家义务。历经“警察国家时期”“自由法治国时期”“社会法治国时期”“环境保护法治国时期”四个阶段,国家的义务发生了实质性变化。国家环境保护义务论是国家义务论在环境保护法领域的拓展和延伸。在环境保护法治国家,国家环境保护义务不仅要求国家消极地不侵犯环境公共利益,而且必须积极地提供公共服务,以保护、满足社会公众对最低限度环境品质的现实需求,主动促进环境品质的提升,为社会公众谋求环境福利。环境公共产品和公共服务具有的供给普遍性特征决定了提供者主要是政府和环保行政机关。我国《环境保护法》明确规定县级以上地方人民政府应当对所辖区域内的环境质量负责。环境保护相关法律亦对政府或环保行政机关的法定环保监管职责进行了规定。此外,政府和环保行政机关天然具有维护和促进公共利益的专业职能和技术优势。因此,充分发挥政府和环保行政机关在维护和促进环境公共利益方面的监管职能和专业优势,通过履行国家环境保护义务来持续地、主动地维护和促进环境品质的提升,具有正当性和必要性。

① 参见颜运秋、张金波、李明耀:《环境行政公益诉讼的逻辑和归位》,载《环境保护》2015 年 Z1 期。

然而,政府作为理性经济人,在经济自利性因素引导下,容易以牺牲环境为代价追求经济的高速增长。信息不对称以及经济以GDP为导向等因素导致在环境公共服务领域出现政府失灵。源于“规制俘获”或“政府失灵”,政府或环保行政机关可能怠于依法追究环保违法者或者违法实施损害环境公益的行为,进而导致环境公共利益受到损害。一切背离公共利益目标的行政行为都欠缺正当性和合法性,理应受到司法追诉。[①] 因此,就维护环境公益和客观环境公共秩序的角度而言,政府或环保行政机关违反国家环境保护义务、损害环境公益的不作为或作为不当都属于应受司法追诉的对象。环境行政公益诉讼在这一背景下应运而生。环境行政公益诉讼旨在督促政府或环保行政机关及时、勤勉地依法履行国家环境保护义务,有效维护环境公共利益、预防重大环境风险。国家环境保护义务论为环境行政公益诉讼制度的创设和发展提供了正当法理依据。

2. 法律监督理论

“法律监督”是我国法治化进程中出现的一个专门术语。然而,对于“法律监督”的含义,理论界和实务界存在不同的认识。有学者将法律监督作广义和狭义之分,认为狭义的法律监督专指国家检察机关依法定程序和法定权限对法的实施的合法性所进行的监察和督促;广义的法律监督泛指一切国家机关、社会组织和公民对各种法律活动的合法性所进行的监察和督促。[②] 亦有学者认为,狭

① 参见黄学贤、王太高:《行政公益诉讼研究》,中国政法大学出版社2008年版,第14页。

② 参见邵诚、朱继萍:《试论我国法律监督的概念》,载《法律科学(西北政法学院学报)》1991年第3期。

义的法律监督是指有关国家机关依照法定职权和程序,对立法、执法和司法活动的合法性所进行的监察和督促;广义的法律监督是指由所有的国家机关、社会组织和公民对各种法律活动的合法性所进行的监察和督促。[①] 还有学者提出,法律监督是指专门的国家机关根据法律的授权,运用法律规定的手段对法律实施情况进行监察、督促并产生法定效力的专门工作。[②]

法律监督是一个具有中国特色的专门法律术语,并非具有普遍意义的泛化概念,而是有其特定的含义。自 1982 年以来,我国《宪法》虽历经多次修正,却始终明确规定检察机关是我国的法律监督机关。检察机关实行法律监督的目的是确保法律实施不偏离正确的轨道,发挥法律维护社会公共利益、保障公民合法权益的作用。就这个意义上而言,法律监督并非一项权利,而是检察机关应尽的职责。检察机关应当充分履行宪法赋予的法律监督职能,确保法律的正确有效实施。

在环境行政执法领域,政府或环保行政机关的违法行政行为同样有可能损害环境公共利益或破坏环境公共秩序。负有法律监督权的检察机关理应对行政机关违法行使公权力的行为进行督促和纠正。环境行政公益诉讼则是法律赋予检察机关诉诸司法以督促政府依法履职的具有中国特色的创新制度。当政府或行政机关怠于或违法履行环保职责、违反国家环境保护义务导致环境公共利益受到损害或有重大损害风险时,检察机关有权通过诉前检察建议甚至提起环境行政公益诉讼以督促政府或环保行政机关依法勤勉履职。环境行政

① 参见马新福主编:《法理学》,吉林大学出版社 1995 年版,第 369 页。

② 参见张智辉:《法律监督三辨析》,载《中国法学》2003 年第 5 期。

公益诉讼已成为检察机关通过诉讼手段督促环境行政机关积极履职、保护生态环境的重要手段。[①] 环境行政公益诉讼是检察机关行使法律监督权的有效司法渠道。检察机关提起环境行政公益诉讼是以权力制约权力的体现：面对行政机关的违法行政行为，检察机关代表公共利益起诉，启动司法程序，通过司法权的运行将越界的行政权赶回正常的轨道，促进行政权的法治化行使。[②] 简言之，环境行政公益诉讼具有较强的威慑性，能够充分激发检察机关履行法律监督职能的主动性，促使检察机关主动对环境行政权进行强有力的刚性监督和权力制约，推进法治政府的建设，推动依法治国。法律监督理论亦为环境行政公益诉讼的发展提供了理论根基。

（三）生态环境损害赔偿：国家环境保护义务论

1. 公共信托理论的反思

我国生态环境损害赔偿制度的创设，很大程度上受到美国自然资源损害赔偿制度的影响。虽然美国直接采用了“自然资源损害赔偿”（natural resources damage）的概念，但其法理基础主要是公共信托理论。[③] 公共信托理论源于罗马法《查士丁尼法学纲要》，根据自然法，空气、流水、海洋及海岸为全人类共有，为了公共利益和公众利用之目的而通过信托方式由国王或政府持有。最早将公共信托理论引入环境保护领域的是美国密执安大学的约瑟夫·萨克斯教

① 参见张式军、赵妮：《环境行政公益诉讼中的和解制度探究》，载《中州学刊》2019年第8期。

② 参见张式军、赵妮：《环境行政公益诉讼中的和解制度探究》，载《中州学刊》2019年第8期。

③ See Karen Bradshaw, *Settling for Natural Resource Damages*, 40 Harvard Environmental Law Review 211（2016）.

授。他认为,水、空气等与人类生活密不可分的环境要素不是无主物,而是全体国民的公共财产,国民为了管理他们的共有财产可委托政府管理。[①] 在美国,作为自然资源损害赔偿诉讼理论基础的公共信托理论,实际上使行政机关(作为受托人)对公共自然资源享有一种"普通法所有权"。但该"普通法所有权"并不能简单归为民法上的所有权,[②]其实质是公法上的管理职权——源于政府对可通航航道的管制性权力(regulatory powers),[③]是国家基于公共信托"授权"获得的对受托自然资源进行规制的权力。这种规制权的行使主要体现为受托人负有义务通过行使立法权和行政权来实现对公共信托资源的持续管理。不同于大陆法系国家通过行政执法实现行政权的运作,美国特殊的监管实施理论要求行政机关(作为受托人)通过民事诉讼实现"普通法所有权"。[④] 之所以采用公共信托理论,恰在于传统财产权理论主要关注自然资源的经济面向,忽视自然资源对于增进国民福祉、维护公共利益的功能。[⑤] 同时,政府作为公共信托财产的托管人,亦不可以放弃其所托管的财产。换言

① 参见朱艳艳:《论我国建立环境行政公益诉讼的应然性——从理论与现实双重角度分析》,载《法学杂志》2010 年第 7 期。

② 作为受托人的政府并不能像享有民法所有权的公民那样对财产进行占有、使用、收益和处分,其无收益权能,处分权能亦受到限制。参见 *Illinois Central Railroad v. Illinois*,146 U. S. 387 (1892)。

③ 加利福尼亚州最高法院在莫诺湖案中,依据公共信托原则确认了政府对莫诺湖及其非通航源流的持续管理权力。参见 *National Audubon Society v. Superior Court*,33 Cal. 3d at 721 (1983)。

④ 参见程玉:《我国生态环境损害赔偿制度的理论基础和制度完善》,载《中国政法大学学报》2022 年第 1 期。

⑤ See Joseph L. Sax, *The Public Trust Doctrine in Natural Resource Law: Effective Judicial Intervention*,68 Michigan Law Review 471(1970).

之,公共信托理论是指为了更好地管理自然资源,全体公民将自然资源作为共有财产,委托给政府进行管理,政府作为受托人,有义务积极履行管理职责,加强对自然资源的保护。

2. 国家环境保护义务论

基于生态环境自身的特殊性以及我国自然资源资产产权制度改革的社会背景,我国理论界和实务界对我国生态环境损害赔偿的理论基础尚未达成共识。总体而言,我国学界存在两种主流观点:国家自然资源所有权理论和国家环境保护义务论。此外,亦有学者采折中观点,认为政府既具有代表国家行使作为部分自然资源所有者的权利,也负有履行管理、保护生态环境的法定职责。①

《生态环境损害赔偿制度改革方案》等政策性文件以及官方主流观点认为,国家自然资源所有权构成政府作为赔偿权利人提起生态环境损害赔偿磋商或诉讼的请求权基础。最高人民法院发布的《关于充分发挥审判职能作用为推进生态文明建设与绿色发展提供司法服务和保障的意见》也认为生态环境损害赔偿诉讼是基于"国家自然资源所有权"而提起的诉讼。②

然而,将国家自然资源所有权作为生态环境损害赔偿的理论基础,至少在以下三个方面存在逻辑周延性欠缺的问题:第一,国家有权基于国家自然资源所有权提起生态环境损害赔偿,那么依此逻辑,集体经济组织亦应有权基于集体自然资源所有权提起生态环境

① 参见曹明德:《〈民法典〉生态环境损害赔偿条款法理辨析》,载《法律科学(西北政法大学学报)》2022 年第 1 期。

② 该意见第 19 条要求,认真研究此类基于国家自然资源所有权提起的生态环境损害赔偿诉讼案件的特点和规律,由此推断出,该意见将自然资源国家所有权作为生态环境损害赔偿的法理基础。

损害赔偿。以归属为标准进行划分,我国自然资源分为国家所有的自然资源和集体所有的自然资源,国家仅就国家所有的自然资源行使所有权能,集体所有自然资源的权利人应为集体经济组织。《生态环境损害赔偿制度改革方案》等政策性文件将省级、市地级人民政府及其指定的部门或机构等公权力主体作为生态环境损害赔偿权利人的思路,有抹杀集体经济组织作为索赔主体资格的嫌疑。第二,国家自然资源所有权的行使主体并不必然是地方政府。根据2018 年 3 月出台的《国务院机构改革方案》的规定,由新组建的自然资源部统一行使全民所有自然资源资产所有者职责,统一行使所有国土空间用途管制和生态保护修复职责,着力解决自然资源所有者不到位等问题。① 机构改革的目标,正是将传统上由地方政府行使的自然资源所有权转交给自然资源部门加以统一行使和负责。根据这一顶层设计,行使国家自然资源所有权的主体应是各级自然资源部门而非省级、市地级人民政府。可见,由省级、市地级人民政府作为生态环境损害赔偿权利人,与机构改革的精神相冲突。第三,国家自然资源所有权的客体难以涵盖自然资源的生态价值以及大气、气候资源等生态要素。从生态学角度分析,自然资源兼具经济价值和生态价值,而作为国家自然资源所有权客体的自然资源,往往仅针对经济价值,难以完全涵盖生态价值。诚如学者所言,我国宪法赋予了国家和集体对自然资源的所有权,作为国家(集体)对其所有的自然资源享有损害求偿权的依据。但是,归属国家和集

① 参见王勇:《关于国务院机构改革方案的说明——2018 年 3 月 13 日在第十三届全国人民代表大会第一次会议上》,载中央人民政府网,https://www.gov.cn/guowuyuan/2018-03/14/content_5273856.htm。

体所有的自然资源仅限于矿藏、水流、森林、山岭、草原、荒地、滩涂等部分环境资源，难以涵盖所有的生态环境类型。同时，所有权理论重在保护自然资源的经济价值，难以对自然资源的生态价值进行保护。[①] 生态功能的损害表现为生态价值，自然资源损害往往表现为经济价值。生态损害是生态功能的损害，其不等于自然资源损害或者环境质量或容量损害。自然资源是构成环境和生态系统的要素，其强调经济价值但具有环境或生态特性。[②] 此外，生态环境除自然资源要素外，还包括大气、气候资源等环境要素。国家自然资源所有权并不能涵盖对大气、气候资源等生态环境要素的所有权。可见，简单套用国家自然资源所有权，将其作为生态环境损害赔偿磋商或诉讼的请求权基础，表面上解决了生态环境损害的索赔主体问题，但在法理基础和逻辑自洽性方面仍存在不足，影响了制度构建及制度衔接的整体性和周延性。

国家自然资源所有权更多的是一种价值宣示，与其说是强调国家对自然资源占有、使用、收益、处分的权利，毋宁说是蕴含着保护公民基本权利、增进公共福祉的国家义务。[③] 国家环境保护义务理论指向“生态环境”而非“自然资源”，可弥补国家自然资源所有权理论不周延的问题。基于生态环境的公共物品属性以及生态环境损害的公害性特征，对生态环境损害赔偿制度的理解应当回归到以

---

① 参见王金南：《实施生态环境损害赔偿制度　落实生态环境损害修复责任——关于〈生态环境损害赔偿制度改革试点方案〉的解读》，载《中国环境报》2015 年 12 月 4 日，第 2 版。

② 参见刘倩：《环境法中的生态损害：识别、本质及其特性》，载《环境与可持续发展》2017 年第 4 期。

③ 参见张宝：《环境规制的法律构造》，北京大学出版社 2018 年版，第 246 页。

维护环境公共利益为目的的宪法秩序中,将其视为国家落实"损害者担责"原则、履行国家环境保护义务的一种新型方式。就这个意义而言,国家环境保护义务的履行是有效追究生态环境损害责任、实现环境公共利益最为核心的途径,也是宪法上国家义务的本质所在。基于公民与国家之间的关系,国家义务就是创设并满足有利于公民实现最美好生活的条件,履行相应的义务,恪尽相应的责任。[①] 法教义学分析表明,我国《宪法》第 9 条和第 26 条共同构成了环境保护的"国家目标条款",对包括立法、行政、司法在内的国家公权力具有约束力,是国家环境保护义务的宪法依据,即《宪法》第 26 条和第 9 条第 2 款共同表述了环境基本国策,并具有"国家目标条款"的规范效力。[②] 自然资源损害关乎公共利益和未来世代的利益,损害赔偿请求权的行使及其后续的修复工作不应当是可选择的民事权利,而应当成为政府必须履行的义务。[③] 可见,生态环境损害赔偿是为破解"企业污染、群众受害、政府买单"的困局、履行国家环境保护义务并实现"美丽中国"的国家目标而对严重受损的生态环境进行修复和赔偿的一种新方式、新途径。诚如原环保部负责人在解读《生态环境损害赔偿制度改革试点方案》(已废止)时强调的,通过实施生态环境损害赔偿制度,修复受损的生态环境,保护和改善

---

① 参见蒋银华:《论国家义务的理论渊源:现代公共性理论》,载《法学评论》2010 年第 2 期。

② 参见陈海嵩:《国家环境保护义务的溯源与展开》,载《法学研究》2014 年第 3 期。

③ 参见自然资源保护协会(NRDC)中国环境法项目、周悦霖、[美]Dainel Carpenter - Gold:《自然资源损害救济体系:美国经验及对中国的启示》,载谢玉红、曹明德主编:《中国环境法治》2014 年下卷,法律出版社 2015 年版。

人民群众生产生活环境,是政府履行环境保护职责的需要。[①] 因此,赔偿权利人启动生态环境损害赔偿磋商或提起生态环境损害赔偿诉讼均可以视为政府或行政机关基于国家环境保护义务而创设的履职新路径,国家环境保护义务论是我国生态环境损害赔偿制度正当性的来源。

二、功能定位之厘清

任何社会系统都具有独特的功能,这决定着系统中各种结构要素相互依存。具体到生态环境损害救济体系中,要避免生态环境损害赔偿与环境公益诉讼重叠冲突、互为干扰,首先要明确生态环境损害赔偿与环境公益诉讼的功能定位,进而为两者相互依存并有效衔接奠定理论基础。

相对于大陆法系国家,英美法系国家更强调分权制衡,权力之间的互相渗透十分普遍。[②] 域外经验既包含印度式直接进行社会治理的全能司法,也有美国将公益诉讼视为一种监督、补充立法权的手段,还有德国式严守立法权与司法权的界限,挤压公益诉讼的生存空间。[③] 不同国家基于本国国情、法律传统和权力构造,探索适宜本土的生态环境损害救济体系。本书拟采功能主义路径,立足于我国立法权、行政权以及司法权的权力构造,以及我国生态文明体制改革、国家治理体系和治理能力现代化的大背景,分别阐释我国环

---

① 参见张蕾:《让损害生态环境者承担赔偿责任》,载《光明日报》2015 年 12 月 4 日,第 3 版。

② See Abram Chayes, *The Role of the Judge in Public Law Litigation*, 89 Harvard Law Review 1281(1976).

③ 参见刘静:《环境民事公益诉讼的界限》,载《法商研究》2022 年第 3 期。

境民事公益诉讼、环境行政公益诉讼与生态环境损害赔偿制度在生态环境损害救济体系中的功能定位。

(一)环境民事公益诉讼:环境行政执法的补充

随着经济社会迅猛发展,尤其是20世纪以来,粗放型的经济增长模式导致环境污染、生态破坏等社会公共问题剧增,片面倚重传统环境行政执法手段(行政处罚、行政命令或行政强制)来维护和救济环境公益已显得捉襟见肘,而以救济人身权、财产权为目的的环境侵权诉讼也难以胜任维护和救济环境公益的使命。适度扩张环境司法在维护环境公共利益方面的功能,成为新时代的迫切需求。传统环境行政执法的力所不及和环境侵权诉讼的内在缺陷催生了我国的环境民事公益诉讼。自21世纪始,我国理论界便开始探讨环境民事公益诉讼的必要性、域外经验、制度构建、规则设计等问题;实务界亦"摸着石头过河",先后制定政策性文件和地方规范性文件,设立环境资源审判机构,形成"三审合一""四审合一"等审判模式,环境司法专门化如火如荼地开展。在理论界和实务界的共同推动下,我国2012年修正的《民事诉讼法》首次在立法层面确立了环境民事公益诉讼制度。随后,相关司法解释亦相继出台,为我国环境民事公益诉讼制度的构建和完善提供了规则指引。然而,随着环境民事公益诉讼的大力推动,实践中不乏"越俎代庖"的司法乱象。环境司法权过度或过早介入环境行政权导致权力结构失衡,其本质原因在于环境民事公益诉讼的功能定位模糊不清。因此,为矫正失衡的权力结构并推进我国环境民事公益诉讼持续顺畅运行,明确环境民事公益诉讼在整个生态环境损害救济体系中的功能定位势在必行。

世界各国的环境公益诉讼大多以美国的环境公民诉讼为参照。

美国环境公民诉讼是为解决政府环境执法不力而求助于司法的一种制度设计。二十世纪六七十年代,美国经济在高速发展的同时引发了严重的环境危机,公众要求政府加强环境治理的诉求越发强烈。但是,在环境执法实践中,普遍存在政府执法不力的现象,导致环境执法效果大打折扣。面对政府环境执法不力的现象,美国引入了环境公民诉讼这一新的解决方案,即当政府存在主观不愿或客观不能导致执法不充分时,公民可以通过诉讼代为执法。诚如学者所言,美国国会认为公民诉讼重在解决政府执法腐败,后来出于政治妥协将公民诉讼的立法目标从遏制腐败变为弥补执法资源不足。[①] 公民诉讼不能入侵行政机关的合法领地。[②] 公民诉讼主要是对环境执法的补充而非替代。[③] 这一点从制度设计上也可以看得出来。为了有效地发挥行政机关在环境执法中的主导作用,充分尊重行政权,同时避免诉累,美国所有公民诉讼条款都规定了 60 天(一般条款)或 90 天(如《资源保护与再生法》等法律中的特殊条款)的诉前通告宽限期,即原告应在诉前规定期限内将拟起诉事由告知违法者、违法行为发生地所在的州政府以及环保署署长,只有宽限期届满且被告知者不履行环保义务,原告才能提起公民诉讼。[④] 由此可

---

① See Jeffrey G. Miller, *Private Enforcement of Federal Pollution Control Law*, Part Ⅰ,13Environmental Law Reporter 10309(1983).

② See Surya Deva, *Public Interest Litigation in India*: *A Critical Review*, 28 Social Science Electronic Publishing 19(2009).

③ See David Feldman, *Public Interest Litigation and Constitutional Theory in Comparative Perspective*,55 Modern Law Review 44(1992).

④ 参见杜群、梁春艳:《我国环境公益诉讼单一模式及比较视域下的反思》,载《法律适用》2016 年第 1 期。

见,美国公民诉讼的功能旨在补充环境执法的不足而非取而代之。

在我国,政府环境执法动力不足或执法不能亦是环境民事公益诉讼制度兴起之根由。然而,在我国当前生态环境损害救济场域中,存在一种绕过环境执法直接诉诸司法的实践惯性,即在未穷尽环境行政执法手段的情况下,直接诉诸环境民事公益诉讼寻求生态环境损害司法救济。这种司法惯性极易破坏行政权与司法权的平衡。作为一种个案操作、成本高昂的司法机制,公益诉讼不是可随意启动、普遍适用的常规手段,而是迫不得已时才出场的"替补队员"。[①] 比较法经验表明,"规制俘获"和规制不足是政府执法动力不足或者执法不能的主要原因,破解之道在于引入符合法律规定的机关和有关组织作为补充力量,在执法者不依法履职且经督促仍不积极依法履职,或在执法者客观上用尽行政救济手段仍不能救济受损的环境公益时,直接起诉违法者,以弥补环境行政执法的主观失职和客观不能,从而起到补充执法的效果。申言之,环境民事公益诉讼并不是与环境执法并行的救济渠道,而是在环境执法失灵或失效时,发挥补充执法的功能。

(二)环境行政公益诉讼:对环境行政监管与索赔的监督

自 20 世纪 70 年代以来,面对日益严峻的环境问题与生态危机,行政规制已成为环境法的重心和主导。[②] 随着气候变化、转基因生物安全等科学上不确定的风险要素的不断涌现,环境行政的适用范畴日益扩张。除了传统的消极行政、给付行政,现代环境行政还包含风险行政的内容。就消极行政而言,政府或行政机关要扮演

---

① 参见巩固:《环境民事公益诉讼性质定位省思》,载《法学研究》2019 年第 3 期。

② 参见张宝:《环境规制的法律构造》,北京大学出版社 2018 年版,第 245 页。

"守夜人"的角色,不为"法无授权"或"法所禁止"的行为,如不可作出损害环境公共利益或有重大环境风险的行政决策、行政许可、行政审批等;就给付行政而言,政府或行政机关应积极主动为公众提供良好的环境公共产品,如积极给予生态补偿、及时代为履行或依法进行索赔等;就风险行政而言,政府或行政机关应基于科学确定或科学不确定的重大风险积极主动采取措施防止生态环境损害的发生,如进行环境风险评估、实施环境风险管控等。

环境行政的形式和内容虽有所不同,但各类环境行政行为均在环境治理过程中发挥着不容忽视的重要作用。同时,政府或环保行政机关的监管失灵、滥用职权、失职或者渎职等违法行为,亦会对生态环境系统造成严重甚至是不可逆转的损害和威胁。在生态环境损害赔偿领域,政府怠于履行索赔职责,本应追偿的生态环境损害赔偿费用未及时追偿或者本应修复的生态环境未及时监督修复,亦会造成公共财政损失或环境公共利益损害。因此,对政府或环保行政机关依法行使环境监管权或索赔权进行有效监督是非常必要的。除加强内部监督外,只有增强外部监督的力度,才能更好地避免或矫正环境监管或索赔失灵,维护环境公共利益、预防重大环境风险。而环境行政公益诉讼则是对环境行政监管权和索赔权进行有效监督的司法路径。环境行政公益诉讼的目的在于督促执法而非执意与主管机关竞赛或令污染者难堪。[①] 从监督行政的视角来看,环境行政公益诉讼应定位于对环境行政做有限监督。[②]

---

① 参见叶俊荣:《环境政策与法律》,中国政法大学出版社 2003 年版,第 249 页。

② 参见颜运秋、张金波、李明耀:《环境行政公益诉讼的逻辑和归位》,载《环境保护》2015 年 Z1 期。

受欧盟法的影响，德国环境公益诉讼主要体现为行政诉讼中的利他型环境团体诉讼，缺乏专门的环境民事公益诉讼。德国的利他型环境团体诉讼就是中国环境司法语境中的环境行政公益诉讼。[①]众所周知，德国的环境行政管理系统在应对环境问题和防范重大环境风险方面取得的成效举世瞩目。德国没有引入环境民事公益诉讼作为环境执法的补充，而是坚持认为预防和救济生态环境损害是政府的首要职责，只有督促政府依法积极履职才能有效发挥环境行政管理系统在预防重大环境风险、保护环境公共利益方面的效能优势。因此，德国的利他型环境团体诉讼即环境行政公益诉讼。德国的利他型环境团体诉讼基本上都是针对政府行政行为提出的，特别是政府的行政决定。[②] 为更好地促进客观环境法律秩序，德国的环境行政公益诉讼是在欧盟法公众参与和生态损害责任追究推动下的制度创新，旨在通过公众借助司法权对环境行政权进行监督。

行政诉讼是一项不可缺少的对行政行为进行事后法律监督的制度，其功能主要是监督行政机关依法履行职权。[③] 客观诉讼是行政诉讼的子类型，而作为客观诉讼的环境行政公益诉讼，在督促政府依法履行环保监管和索赔职责、纠正环境行政违法行为方面发挥着不可替代的重要作用。我国环境行政公益诉讼具有典型的中国特色。立法赋予检察机关提起环境行政公益诉讼的唯一主体资格，

---

① 参见吴宇:《德国环境团体诉讼的嬗变及对我国的启示》，载《现代法学》2017 年第 2 期。

② 参见谢伟:《德国环境团体诉讼制度的发展及其启示》，载《法学评论》2013 年第 2 期。

③ 参见姜明安主编:《行政法与行政诉讼法》(第 6 版)，北京大学出版社、高等教育出版社 2015 年版，第 400 页。

旨在发挥检察机关的法律监督职能，督促政府或环保行政机关依法开展环保监督管理、依法启动生态环境损害赔偿等。2019 年 9 月 17 日，张雪樵在全国检察机关行政检察工作座谈会上指出，检察机关在监督过程中，发现行政机关的行政行为违法，则可以监督；不构成违法，属于不规范或者制度漏洞等，也可以向行政机关提出改进工作的检察建议，那当归之于治理类检察建议的广义监督范畴。[①] 中共中央于 2021 年发布了《关于加强新时代检察机关法律监督工作的意见》，进一步明确了检察机关在履行法律监督职责中发现行政机关违法行使职权或者不行使职权的，可以依照法律规定制发检察建议等督促其纠正。申言之，我国环境行政公益诉讼的重要功能在于督促政府和行政机关依法履行环境行政监督管理以及索赔职责。

（三）生态环境损害赔偿：环境行政协商 + 环境行政执法的延伸

生态环境损害赔偿制度是我国生态文明制度体系的重要组成部分。《生态环境损害赔偿制度改革试点方案》（已废止）将“生态环境损害赔偿磋商”作为选择性程序进行创设；在试点经验基础上，为更好地发挥磋商程序的实效性，《生态环境损害赔偿制度改革方案》改将“生态环境损害赔偿磋商”作为“生态环境损害赔偿诉讼”的前置程序予以明确。自此，依程序划分，我国生态环境损害赔偿制度包括生态环境损害赔偿磋商和生态环境损害赔偿诉讼两个重要机制。随后，相关政策性文件及司法解释对生态环境损害赔偿磋商或诉讼进行了逐步的细化，然而，上述文件均未明确生态环境损

① 参见张雪樵：《坚持司法为民 做实行政检察》，载最高人民检察院网，https://www.spp.gov.cn/spp/zdgz/201910/t20191009_433806.shtml。

害赔偿磋商与生态环境损害赔偿诉讼的法律属性和功能定位。迄今为止,理论界和实务界对生态环境损害赔偿磋商和生态环境损害赔偿诉讼的法律属性仍众说纷纭。下文拟分别对生态环境损害赔偿磋商与生态环境损害赔偿诉讼的法律属性及功能定位进行探究。

1. 生态环境损害赔偿磋商与生态环境损害赔偿诉讼的法律属性

(1)生态环境损害赔偿磋商的法律属性

总体而言,对于生态环境损害赔偿磋商的法律属性,学界主要存在三种观点,即民事行为说、行政公权说、双阶构造说。

"民事行为说"似乎在很大程度上得到了官方部门的认可。持该观点的学者认为,生态环境损害赔偿磋商虽有政府参与,但并非行政法律关系而是民事性质的关系,因为在磋商的法律关系中,赔偿权利人不再是命令式治理生态环境损害,而是作为生态环境的代表者参与生态环境损害修复方案的确定。[①] 赔偿权利人就生态环境损害赔偿或修复事宜,与赔偿义务人进行磋商,并最终达成生态损害赔偿协议,该协议对赔偿权利人与赔偿义务人产生法律约束力,赔偿权利人有权及时督促赔偿义务人修复受损的生态环境。从法律性质来看,当事人依法就生态环境达成的有关修复或赔偿磋商协议是民事合同,具有法律效力。[②] "赔偿磋商"的本质属性仍然是民事行为,只是因为公法元素的介入而具有了一定的特殊性,赔偿权

① 参见王金南:《实施生态环境损害赔偿制度 落实生态环境损害修复责任——关于〈生态环境损害赔偿制度改革试点方案〉的解读》,载《中国环境报》2015 年 12 月 4 日,第 2 版。

② 参见罗丽、王浴勋:《生态环境损害赔偿磋商与诉讼衔接关键问题研究》,载《武汉理工大学学报(社会科学版)》2017 年第 3 期。

利人在开展磋商时必须放下其环境行政管理角色并不得运用行政权力，从而与赔偿义务人处于完全平等的地位。[①] 总体而言，“民事行为说”主要从磋商方式、磋商内容、协议形式等角度，对标民事行为的平等沟通、意思自治、合同契约等特性，并与行政管理的单一性、命令性、强制性等本质属性相区别，将赔偿权利人从行政主体降格为代表“国家自然资源所有权”的民事主体，以民事手段凌驾于行政目的之上，以此来决定赔偿磋商的法律属性。

持“行政公权说”的学者认为，从磋商启动至磋商终结，行政机关一直是以拥有绝对主导地位之公权机关的身份出现，因此赔偿磋商之全程都渗透着强烈的行政公权色彩。《生态环境损害赔偿制度改革方案》中引入了有关生态环境损害的行政磋商制度，鼓励赔偿权利人主动与义务人进行磋商。[②] 生态环境主管部门的公权主导地位，以及赔偿磋商目标的环境公益属性，已然决定了赔偿磋商制度的公权行政属性。以协商行政为视角，生态环境损害赔偿磋商制度实质上是一种行政机关借用私法领域的协商与填补机制来维护环境公益的行政权行使之新样态。[③] 故而，“行政公权说”关注生态环境损害赔偿磋商中赔偿权利人行使公权的身份和地位，将生态环境损害赔偿磋商作为类似于行政处罚、行政命令、行政强制等传统行政执法的一种新型执法手段。

---

① 参见程雨燕：《生态环境损害赔偿磋商制度构想》，载《北方法学》2017 年第 5 期。

② 参见张梓太：《填补制度空白　力促损害担责——对〈生态环境损害赔偿制度改革试点方案〉的解读》，载《中国环境报》2015 年 12 月 8 日，第 2 版。

③ 参见黄锡生、韩英夫：《生态损害赔偿磋商制度的解释论分析》，载《政法论丛》2017 年第 1 期。

持"双阶构造说"的学者认为,生态环境损害赔偿磋商制度同时蕴含公权行使特征与私法自治内涵,基于德国法上的双阶理论对法律制度剖析的全新思路,对生态环境损害赔偿磋商制度属性的识别应摒弃"非公即私"式的解释路径,正视制度运行中的多重法律关系,并通过阶段划分构建其层次结构,形成兼顾"行政机关—行政相对人"之行政法律关系与"赔偿权利人—赔偿义务人"之民事法律关系的双阶构造。[①] 在公私法协动视野下,以德国法上的双阶理论为基础,全方位审视赔偿磋商制度运行中的多重法律关系,合理界定磋商制度的法律性质,确立前阶公法属性和后阶私法属性的应然构造。[②] 申言之,"双阶构造说"将赔偿权利人的身份在不同阶段进行切换,在磋商正式启动前,赔偿权利人扮演公权力主体角色,磋商属于行政属性;在磋商协议形成和履行阶段,赔偿权利人扮演民事主体角色,磋商属于民事属性。

可见,"民事行为说"、"行政公权说"以及"双阶构造说"立足于不同的视角对生态环境损害赔偿磋商的性质展开探讨,在某种程度上具有合理性。然而,以上三种观点仍存在相当缺陷。当前在理论界和实务界占主流的"民事行为说"受限于"协商即自治,赔偿即私法"定式思维的影响,倾向于关注平等协商的私法化手段,将生态环境损害赔偿磋商过程中的行政机关视为"脱下制服,换上便装"的一般民事主体,忽视了作为赔偿权利人的行政机关在损害调查、鉴

---

① 参见刘莉、胡攀:《生态环境损害赔偿磋商制度的双阶构造解释论》,载《甘肃政法学院学报》2019 年第 1 期。

② 参见于文轩、孙昭宇:《生态环境损害赔偿磋商的属性界定与制度展开——以双阶理论为视角》,载《中国地质大学学报(社会科学版)》2021 年第 2 期。

定评估以及修复方案编制等环节的主导性地位[①]，亦忽视了生态环境损害赔偿磋商旨在维护生态环境公共利益、修复受损生态环境之公法目的。“行政公权说”强调生态环境损害赔偿磋商是公权主导的行政行为，关注赔偿权利人与赔偿义务人之间“行政主体—行政相对人”的行政法律关系，从主体论的角度依循传统的“命令—控制式”的环境法治逻辑，忽视了随着“协商行政”理论而兴起的柔性执法方式。“双阶构造说”拟跳出“非公即私”的论调，以过程论为基础融合生态环境损害赔偿磋商过程中出现的“行政法律关系”与“民事法律关系”，但仍存在以“法律关系形式”掩盖“法律目的实质”的嫌疑。生态环境损害赔偿磋商不是单纯的民事法律关系，也不是传统的行政法律关系，而是一种新型环境合作共治模式下的具体制度设计，是为风险社会中的环境行政决策提供合理性基础的一种决策过程，具体表现为一种“弱权行政”下的行政法律关系。[②]

本书拟基于“协商行政”理论重新审视生态环境损害赔偿磋商的法律属性，将生态环境损害赔偿磋商视为一种行政机关以“平等协商”的形式实现“生态环境损害修复与赔偿”目的的全新协商行政模式。现代公共行政管理中，行政并不只有行政行为和行政强制执行。中国行政法的目标和功能不应局限于对私人权利自由的保障，也应为提高行政效率效能、保障公共利益、进行利益协调提供制

① 《生态环境损害赔偿制度改革方案》第 2 条规定，生态环境损害发生后，赔偿权利人组织开展生态环境损害调查、鉴定评估、修复方案编制等工作，主动与赔偿义务人磋商。磋商未达成一致，赔偿权利人可依法提起诉讼。

② 参见史玉成：《生态环境损害赔偿制度的学理反思与法律建构》，载《中州学刊》2019 年第 10 期。

度保障。[①] “协商行政”亦称为“行政协商”或“合作治理”[②],它着眼于现代国家借用私法方式完成公法目标的新型行政模式,并以平等协商等私法精神克服现代社会广泛存在的管制“萎靡”,[③]是指行政机关在行使行政权时放弃行政处罚、行政命令以及行政强制等传统的行政管制手段,转而与行政相对人进行协商与沟通,使行政行为融入行政相对人的意思表示,借此消除双方之间的冲突与分歧,促使公共治理领域善治局面之形成。[④] 具体到生态环境损害赔偿领域,磋商行为的公法属性定位有助于生态环境损害赔偿磋商与后续的生态环境损害赔偿诉讼或环境公益诉讼形成协同融贯的制度体系。现代环境公共事务十分复杂,需要以环境行政为主要应对手段,环境公共利益的保护须充分发挥行政权的专业性和司法权的监督性,同时避免司法权对行政权的不当干涉。[⑤] 生态环境损害赔偿磋商本质上是行政机关在穷尽传统刚性行政执法手段(行政处罚、行政命令以及行政强制)仍无法有效救济严重生态环境损害的情况下,转而借用私法领域的平等协商机制来实现维护环境公共利益的

---

① 参见李洪雷:《中国行政法(学)的发展趋势——兼评“新行政法”的兴起》,载《行政法学研究》2014 年第 1 期。

② 相关论述参见蔡武进:《行政治理视野下的行政协商》,载《北方法学》2014 年第 3 期;徐博嘉:《行政协商制度基本问题分析》,载《行政与法》2013 年第 10 期;[美]朱迪·弗里曼:《合作治理与新行政法》,毕洪海、陈标冲译,商务印书馆 2010 年版,第 34 ~ 35 页。

③ See Richard H. Pildes, Cass R. Sunstein, *Reinventing the Regulatory State*, 62 The University of Chicago Law Review 1 (1995).

④ 参见张英俊:《现代行政法治理念》,山东大学出版社 2005 年版,第 111 ~ 113 页。

⑤ 参见王明远:《论我国环境公益诉讼的发展方向:基于行政权与司法权关系理论的分析》,载《中国法学》2016 年第 1 期。

公法目标的一种新型柔性执法形态。

首先,从法律关系来看,生态环境损害赔偿磋商是赔偿权利人与赔偿义务人以行政法律关系为背景,围绕生态环境损害修复与赔偿的议题设置的平等协商解决方式。根据《生态环境损害赔偿制度改革方案》的规定,赔偿权利人系国务院授权的省级、市地级政府(包括直辖市所辖的区县级政府),赔偿义务人系违反法律法规、造成生态环境损害且有义务承担生态环境损害赔偿责任的单位或个人。赔偿权利人负责生态环境损害调查、鉴定评估、修复方案编制并组织开展磋商,并在磋商启动、磋商方案、磋商程序等环节体现了行政机关的公权色彩;赔偿义务人则是实施了违法行为导致生态环境严重损害并应承担生态环境损害修复或赔偿义务的行政相对人,有义务参与磋商并承担责任。传统的行政法治更多地关注行使行政管理权(行政处罚、行政命令、行政强制)的行政机关与被管理的行政相对人之间的传统行政法律关系,而忽视了运用柔性执法手段的行政机关与行政相对人之间发生的新型行政法律关系。后者更能彰显现代行政法治的协商行政特征。基于现代行政法中的"协商行政"理论,对传统环境行政管制手段(行政处罚、行政命令、行政强制)难以"全覆盖"的生态环境损害修复和赔偿问题,引入柔性的行政协商方式,并不掩盖赔偿权利人与赔偿义务人之间实质存在的行政法律关系。在程序上实行柔性的、协商式的由多方主体参与的合作共治,其中,政府履行生态环境保护职能的方式由"强权行政"向"弱权行政"转变,引导企业、社会公众等多方主体共同参与生态环境保护。生态环境损害赔偿磋商是风险社会催生的民主行政和公众参与相结合的环境公法制度安排,其既不是单纯的民事法律关系,也不是传统的行政法律关系,而是一种新型环境合作共治模式下的具体制度设计，是为风险社会中的环境行政决策提供合理性基础的一种决策过程，具体表现为一种“弱权行政”下的行政法律关系。“商谈—建构”范式则旨在追求一种不同的行政模式。在它看来，立法并非一套严格的命令，而是更接近于一部为“裁量权行使”规定各种原则和条件的“宪法”。[①] 赔偿权利人享有行政监管和索赔的权力和职责，应当通过多元行政执法手段来实现责令或指导赔偿义务人承担生态环境损害修复与赔偿义务的目标。

其次，从磋商目的来看，生态环境损害赔偿磋商的目的具有公法属性。正如日本学者盐野宏指出的，行政机关在调整公共事务管理的法律适用和救济方面，不是机械地适用公法的规定抑或私法的原则，而是根据问题定向，兼采公法或私法以实现公共利益。[②] 生态环境损害赔偿磋商的特殊性在于以平等协商之私法手段实现环境行政之公法目标。生态环境损害具有强烈的公共性色彩，生态环境损害赔偿磋商是为破解“企业污染、群众受害、政府买单”的困局、落实“损害者担责”原则、救济严重生态环境损害而创设的一项新型制度。依照国家环境规划院的官方观点，生态损害赔偿主要包括对生态本身的修复和赔偿两方面，并以修复为原则、以赔偿为补充。生态环境损害赔偿以环境利益的可救济性为理论基础，是造成生态环境损害的责任人所承担的具有公法性质的民事责任，其以生态利益优先为价值取向进行损害的填补或恢复。[③] 虽然生态环境损害赔

① 参见王虎：《风险社会中的行政约谈制度：因应、反思与完善》，载《法商研究》2018 年第 1 期。

② 参见［日］盐野宏：《行政法》，杨建顺译，法律出版社 1999 年版，第 35 页。

③ 参见王金南等：《加快建立生态环境损害赔偿制度体系》，载《环境保护》2016 年第 2 期。

偿磋商是基于平等协商、意思自治的私法方式开展的，但磋商的目的在于实现生态修复与赔偿的公法目标。因此，生态环境损害赔偿磋商是围绕追究生态环境损害赔偿义务人的生态修复与赔偿义务而展开的，磋商只是实现这一公法目标的一种方式，尽管形式上借用了民事手段，但不应从形式上的"意思自治、平等协商"来否定生态环境损害修复与赔偿的公法本质。生态环境损害赔偿磋商本质上是借助柔性磋商的手段实现生态环境损害修复与赔偿的公法目标。

最后，从磋商内容来看，《生态环境损害赔偿制度改革试点方案》(已废止)中规定赔偿权利人"组织开展生态环境损害调查、鉴定评估、修复方案编制等工作，主动与赔偿义务人磋商"，虽未明确规定磋商协议的具体内容，但仍体现了赔偿权利人对磋商内容的主导性。《生态环境损害赔偿制度改革方案》进一步具化了磋商内容，即生态环境损害发生后，经组织开展调查发现生态环境损害需要修复或赔偿的，赔偿权利人根据生态环境损害鉴定评估报告，就损害事实和程度、修复启动时间和期限、赔偿的责任承担方式和期限等具体问题与赔偿义务人进行磋商，统筹考虑修复方案技术可行性、成本效益最优化、赔偿义务人赔偿能力、第三方治理可行性等情况，达成赔偿协议。这有利于赔偿权利人与赔偿义务人根据具体问题展开磋商，但正如优士丁尼《学说汇纂》所指出的，公法的规范不得由个人之间的协议而变更。[①] 生态环境损害赔偿磋商协议的达成以实现生态修复与赔偿的目标为前提。赔偿权利人与赔偿义务人仅能以实现生态环境损害修复与赔偿为目标，就"损害事实和程度、修复启动时间和期限、赔偿的责任承担方式和期限"等不具有任意

① 参见周枏：《罗马法原论》(上册)，商务印书馆1994年版，第84页。

处分性的事项开展磋商。

由此可见,从法律关系、磋商目的以及磋商内容等要素进行分析,生态环境损害赔偿磋商本质上是为了弥补传统“命令—控制”型行政手段在生态环境损害赔偿责任追究方面的缺陷、实现生态环境损害修复与赔偿公法目标而创设的一种以私法平等协商方式呈现的行政协商。这一新型执法方式体现了现代行政法治多元合作的精神,也是对严重生态环境损害修复与赔偿这一复杂问题的制度回应。

(2)生态环境损害赔偿诉讼的法律属性

作为生态环境损害赔偿磋商的后续保障机制,生态环境损害赔偿诉讼成为新时代严格追究生态环境损害赔偿责任、推动生态文明建设的重要制度创新。但与此同时,生态环境损害赔偿诉讼创设的战略部署及其独特运行机制使这一诉讼如雾里看花。《最高人民法院关于审理生态环境损害赔偿案件的若干规定(试行)》颁布后,最高人民法院相关负责人提出,“生态环境损害赔偿诉讼是不同于环境民事公益诉讼和普通环境侵权责任诉讼的一类新的诉讼类型”①,但却未对“新的诉讼类型”之法律属性进行正面解读。学界对此涌现了四种主要观点,即私益诉讼说、公益诉讼说、国益诉讼说、混合诉讼说。

持“私益诉讼说”的学者认为,国务院授权的省级、市地级政府及其指定的部门均为国家利益的代表,其针对单位或个人造成生态环境损害的行为提起诉讼,两者间具有直接利害关系,因而该诉讼

① 江必新:《依法开展生态环境损害赔偿审判工作　以最严密法治保护生态环境》,载《人民法院报》2019年6月27日,第5版。

在本质上属于民事私益诉讼。[①] 从《生态环境损害赔偿制度改革试点方案》(已废止)的有关表述不难推断,在现有的诉讼制度体系下,生态环境损害赔偿诉讼在性质上属于环境民事诉讼的范畴,这一点应无疑义。[②] 尽管理论界和实务界中对于生态环境损害赔偿诉讼属于私益诉讼、国益诉讼还是公益诉讼仍有争议,但就诉讼地位、适用程序、责任性质等而言,在诉讼分野的理论预设条件下,生态环境损害赔偿诉讼仍属于民事诉讼范畴当无异议。[③] 生态环境损害赔偿诉讼为民事诉讼,由此,民事实体法和民事诉讼法的相关规定应当作为生态环境损害赔偿诉讼的首要遵循。[④] 顾名思义,生态环境损害赔偿诉讼也即权利人提起的追究责任人生态环境损害赔偿民事责任的诉讼,其性质属于民事诉讼,适用《民事诉讼法》的相关规定。[⑤] 该学说基于民事实体法和程序法的法理,将国家自然资源所有权作为生态环境损害赔偿诉讼的请求权基础,从《生态环境损害赔偿制度改革方案》推断生态环境损害赔偿诉讼为民事诉讼。

持"公益诉讼说"的学者认为,若救济的利益主要体现为公共

---

① 参见最高人民法院环境资源审判庭编著:《最高人民法院关于环境民事公益诉讼司法解释理解与适用》,人民法院出版社 2015 年版,第 27 页。

② 参见程多威、王灿发:《生态环境损害赔偿制度的体系定位与完善路径》,载《国家行政学院学报》2016 年第 5 期。

③ 参见吴良志:《论生态环境损害赔偿诉讼的诉讼标的及其识别》,载《中国地质大学学报(社会科学版)》2019 年第 4 期。

④ 参见王旭光:《论生态环境损害赔偿诉讼的若干基本关系》,载《法律适用》2019 年第 21 期。

⑤ 参见李义松、刘永丽:《生态环境损害赔偿诉讼制度研究——以〈最高人民法院关于审理生态环境损害赔偿案件的若干规定(试行)〉为背景》,载《行政与法》2020 年第 1 期。

利益,那么该类诉讼就是公益诉讼,因为以维护公共利益为目的而设计的诉讼制度就是公益诉讼。[①] 生态环境损害赔偿诉讼主要是针对环境资源生态功能和生态价值损害所进行的救济,无论是自然资源产权还是生态系统功能受损,均涉及公共利益。因此,生态环境损害赔偿诉讼是典型的公益诉讼。虽然环境民事公益诉讼程序规则并不能当然地适用于生态环境损害赔偿诉讼,但是由于两者在保护生态环境公共利益目的上是相同的,它们在诉讼程序规则的适用上具有一定的共通性。因此,将生态环境损害赔偿诉讼的性质界定为公益诉讼更具有合理性。[②]

持"国益诉讼说"的学者认为,生态环境损害赔偿诉讼的保护对象是基于公共信托而由国家代表不特定多数人享有的环境利益,故在性质上属于国益诉讼。诚如学者所言,2018 年 1 月 1 日开始在全国实施的生态环境损害赔偿制度改革是一个新问题,可将其称为"国益诉讼"。[③] 生态环境损害赔偿诉讼既非由普通民事私主体提起的环境私益诉讼,也非既有司法实践中由环保组织或检察机关提起的环境民事公益诉讼,而是行政机关以维护国家利益为导向对环境危害人所提起的国益诉讼。[④] 由此,生态环境损害赔偿诉讼属于

---

① 参见李挚萍 2018 年 5 月 31 日在"第二届崇明世界级生态岛环境司法研讨会"上的发言,其发言题目为"生态损害赔偿制度的司法适用"。

② 参见王世进、张维娅:《论生态环境损害赔偿诉讼与环境民事公益诉讼的衔接》,载《时代法学》2020 年第 2 期。

③ 参见吕忠梅:《"绿色原则"与民法分则编纂》,载吕忠梅主编:《环境资源法论丛》第 11 卷,法律出版社 2019 年版。

④ 参见吕忠梅 2018 年 3 月 24 日在"2018 年度中国环境资源法治高端论坛会议"上的发言,其发言题目为"生态损害赔偿诉讼中的问题与对策"。

一种特殊类型的诉讼，即由行政机关代表国家提起的、以维护国家利益为目的的国益诉讼。

持“混合诉讼说”的学者认为，生态环境损害赔偿诉讼兼具私益诉讼与公益诉讼双重属性。一方面，政府或行政机关是以自然资源国家所有权之代表者的身份提起生态环境损害索赔之诉，鉴于自然资源国家所有权的私权属性，该项诉讼难免具有私益性；另一方面，行政机关提起生态环境损害索赔诉讼的目的仍在于填补生态环境损害、维护环境公共利益，故而该项诉讼也必然具有公益性。在生态环境损害赔偿制度下，以政府为代表进行的诉讼，在性质上并不单纯属于私益诉讼或者公益诉讼，而是一种公私交错的特殊类型的诉讼。[①] 亦有学者提出，自然资源包含经济价值和生态价值，对自然资源本身造成的损害可以分为对自然资源经济利益的损害和对自然资源生态(环境)利益的损害。前者由国家利益诉讼救济(实质属于国家作为所有人的一种私益诉讼)；后者则由环境民事公益诉讼救济。[②]

当下针对“生态环境损害赔偿诉讼的法律属性”这一关键性问题的主流观点均具有一定合理的因素，但各有不足之处。“私益诉讼说”结合《生态环境损害赔偿制度改革方案》的规定，以自然资源国家所有权作为请求权基础，认定起诉主体与诉讼对象之间有直接利害关系。从伦理道德层面的生态利益认知到法律层面的生态法

① 参见宋丽容：《生态环境损害赔偿与社会组织公益诉讼之衔接》，载《中国环境管理干部学院学报》2018 年第 5 期。

② 参见竺效、梁晓敏：《论检察机关在涉海“公益维护”诉讼中的主体地位》，载《浙江工商大学学报》2018 年第 5 期。

益确认,是破解生态环境损害赔偿难题的一个重要且可行的法律选项。① 然而,生态环境损害赔偿诉讼的保护对象是不特定多数人所共同享有的环境公共利益(生态利益),但生态利益并非政府或行政机关的自身利益,生态环境损害赔偿诉讼也并非政府或行政机关为维护自身权利或争取自身利益所提起的诉讼。行政机关提起生态环境损害赔偿诉讼的正当性,源于它是通过行政权与司法权的相互配合从而履行国家环保义务、实现环境保护目标的实践。② 由于我国《立法法》将诉讼作为法律保留事项,因此,将《生态环境损害赔偿制度改革方案》作为生态环境损害赔偿诉讼的依据亦存在合法性问题。此外,若生态环境损害赔偿诉讼是私益诉讼,则赔偿权利人可以变更、放弃诉讼请求,这并非制度设计的初衷。“公益诉讼说”从诉讼目的、诉讼请求、诉讼规则等方面分析了生态环境损害赔偿诉讼与环境公益诉讼之间的趋同性,但未能回答一个核心问题,即为何在环境公益诉讼已得到立法确认并大力铺开的情况下,党中央、国务院仍高度重视并创设新型的生态环境损害赔偿制度?实质上,两者至少在功能定位上存在本质区别,环境民事公益诉讼是环境行政执法的补充,在环境行政执法主观不愿或客观不能时发挥补充作用,而生态环境损害赔偿是环境行政执法的延伸,弥补环境行政执法客观不能的不足。为应对环境危机,将所有损害环境公共利益的案件均纳入公益诉讼的范围是有必要的,但也陷入了范围过

① 参见柯坚:《破解生态环境损害赔偿法律难题——以生态法益为进路的理论与实践分析》,载高鸿钧、王明远主编:《清华法治论衡》第16辑,清华大学出版社2012年版。

② 参见梅宏、胡勇:《论行政机关提起生态环境损害赔偿诉讼的正当性与可行性》,载《重庆大学学报(社会科学版)》2017年第5期。

大、制度规则理论依据薄弱以及与上位法相冲突的诟病之中。随着政府索赔责任的确立，公益诉讼规则应由粗放转为精细，应将公益诉讼定位为监督性、补充性的制度，应以生态环境损害赔偿规则为基础，以公益诉讼的特殊规则为补充，重构整个生态环境损害救济体系，而不是本末倒置地将生态环境损害政府索赔定性为公益诉讼。[①]“国益诉讼说”侧重于区分个人利益、公共利益与国家利益，关注提起生态环境损害赔偿诉讼的国家代表之身份，将其所代表的生态环境利益划入国家利益范畴。然而，国家利益是政治范畴中的概念，包括国际政治范畴中的国家利益和国内政治中的国家利益。[②]一般而言，国家利益是公共利益的下位概念。从根本上说，国家利益更多地表现为一个政治概念，其总是与国家主权相联系，集中体现在主权独立、国家安全和领土完整等方面，侧重政治性。[③]生态环境损害赔偿诉讼建立之目的在于修复和赔偿生态环境损害、维护不特定多数人所共享的环境公共利益，并不涉及政治范畴。“混合诉讼说”采折中主义路线，以请求权基础（自然资源国家所有权具有私权属性）和诉讼目的（生态环境损害赔偿具有公益目的）作为双重标准，或对自然资源的经济属性和生态属性进行界分并分别予以救济，进而将生态环境损害赔偿诉讼认定为公私混合的诉讼。该学说从不同角度对生态环境损害赔偿诉讼进行进一步划分，看似合理，却无助于解决实践问题，且增加了实践操作的难度。

---

① 参见张梓太、李晨光：《生态环境损害政府索赔的路径选择》，载《社会科学辑刊》2018 年第 3 期。

② 参见阎学通：《中国国家利益分析》，天津人民出版社 1997 年版，第 4 页。

③ 参见高志宏：《公共利益的独立性及当代表达》，载《学术界》2013 年第 11 期。

学理上的纷争不决必然会增加司法实践的难度。鉴于此，我们有必要立足于顶层设计的战略背景以及行政权与司法权的关系逻辑，辨析生态环境损害赔偿诉讼的法律属性，避免与现有制度发生重叠与冲突。从制度创设的战略背景来看，我国环境保护基本法、单行法以及相关配套措施已赋予政府或环保行政机关运用行政处罚、行政命令、行政强制等传统行政手段制裁环境违法者的权力。然而，无论是行政处罚、行政命令还是行政强制，多数立法授权行政机关对环境违法行为人实施的行政手段并不包括责令违法者赔偿生态环境损失或修复生态环境。传统的行政手段难以完全解决生态环境损害赔偿问题，导致实践中常出现“企业污染、群众受害、政府买单”的困局。为弥补现阶段环境行政执法在生态环境损害修复与赔偿方面的局限性，充分履行国家环境保护义务，落实“损害者担责”原则，中共中央办公厅、国务院办公厅先后出台《生态环境损害赔偿制度改革试点方案》（已废止）、《生态环境损害赔偿制度改革方案》以及最高人民法院出台了《关于审理生态环境损害赔偿案件的若干规定（试行）》等政策性文件与司法解释，赋予省级、市地级人民政府及其指定的部门或机构等公权力主体在磋商不成或无法开展磋商时，向人民法院提起生态环境损害赔偿诉讼，以司法力量追究赔偿义务人的生态环境损害修复与赔偿责任。对监管者来说，法律在赋予其公益保护职责的同时往往也配以强力保障手段——比司法更便捷、高效的行政执法权，其可依此发动国家强制，而无须通过诉讼将自己降格于与被告平等的地位，被动等待法院裁决。[①]

① 参见巩固：《公益诉讼的属性及立法完善》，载《国家检察官学院学报》2021 年第 6 期。

从行政权与司法权的逻辑关系来看,如果穷尽行政手段仍无法解决生态环境损害赔偿问题,作为政府环境行政执法的延伸,可以由政府通过民事诉讼来弥补行政执法的不足,以实现"损害者担责"的目标。也就是说,政府索赔旨在建立一种"公法性质、私法操作"的公共利益保护请求权,来弥补"责令修复+代履行"机制在应对生态环境损害时的不足,本质上仍然是环境行政执法的延伸和补充,可以视为一种"准公法责任"。[①] 生态环境损害赔偿诉讼是在传统刚性行政执法手段(行政命令、行政处罚、行政强制)与柔性行政执法方式(生态环境损害赔偿磋商)相结合仍不能有效救济严重生态环境损害时,行政机关借助司法手段实现"生态环境损害修复与赔偿"公法目标的执法诉讼。

2. 生态环境损害赔偿制度的功能定位

(1)生态环境损害赔偿磋商的功能定位

如前所述,生态环境损害赔偿磋商的法律属性为协商行政,是为弥补传统行政管制手段(行政命令、行政处罚、行政强制)在应对复杂的生态修复与环境损害赔偿问题方面的刚性弊端而兴起的柔性行政手段。作为柔性执法方式的生态环境损害赔偿磋商与作为刚性执法方式的传统环境行政管制共同构成了现代环境行政执法模式。因此,生态环境损害赔偿磋商是传统环境行政管制在现代行政领域的延伸,属于行政权的范畴。同时,基于行政效率理念,生态环境损害赔偿磋商有严格的适用前提,即其只在传统环境行政管制无法救济的严重生态环境损害领域发挥其柔性执法补充的功能。

---

① 参见张宝:《生态环境损害政府索赔制度的性质与定位》,载《现代法学》2020 年第 2 期。

此外,为避免行政权过度依赖司法权,生态环境损害赔偿磋商作为生态环境损害赔偿诉讼的前置程序,有助于发挥公权力主导下的平等协商优势,以最优方案实现生态环境损害修复与赔偿,减少诉累的发生。简言之,生态环境损害赔偿磋商旨在弥补传统环境行政执法在索赔领域的不足,进而形成环境行政监管中"刚性执法 + 柔性索赔"的现代行政模式。

(2)生态环境损害赔偿诉讼的功能定位

党的十九大报告中明确要求"实行最严格的生态环境保护制度""健全……严惩重罚等制度"。生态环境损害赔偿是着力解决突出环境问题的具体制度体现。作为生态环境损害赔偿磋商的保障机制,生态环境损害赔偿诉讼是在传统环境行政执法与生态环境损害赔偿磋商失效之后,继续借助司法发挥生态环境损害追偿功效的重要制度创新。其本质在于弥补现阶段环境行政监管权在生态环境损害追偿方面的不足,消除行政机关在穷尽监管权后只能"买单"难以"索赔"的后顾之忧,全方位落实国家环境保护义务,实现"损害者担责"。

虽然在形式上借助了民事诉讼的司法程序,但生态环境损害赔偿诉讼的功能仍在于通过司法手段实现现代化环境行政管制的公法目标,即以民事诉讼程序为手段,实现生态环境修复与损害赔偿的价值目的。生态环境损害代修复作为生态环境损害修复责任的延伸,是"绿色原则"在民法中的制度化。① 生态环境损害赔偿作为政府环境行政执法的延伸,弥补了政府在环境行政执法中索赔权缺

---

① 参见何璐希:《多元共治背景下生态环境损害代修复之刍议——以〈民法典·侵权责任编〉第1234条为视角》,载《哈尔滨工业大学学报(社会科学版)》2021年第2期。

失的遗憾,本质上并没有改变以政府为主导的环境行政执法模式。申言之,生态环境损害赔偿诉讼仅以司法手段为执法工具,其真正的功能在于以索赔权强化行政监管权,实现在生态环境修复与损害追偿领域的“全覆盖”。诚如学者所言,生态环境损害赔偿制度是“公法私法化”的产物,具有公法性质。政府索赔并不是基于自然资源国家所有权引申出的私法赔偿,而是政府的一项法定职责,只是穿上了民事诉讼的“外衣”,其实质上仍然是行政执法的延伸。[①]换言之,生态环境损害赔偿诉讼乃是监管权(传统行政权)在环境司法领域之拓维。行政机关行使生态环境损害索赔权,并不是在行使自然资源国家所有权引申出的私法赔偿权力,而是在行使行政法定职权,实质上是环境行政执法的自然延伸。生态环境损害赔偿制度应当定位为行政机关履行环境行政管理职责的新型手段。为克服单纯行政手段在生态环境损害问责上的局限性,避免生态文明建设的目标落空,当一般意义上的环境执法及法律责任不足以满足特定情况下生态环境修复之需时,有必要辅之以司法手段,以个案裁量的方式予以补充,实现生态环境损害问责的“全覆盖”。[②] 生态环境损害赔偿诉讼仅能作为行政执法的补充,在极有限的范围内发挥作用,绝不应成为可自由选择的行政执法替代工具。[③] 简言之,生态环境损害赔偿制度的功能定位是环境行政监管权的延伸,是一种在

---

① 参见张宝:《生态环境损害政府索赔权与监管权的适用关系辨析》,载《法学论坛》2017年第3期。

② 参见陈海嵩:《生态环境损害赔偿制度的反思与重构——宪法解释的视角》,载《东方法学》2018年第6期。

③ 参见邓少旭:《生态环境损害赔偿诉讼:定义与定位矫正》,载《中国环境管理》2020年第3期。

限定领域内适用的非常规的执法途径。

总体而言,基于国家环境保护义务论,政府或行政机关是提供环境公共服务和公共产品、维护环境公益的第一责任人。依据宪法、环境保护法律法规以及配套措施等的规定,行政机关有权力运用行政处罚、行政命令、行政强制等刚性手段对环境违法者予以制裁。由于刚性手段在生态环境损害救济的适用范围、功能发挥等方面受到限制,难以充分覆盖受损严重的生态环境修复和损害赔偿领域,为破解“企业污染、群众受害、政府买单”的困局,党中央、国务院高度重视并大力推进生态环境损害赔偿制度,在生态环境严重受损的领域,赋予省级、市地级人民政府及其指定的部门或机构作为赔偿权利人向环境违法者索赔的权力,打出“刚性执法”与“柔性执法”相结合的“组合拳”。生态环境损害赔偿制度是环境行政执法的延伸,是行政公权力在新时代的扩张。需要强调的是,生态环境损害赔偿磋商和诉讼是基于传统环境行政执法的客观不能而兴起的一项全新制度,其适用前提需受到严格限制,即仅适用于行政机关穷尽传统行政管制手段仍难以修复或赔偿的生态环境受损严重的领域。

第二章

生态环境损害赔偿与环境公益诉讼的规范演绎与衔接样态

传统环境行政执法与环境侵权救济已经难以满足当前生态环境损害救济的需要，如今环境公益诉讼、生态环境损害赔偿已逐渐成为新时代解决生态环境损害救济问题的创新方法。我国《民事诉讼法》《环境保护法》《行政诉讼法》《人民检察院组织法》《最高人民法院关于审理环境民事公益诉讼案件适用法律若干问题的解释》《最高人民法院、最高人民检察院关于检察公益诉讼案件适用法律若干问题的解释》《人民检察院公益诉讼办案规则》等法律和司法解释为环境公益诉讼的开展提供了依据。此外，《生态环境损害赔偿制度改革试点方案》（已废止）、《生态环境损害赔偿制度改革方案》、《最高人民法院关于审理生态环境损害赔偿案件的若干规定（试行）》、《生态环境损害赔偿管理规定》等文件和司法解释的相继颁发，为我国自 2018 年 1 月 1 日起在全国试行的生态环境损害赔偿制度提供了指导。由此，我国相继形成了生态环境损害赔偿与环境公益诉讼并存的生态环境损害救济模式。然而，法律、司法解释与政策性文件对生态环境损害赔偿与环境公益诉讼的适用关系和有效衔接缺乏明确、细致的规定，导致相关制度的立法规范呈现分散性、碎片化的特征，阻碍了生态环境损害救济体系化发展。本章拟通过系统梳理和总结环境民事公益诉讼、环境行政公益诉讼、生态环境损害赔偿的相关规范演绎情况，归纳和剖析各项制度的发生基础、规范演绎和运行规律，进而挖掘生态环境损害赔偿与环境公益诉讼的适用在规范层面存在的现实问题。

第一节　环境民事公益诉讼的规范演绎

大体而言，我国环境民事公益诉讼的规范演绎经历了立法初探（2012 年以前）、立法确认（2012 ~ 2014 年）以及规则细致化发展（2015 年至今）三个重要阶段。在每个阶段，环境民事公益诉讼的规则都围绕该阶段我国实践需求纵深发展。

一、环境民事公益诉讼立法初探阶段（2012 年以前）

早在 21 世纪初，我国理论界与实务界便开始关注并助推环境公益诉讼制度。2002 年，环境法学界通过先后召开一系列与环境公益诉讼前沿性问题相关的研讨会，[①]引发了理论界与实务界对环

① 相关研讨会包括中国环境资源法学研讨会、环境资源法学高级研讨会、环境诉讼疑难案件研讨会等。

境公益诉讼的关注和思考。2005年《国务院关于落实科学发展观加强环境保护的决定》(国发〔2005〕39号)呼吁"研究建立环境民事和行政公诉制度""发挥社会团体的作用,鼓励检举和揭发各种环境违法行为,推动环境公益诉讼"。该决定发布之后,全国诸多省、市为严格贯彻该决定,积极制定符合当地实际需求的地方性法规或政策性文件。例如,贵州省贵阳市中级人民法院出台《关于贵阳市中级人民法院环境保护审判庭、清镇市人民法院环境保护法庭案件受理范围的规定》,试图在贵阳市范围内,初步探索环境公益诉讼的原告资格和受案范围等问题;《贵阳市促进生态文明建设条例》(已废止)探索性规定了行政机关享有提起环境民事公益诉讼的起诉资格;昆明市中级人民法院、昆明市人民检察院联合发布《关于办理环境民事公益诉讼案件若干问题的意见(试行)》;海南省高级人民法院发布《关于环境资源民事公益诉讼试点的实施意见》。上述政策性文件和地方规范性文件主要围绕起诉资格、受案范围等原则性问题进行规定,为我国环境民事公益诉讼的立法奠定了基础。

二、环境民事公益诉讼立法确认阶段(2012~2014年)

基于地方探索积累的成熟经验,我国立法率先在程序法领域确认了环境民事公益诉讼相关条款。2012年修正的《民事诉讼法》第55条中首次赋予了"法律规定的机关和有关组织"提起环境民事公益诉讼的原告资格。中华环保联合会等社会组织提起环境民事公益诉讼的实务探索为后续立法的推进提供了丰富的经验素材。2014年修订的《环境保护法》第58条中进一步规定了社会组织的起诉资格,即"依法在设区的市级以上人民政府民政部门登记"且"专门从事环境保护公益活动连续五年以上且无违法记录",符合上述条件的社会组织有权提起环境民事公益诉讼。2014年6月23日,最高人民法院发布了《关于全面加强环境资源审判工作为推进生态文明建设提供有力司法保障的意见》;2014年《中共中央关于全面推进依法治国若干重大问题的决定》提出"探索建立检察机关提起公益诉讼制度";为进一步细化环境民事公益诉讼的规则体系,2014年12月8日,最高人民法院审判委员会通过了《关于审理环境民事公益诉讼案件适用法律若干问题的解释》,该解释从受案范围、适格社会组织的条件、管辖法院、证据收集、诉讼程序、法律责任、移送执行等方面对环境民事公益诉讼规则进行了规定。至此,《民事诉讼法》、司法解释及相关政策性文件为环境民事公益诉讼的推进提供了适法依据。

三、环境民事公益诉讼规则细致化发展阶段(2015年至今)

《民事诉讼法》、《环境保护法》、政策性文件及司法解释等相关规定,尚不足以为"法律规定的机关"提起环境民事公益诉讼提供明确的适法依据。2015年7月1日,第十二届全国人大常委会第十五次会议通过了《关于授权最高人民检察院在部分地区开展公益诉讼试点工作的决定》,明确授权最高人民检察院在13个试点省份的生态环境和资源保护、国有资产保护、国有土地使用权出让、食品药品安全等领域开展为期两年的公益诉讼试点。这为环境公益诉讼起诉资格拓展奠定了政策性依据,检察机关由此获得了提起环境公益诉讼的主体资格。紧接着,为贯彻落实党的十八届四中全会提出探索建立检察机关提起公益诉讼制度的改革要求,2015年7月2日,最高人民检察院发布了《检察机关提起公益诉讼改革试点方案》,分别从试点案件范围、诉讼参加人、诉前程序、诉讼程序、诉讼请求等方面为检察机关探索环境民事公益诉讼、环境行政公益诉讼改革提供了规则指引。在为期两年的试点成熟经验的基础上，2017年6月，《全国人民代表大会常务委员会关于修改〈中华人民共和国民事诉讼法〉和〈中华人民共和国行政诉讼法〉的决定》在两大诉讼法中明确增设了检察机关提起公益诉讼的条款，由此，检察机关提起公益诉讼获得了立法的明确授权，得以在全国范围内铺开实施。随后，2020年修正的《关于检察公益诉讼案件适用法律若干问题的解释》《人民检察院公益诉讼办案规则》《公益诉讼检察七条禁令》等司法解释和政策性文件相继出台，各地亦根据地方需要相应制定工作方案，我国环境民事公益诉讼制度朝着规则细致化方向不断发展。

由于我国环境民事公益诉讼立法规范大多包含在以"公益诉讼"为主题的规范性文件中，仅部分专项规定以"环境民事公益诉讼"为主题。为更全面地呈现我国环境民事公益诉讼立法情况，本书通过表格形式进行梳理。其中，我国颁布的涉及环境公益诉讼的主要中央政策性文件、法律及司法解释如表2－1所示，各地区出台的与环境公益诉讼相关的地方性法规如表2－2所示，以"环境民事公益诉讼"为主题的专门性文件如表2－3所示。

表2－1 涉及环境公益诉讼的主要中央政策性文件、法律及司法解释

序号	发布时间	制定或发布主体	文件名称
1	2015年7月1日	全国人大常委会	《全国人民代表大会常务委员会关于授权最高人民检察院在部分地区开展公益诉讼试点工作的决定》
2	2016年2月25日	最高人民法院	《人民法院审理人民检察院提起公益诉讼案件试点工作实施办法》

续表

序号	发布时间	制定或发布主体	文件名称
3	2017年4月1日	最高人民法院	《最高人民法院关于审理环境公益诉讼案件的工作规范(试行)》
4	2017年7月18日	最高人民法院	《最高人民法院关于贯彻〈中华人民共和国民事诉讼法〉〈中华人民共和国行政诉讼法〉做好检察机关公益诉讼案件审判工作的通知》
5	2019年1月2日	最高人民检察院等	《关于在检察公益诉讼中加强协作配合依法打好污染防治攻坚战的意见》
6	2020年12月29日	最高人民法院、最高人民检察院	《关于检察公益诉讼案件适用法律若干问题的解释》
7	2021年6月29日	最高人民检察院	《人民检察院公益诉讼办案规则》
8	2021年12月3日	最高人民检察院	《公益诉讼检察七条禁令》
9	2022年1月5日	最高人民检察院	《人民检察院公益诉讼办案听证工作指引》
10	2022年5月17日	最高人民检察院、水利部	《关于建立健全水行政执法与检察公益诉讼协作机制的意见》

表2-2　与环境公益诉讼相关的地方性法规

序号	发布时间	制定或发布主体	文件名称
1	2018年6月7日	中共银川市委办公厅	《关于支持检察机关依法开展公益诉讼工作的意见》
2	2018年6月29日	渭南市人大(含常委会)	《渭南市人民代表大会常务委员会关于支持检察机关依法开展公益诉讼工作的决议》
3	2018年7月18日	江苏省高级人民法院	《江苏省高级人民法院关于生态环境损害赔偿诉讼案件的审理指南(一)》

续表

序号	发布时间	制定或发布主体	文件名称
4	2018年9月29日	衢州市人大(含常委会)	《衢州市人大常委会关于支持和保障检察机关开展公益诉讼工作的决定》
5	2019年1月7日	黑龙江省人大(含常委会)	《黑龙江省人大常委会关于加强检察机关公益诉讼工作的决定》
6	2019年7月26日	湖北省人大(含常委会)	《湖北省人民代表大会常务委员会关于加强检察公益诉讼工作的决定》
7	2019年7月31日	广州市人大(含常委会)	《广州市人民代表大会常务委员会关于支持和促进检察机关公益诉讼工作的决定》
8	2019年9月26日	吉林省人大(含常委会)	《吉林省人民代表大会常务委员会关于加强检察机关公益诉讼工作的决定》
9	2019年9月26日	内蒙古自治区人大(含常委会)	《内蒙古自治区人民代表大会常务委员会关于加强检察公益诉讼工作的决定》
10	2019年9月27日	广西壮族自治区人大(含常委会)	《广西壮族自治区人民代表大会常务委员会关于加强检察机关公益诉讼工作的决定》
11	2019年9月27日	河南省人大(含常委会)	《河南省人民代表大会常务委员会关于加强检察公益诉讼工作的决定》
12	2019年9月28日	河北省人大(含常委会)	《河北省人民代表大会常务委员会关于加强检察公益诉讼工作的决定》
13	2019年9月28日	云南省人大(含常委会)	《云南省人民代表大会常务委员会关于加强检察机关公益诉讼工作的决定》
14	2019年10月30日	河源市人大(含常委会)	《河源市人民代表大会常务委员会关于支持和促进检察机关公益诉讼工作的决定》

续表

序号	发布时间	制定或发布主体	文件名称
15	2019年11月28日	辽宁省人大（含常委会）	《辽宁省人民代表大会常务委员会关于加强公益诉讼检察工作的决定》
16	2020年3月25日	青海省人大（含常委会）	《青海省人民代表大会常务委员会关于加强公益诉讼检察工作的决定》
17	2020年3月25日	陕西省人大（含常委会）	《陕西省人民代表大会常务委员会关于加强检察公益诉讼工作的决定》
18	2020年3月26日	重庆市人大（含常委会）	《重庆市人民代表大会常务委员会关于加强检察机关公益诉讼工作的决定》
19	2020年5月14日	新疆维吾尔自治区人大（含常委会）	《新疆维吾尔自治区人民代表大会常务委员会关于加强检察公益诉讼工作的决定》
20	2020年5月15日	浙江省人大（含常委会）	《浙江省人民代表大会常务委员会关于加强检察公益诉讼工作的决定》
21	2020年6月9日	宁夏回族自治区人大(含常委会)	《宁夏回族自治区人民代表大会常务委员会关于加强检察机关公益诉讼工作的决定》
22	2020年6月17日	绍兴市人大（含常委会）	《绍兴市人民代表大会常务委员会关于加强和支持检察公益诉讼工作的决定》
23	2020年6月18日	上海市人大（含常委会）	《上海市人民代表大会常务委员会关于加强检察公益诉讼工作的决定》
24	2020年6月28日	鹤壁市人大（含常委会）	《鹤壁市人民代表大会常务委员会关于支持和促进检察机关公益诉讼工作的决定》
25	2020年7月29日	广东省人大（含常委会）	《广东省人民代表大会常务委员会关于加强检察公益诉讼工作的决定》

续表

序号	发布时间	制定或发布主体	文件名称
26	2020年7月31日	海南省人大(含常委会)	《海南省人民代表大会常务委员会关于加强检察公益诉讼工作的决定》
27	2020年9月17日	嘉峪关市人大(含常委会)	《嘉峪关市人民代表大会常务委员会关于加强检察公益诉讼工作的决定》
28	2020年10月10日	延安市人民政府、延安市人民检察院	《延安市人民政府、延安市人民检察院关于建立检察公益诉讼工作机制的通知》
29	2020年11月13日	安徽省人大(含常委会)	《安徽省人民代表大会常务委员会关于加强检察公益诉讼工作的决定》
30	2020年11月27日	江苏省人大(含常委会)	《江苏省人民代表大会常务委员会关于加强检察公益诉讼工作的决定》
31	2020年12月5日	中共北京市委员会、北京市人民政府	《关于深入推进检察公益诉讼工作的意见》
32	2021年3月4日	上海市崇明区人大(含常委会)	《上海市崇明区人民代表大会常务委员会关于加强检察公益诉讼工作服务保障崇明世界级生态岛建设的决定》
33	2021年3月31日	山西省人大(含常委会)	《山西省人民代表大会常务委员会关于加强检察公益诉讼工作的决定》
34	2021年8月3日	江西省生态环境厅	《关于加强生态环境损害赔偿与检察公益诉讼衔接的办法》
35	2021年9月29日	四川省人大(含常委会)	《四川省人民代表大会常务委员会关于加强检察机关生态环境公益诉讼工作的决定》
36	2021年12月16日	凉山彝族自治州人大(含常委会)	《凉山彝族自治州人民代表大会常务委员会关于加强检察机关生态环境公益诉讼工作的决定》

续表

序号	发布时间	制定或发布主体	文件名称
37	2021年12月23日	六盘水市人大(含常委会)	《六盘水市人民代表大会常务委员会关于加强检察公益诉讼工作的决议》
38	2022年6月29日	绵阳市人大(含常委会)	《绵阳市人大常委会关于加强检察机关生态环境公益诉讼工作的决定》
39	2022年7月26日	江西省人大(含常委会)	《江西省人民代表大会常务委员会关于加强检察公益诉讼工作的决定》
40	2022年11月15日	西藏自治区人大(含常委会)	《西藏自治区人民代表大会常务委员会关于加强新时代检察公益诉讼工作的决定》
41	2022年12月5日	广西壮族自治区公安厅等	《关于规范涉林行政执法与刑事司法公益诉讼生态环境损害赔偿衔接工作的意见》

表2-3 以“环境民事公益诉讼”为主题的专门性文件

序号	发布时间	制定或发布主体	文件名称
1	2011年2月24日	玉溪市中级人民法院、玉溪市人民检察院	《玉溪市中级人民法院、玉溪市人民检察院关于办理环境资源民事公益诉讼案件若干问题的意见(试行)》
2	2011年6月3日	昆明市原环境保护局	《昆明市环境保护局关于办理环境民事公益诉讼案件的指导意见(试行)》
3	2011年7月25日	海南省高级人民法院	《海南省高级人民法院关于环境资源民事公益诉讼试点的实施意见》
4	2014年12月26日	最高人民法院、民政部、环境保护部[1]	《最高人民法院、民政部、环境保护部关于贯彻实施环境民事公益诉讼制度的通知》

续表

序号	发布时间	制定或发布主体	文件名称
5	2015年5月11日	浙江省高级人民法院等	《浙江省高级人民法院、浙江省人民检察院、浙江省环境保护厅关于贯彻实施环境民事公益诉讼制度的通知》
6	2015年6月3日	贵州省高级人民法院	《贵州省高级人民法院关于推进环境民事公益诉讼审判工作的若干意见》
7	2018年3月12日	最高人民检察院	《检察机关民事公益诉讼案件办案指南(试行)》
8	2019年12月24日	广东省高级人民法院	《广东省高级人民法院关于调整环境民事公益诉讼集中管辖法院及管辖区域范围的通知》
9	2020年12月29日	最高人民法院	《最高人民法院关于审理环境民事公益诉讼案件适用法律若干问题的解释》
10	2021年12月29日	上海市律师协会	《律师办理环境民事公益诉讼案件操作指引》

〔1〕现为生态环境部,后文不再赘述。

第二节　环境行政公益诉讼的规范演绎

由于环境行政公益诉讼制度涉及司法权对行政权的监督,为避免诉累,我国目前尚采谨慎保守的态度,仅赋予检察机关提起环境行政公益诉讼的主体资格。大体来看,我国环境行政公益诉讼规范演绎大致经历了三大阶段,即零星初探阶段(2014年以前)、授权试点阶段(2015~2016年)、立法确认及规则细致化发展阶段(2017年至今)。

一、环境行政公益诉讼零星初探阶段(2014年以前)

2005年12月3日,国务院发布《关于落实科学发展观加强环境保护的决定》,明确指出:“研究建立环境民事和行政公诉制度。”在该政策的指导下,地方开展环境行政公益诉讼制度的探索。例如,2013年5月1日《贵阳市建设生态文明城市条例》正式施行,[①]赋予检察机关、环保公益组织提起环境行政公益诉讼的原告资格。2014年4月,贵州省高级人民法院出台《关于创新环境保护审判机制推动我省生态文明先行区建设的意见》[②]明确规定了检察机关提起环境行政公益诉讼的主体地位。随后,2014年10月23日发布的《中共中央关于全面推进依法治国若干问题重大问题的决定》提出“检察机关在履行职责中发现行政机关违法行使职权或者不行使职权的行为,应该督促其纠正。探索建立检察机关提起公益诉讼制度”。这一时期的政策性文件及地方性规范为检察机关提起环境行政公益诉讼制度的建立提供了政策指导。

---

① 2021年修正《贵阳市建设生态文明城市条例》第36条第2款规定:“检察机关、环保公益组织为了环境公共利益,可以依照法律对涉及环境资源的具体行政行为和行政不作为提起诉讼,要求有关行政机关履行有利于生态文明建设的行政管理职责。”该条例第37条第1款规定:“审判、检察机关办理环境诉讼案件或者参与处理环境事件,可以向行政机关或者有关单位提出司法建议或者法律意见、检察建议或者督促令,有关行政机关和单位应当及时回复。”

② 该意见第12条规定:“国家机关、环保公益组织为了环境公共利益,可以依照法律对涉及生态环境的具体行政行为和行政不作为提起环境行政公益诉讼,要求有关行政机关履行有利于生态文明建设有关的行政管理职责。”第13条第1项明确规定,人民检察院是公益诉讼的主体。

二、环境行政公益诉讼授权试点阶段(2015～2016年)

当前我国环境法治建设应当以规范和制约有关环境的政府行为为战略突破口。[①] 我国《环境保护法》明确地方政府及环保监管部门的环保职责,并将国家环境保护义务与政府环保责任挂钩。2015年《全国人民代表大会常务委员会关于授权最高人民检察院在部分地区开展公益诉讼试点工作的决定》授权最高人民检察院在13个省份地区开展以生态环境与资源保护领域为重点的行政公益诉讼试点工作,对检察环境行政公益诉讼的诉前程序、案件范围、诉讼请求等事项作出原则性规定,这为试点省份地区的检察机关开展工作提供了依据。2015年7月2日,最高人民检察院发布《检察机关提起公益诉讼改革试点方案》,同年12月16日,最高人民检察院第十二届检察委员会第四十五次会议通过《人民检察院提起公益诉讼试点工作实施办法》(已废止),全面指导人民检察院提起公益诉讼实践活动。2016年《人民法院审理人民检察院提起公益诉讼案件试点工作实施办法》的出台,为地方法院审理环境行政公益诉讼提供了范本。在该阶段,基于全国人大常委会的授权,人民检察院或人民法院以积极态势探索工作实施办法,以应对司法实践中检察机关提起环境行政公益诉讼的难点问题。

① 参见王曦:《新〈环境保护法〉的制度创新:规范和制约有关环境的政府行为》,载《环境保护》2014年第10期。

三、环境行政公益诉讼立法确认及规则细致化发展阶段(2017年至今)

经过为期两年的环境行政公益诉讼的试点探索,我国检察机关在环境行政公益诉讼领域积累了相对丰富的经验。2017 年 4 月颁布的《最高人民法院关于审理环境公益诉讼案件的工作规范(试行)》第 53 ~ 59 条为人民法院审理环境行政公益诉讼案件提供了判案指引。2017 年修正的《行政诉讼法》首次在立法层面确认了环境行政公益诉讼制度,明确规定对于在生态资源和环境保护领域存在的不依法履职的行政违法行为,检察机关可以向行政机关发出检察建议以督促其依法履职,若行政机关经督促仍未履职,检察机关可以提起环境行政公益诉讼。

2018 年修正的《宪法》第 134、136 条为检察机关独立行使法律监督权提供了宪法依据。随后,《人民检察院组织法》《检察官法》相继修改,分别增加了检察机关依照法律规定提起公益诉讼、开展公益诉讼工作的内容,为检察机关行使公益诉讼新职能提供了明确的法律依据。最高人民检察院会同最高人民法院于 2018 年发布并于 2020 年修正的《关于检察公益诉讼案件适用法律若干问题的解释》规定了办理公益诉讼案件的一般规范,对案件管辖、调查取证、诉前程序和诉讼规则等问题作了初步规定,以此作为最高人民法院、最高人民检察院办理公益诉讼(包括环境行政公益诉讼)案件共同遵守的具体规则。2018 年 3 月发布的《检察机关行政公益诉讼案件办案指南(试行)》对检察机关受理行政公益诉讼案件线索、诉前检察建议、诉前结案条件和立案条件、一般办案程序等提出了建设性规范。《关于在检察公益诉讼中加强协作配合依法打好污染防治攻坚战的意见》对检察机关办理公益诉讼案件的线索移送、立案管辖、调查取证、司法鉴定、诉前程序、提起诉讼、日常联络、人员交流八方面工作机制作出相关规定。《人民检察院检察建议工作规定》进一步对检察建议的制发原则、类型和适用范围、制发程序、措施保障、监督管理以及异议权等内容作出规定。《人民检察院公益诉讼办案规则》对检察机关办案的基本原则、一体化办案机制、立案管辖与诉讼管辖分离原则、调查方式和保障措施、诉前程序规则、行政机关履职标准、提起程序等方面作出规定。此外，最高人民法院、最高人民检察院陆续颁布办案规则，为环境行政公益诉讼的纵深发展提供了细致化的指引规范。除表 2－1、表 2－2 中与环境公益诉讼相关的政策性文件、法律及司法解释或地方性法规中涉及环境行政公益诉讼的相关条款外，以“行政公益诉讼”为主题、涉及环境行政公益诉讼的专门性文件如表2－4所示。

表 2－4　以“行政公益诉讼”为主题的专门性文件

序号	发布时间	制定或发布主体	文件名称
1	2017 年 5 月 23 日	安徽省人民政府	《安徽省人民政府办公厅关于行政机关加强行政公益诉讼有关工作的意见》
2	2017 年 6 月 28 日	蚌埠市人民政府	《蚌埠市人民政府办公室关于行政机关加强行政公益诉讼有关工作的通知》
3	2017 年 8 月 18 日	湖南省原国土资源厅	《湖南省国土资源厅办公室关于进一步做好依法行政工作有效预防和应对行政公益诉讼的通知》
4	2017 年 9 月 1 日	亳州市人民政府	《亳州市人民政府办公室关于行政机关加强行政公益诉讼有关工作的意见》

续表

序号	发布时间	制定或发布主体	文件名称
5	2017 年 9 月 12 日	阜阳市人民政府	《阜阳市人民政府办公室关于行政机关加强行政公益诉讼有关工作的意见》
6	2017 年 11 月 15 日	芜湖市人民政府	《芜湖市人民政府办公室关于行政机关加强行政公益诉讼有关工作的意见》
7	2017 年 12 月 27 日	最高人民检察院、国土资源部[1]	《最高人民检察院、国土资源部关于加强协作推进行政公益诉讼促进法治国土建设的意见》
8	2018 年 3 月 12 日	最高人民检察院	《检察机关行政公益诉讼案件办案指南(试行)》

〔1〕现为自然资源部,后文不再赘述。

第三节　生态环境损害赔偿的规范演绎

作为生态文明体制改革的重要组成部分,我国生态环境损害赔偿制度是基于党中央、国务院的战略部署和顶层设计而创设的具有中国特色的新型制度。从制度演进路径来看,我国生态环境损害赔偿制度经历了一个"渐进式"的发展过程,大体经历了三个阶段,即试点前阶段(2014 年以前)、授权试点阶段(2015 ~ 2017 年)以及全国正式运行阶段(2018 年至今)。

一、生态环境损害赔偿试点前阶段(2014 年以前)

从严格意义上来看,我国现阶段创设的生态环境损害赔偿制度并不包括海洋生态环境损害赔偿制度。[①] 然而,海洋生态环境损害赔偿的制度构建和实践发展却为生态环境损害赔偿制度的创设提供了价值参照。1999 年修订的《海洋环境保护法》第 90 条第 2 款规定:"对破坏海洋生态、海洋水产资源、海洋保护区,给国家造成重大损失的,由依照本法规定行使海洋环境监督管理权的部门代表国家对责任者提出损害赔偿要求。"自此,海洋环境监督管理部门有权对造成重大海洋环境损害的责任者提起损害赔偿要求,行政机关借助司法救济海洋生态环境损害的探索由此拉开帷幕。2010 年《最高人民法院关于为加快经济发展方式转变提供司法保障和服务的若干意见》第 13 条规定,人民法院应当"依法受理环境保护行政部门代表国家提起的环境污染损害赔偿纠纷案件,严厉打击一切破坏环境的行为"。2013 年,党的十八届三中全会通过的《中共中央关于全面深化改革若干重大问题的决定》提出"对造成生态环境损害的责任者严格实行赔偿制度",该决定把生态环境损害赔偿作为生态文明制度体系建设的重要组成部分。2014 年 10 月 21 日,国家海洋局[②]颁布《海洋生态损害国家损失索赔办法》,进一步对行政机关代表国家对生态损害索赔作出明确具体的规定。上述立法和政策性文件为我国生态环境损害赔偿制度的创设提供了生长的土壤。

① 《生态环境损害赔偿制度改革方案》明确规定,涉及海洋生态环境损害赔偿的,适用海洋环境保护法等法律及相关规定,不适用该方案。

② 现为自然资源部,后文不再赘述。

二、生态环境损害赔偿授权试点阶段(2015~2017年)

为严格贯彻落实党的十八届三中全会“对造成生态环境损害的责任者严格实行赔偿制度”的指示精神,2015年4月25日,中共中央、国务院发布《关于加快推进生态文明建设的意见》,提出“生态文明重大制度基本确立。基本形成源头预防、过程控制、损害赔偿、责任追究的生态文明制度体系”。2015年9月21日,中共中央、国务院发布了《生态文明体制改革总体方案》,再次明确提出严格实行生态环境损害赔偿制度。2015年12月,中共中央办公厅、国务院办公厅印发作为生态文明体制改革六大配套方案之一的《生态环境损害赔偿制度改革试点方案》(已废止),规定经由国务院批准,在吉林、江苏、山东、湖南、重庆、贵州、云南7个地区开展为期两年的生态环境损害赔偿制度改革试点。改革试点期间,各试点地区人民法院在现有法律框架范围内,积极开展司法实践探索,认真总结审判经验,其中,湖南、吉林、山东、贵州等省份先后出台关于审理生态环境损害赔偿案件的实施办法,指导当地开展生态环境损害赔偿试点工作。中共中央、国务院也于2015年12月印发了《法治政府建设实施纲要(2015—2020年)》,进一步强调“健全生态环境保护责任追究制度和生态环境损害赔偿制度”。最高人民法院于2016年发布的《关于充分发挥审判职能作用　为推进生态文明建设与绿色发展提供司法服务和保障的意见》提出“要通过司法裁判,大力弘扬社会主义核心价值观,落实最严格的源头保护、损害赔偿和责任追究制度”“积极探索省级政府提起生态环境损害赔偿诉讼案件的审理规则”。在该试点阶段,我国生态环境损害赔偿制度的雏形得以形成。

三、生态环境损害赔偿全国正式运行阶段(2018年至今)

得益于为期两年的试点省份探索出的相对成熟的试点经验,2017年12月,中共中央办公厅、国务院办公厅印发了《生态环境损害赔偿制度改革方案》,要求自2018年1月1日起在全国范围内正式推行生态环境损害赔偿制度。《生态环境损害赔偿制度改革方案》的颁行顺应了环境法治发展趋势,通过将过去碎片化、分散式的规范予以整合,将赔偿权利人的范围由“经国务院授权的省级政府”扩大到了“国务院授权的省级、市地级政府(包括直辖市所辖的区县级政府)”,将磋商程序由选择性程序转为前置性程序,提出“生态环境损害赔偿制度与环境公益诉讼之间衔接等问题,由最高人民法院商有关部门根据实际情况制定指导意见予以明确”,初步构建了责任明确、途径畅通、技术规范、保障有力、赔偿到位、修复有效的生态环境损害赔偿制度。其间,各地区先后根据地方实际需求出台了一系列生态环境损害赔偿地方规范性文件,在明确赔偿权利人范围、扩大赔偿义务人范围、探索多样化责任承担方式等方面进行突破和创新。在全面总结改革试点及全国运行情况的基础上,2020年,最高人民法院对《关于审理生态环境损害赔偿案件的若干规定(试行)》作出修正,回应了司法实践中亟待解决的生态环境损害赔偿诉讼基本程序问题,规定了适用范围、管辖法院、受理条件、证据规则、赔偿范围、诉讼衔接、司法确认、强制执行等具体内容。随后,生态环境部等于2022年4月26日印发的《生态环境损害赔偿管理规定》使生态环境损害赔偿管理工作进一步得到规范。

除国家和地方层面不断出台的政策性文件、司法解释以及地方规范性文件为生态环境损害赔偿制度健全提供规范依据以外，我国《土壤污染防治法》第97条①、《固体废物污染环境防治法》第121、122条②、《森林法》第68条③以及《民法典》第1235条④等条款亦为生态环境损害赔偿制度在具体领域的运行提供了实体法依据。至此，我国生态环境损害赔偿制度进入常态化运行轨道。

为更清晰地呈现我国生态环境损害赔偿制度立法现状，笔者分别从国家层面、地方层面两个维度，梳理涉及生态环境损害赔偿的政策性文件、司法解释及地方规范性文件（见表2-5和表2-6）。

---

① 《土壤污染防治法》第97条规定，污染土壤损害国家利益、社会公共利益的，有关机关和组织可以依照《中华人民共和国环境保护法》《中华人民共和国民事诉讼法》《中华人民共和国行政诉讼法》等法律的规定向人民法院提起诉讼。

② 《固体废物污染环境防治法》第121条规定，固体废物污染环境、破坏生态，损害国家利益、社会公共利益的，有关机关和组织可以依照《中华人民共和国环境保护法》《中华人民共和国民事诉讼法》《中华人民共和国行政诉讼法》等法律的规定向人民法院提起诉讼。第122条规定，固体废物污染环境、破坏生态给国家造成重大损失的，由设区的市级以上地方人民政府或者其指定的部门、机构组织与造成环境污染和生态破坏的单位和其他生产经营者进行磋商，要求其承担损害赔偿责任；磋商未达成一致的，可以向人民法院提起诉讼。这两个条款明确了针对固体废物污染环境、破坏生态给国家造成重大损失的情形，赔偿权利人可以提起生态环境损害赔偿诉讼。

③ 《森林法》第68条规定，破坏森林资源造成生态环境损害的，县级以上人民政府自然资源主管部门、林业主管部门可以依法向人民法院提起诉讼，对侵权人提出损害赔偿要求。

④ 《民法典》第1235条规定，违反国家规定造成生态环境损害的，国家规定的机关或者法律规定的组织有权请求侵权人赔偿下列损失和费用：（1）生态环境受到损害至修复完成期间服务功能丧失导致的损失；（2）生态环境功能永久性损害造成的损失；（3）生态环境损害调查、鉴定评估等费用；（4）清除污染、修复生态环境费用；（5）防止损害的发生和扩大所支出的合理费用。

表 2-5　国家层面涉及生态环境损害赔偿的文件

序号	发布日期	制定或发布机关	文件名称
1	2017 年 12 月	中共中央办公厅、国务院办公厅	《生态环境损害赔偿制度改革方案》
2	2020 年 3 月 11 日	财政部等	《生态环境损害赔偿资金管理办法(试行)》
3	2020 年 8 月 31 日	生态环境部等	《关于推进生态环境损害赔偿制度改革若干具体问题的意见》
4	2020 年 12 月 29 日	最高人民法院	《最高人民法院关于审理环境民事公益诉讼案件适用法律若干问题的解释》
5	2020 年 12 月 29 日	最高人民法院	《最高人民法院关于审理生态环境损害赔偿案件的若干规定(试行)》
6	2022 年 1 月 12 日	最高人民法院	《最高人民法院关于审理生态环境侵权纠纷案件适用惩罚性赔偿的解释》
7	2022 年 4 月 26 日	生态环境部、最高人民法院、最高人民检察院等	《生态环境损害赔偿管理规定》
8	2023 年 8 月 8 日	最高人民法院、最高人民检察院	《最高人民法院、最高人民检察院关于办理环境污染刑事案件适用法律若干问题的解释》

表 2-6　地方层面涉及生态环境损害赔偿的文件

序号	发布日期	制定或发布机关	文件名称
1	2014 年 6 月 19 日	北京市延庆县人民政府	《延庆县生态环境损害赔偿办法(试行)》
2	2017 年 12 月 7 日	贵州省人民政府办公厅	《贵州省生态环境损害赔偿磋商办法(试行)》

续表

序号	发布日期	制定或发布机关	文件名称
3	2018年6月11日	山东省高级人民法院	《山东省高级人民法院办公室关于加强生态环境损害赔偿案件审理工作的意见》
4	2018年6月14日	广西壮族自治区党委办公厅、广西壮族自治区人民政府办公厅	《广西壮族自治区生态环境损害赔偿制度改革实施方案》
5	2018年6月20日	中共山东省委办公厅、山东省人民政府办公厅	《山东省生态环境损害赔偿制度改革实施方案》
6	2018年6月28日	中共北京市委办公厅、北京市人民政府办公厅	《北京市生态环境损害赔偿制度改革工作实施方案》
7	2018年7月6日	中共新疆生产建设兵团委员会办公厅、新疆生产建设兵团办公厅	《新疆生产建设兵团生态环境损害赔偿制度改革实施方案》
8	2018年7月16日	中共河南省委办公厅、河南省人民政府办公厅	《河南省生态环境损害赔偿制度改革实施方案》
9	2018年7月18日	江苏省高级人民法院	《江苏省高级人民法院关于生态环境损害赔偿诉讼案件的审理指南(一)》
10	2018年8月10日	中共济南市委办公厅、济南市人民政府办公厅	《济南市生态环境损害赔偿制度改革实施方案》
11	2018年9月25日	中共青岛市委办公厅、青岛市人民政府办公厅	《青岛市生态环境损害赔偿制度改革实施方案》
12	2018年9月29日	中共福建省委办公厅、福建省人民政府办公厅	《福建省生态环境损害赔偿制度改革实施方案》
13	2018年10月31日	中共唐山市委办公厅、唐山市人民政府办公厅	《唐山市生态环境损害赔偿制度改革实施方案》

续表

序号	发布日期	制定或发布机关	文件名称
14	2018年11月30日	中共天津市委、天津市人民政府	《天津市生态环境损害赔偿制度改革实施方案》
15	2018年12月29日	株洲市人民政府	《株洲市生态环境损害赔偿制度改革实施方案》
16	2018年12月31日	中共无锡市委、无锡市人民政府	《无锡市生态环境损害赔偿制度改革实施方案(试行)》
17	2019年2月1日	福建省生态环境厅等	《福建省省级生态环境损害赔偿调查启动管理办法(试行)》
18	2019年2月21日	上海市高级人民法院	《上海市高级人民法院关于审理政府提起生态环境损害赔偿民事案件的若干意见(试行)》
19	2019年4月3日	宁波市财政局等	《宁波市生态环境损害赔偿资金管理办法》
20	2019年4月20日	中共宣城市委、宣城市人民政府	《宣城市生态环境损害赔偿制度改革实施方案》
21	2019年5月9日	天津市高级人民法院	《天津市高级人民法院关于审理生态环境损害赔偿案件若干问题的审判委员会纪要》
22	2019年5月29日	山东省高级人民法院	《关于办理生态环境损害赔偿协议司法确认案件的若干意见(试行)》
23	2019年9月2日	云南省自然资源厅	《生态环境损害赔偿制度改革实施方案》
24	2019年9月23日	厦门市生态环境局等	《厦门市生态环境损害赔偿调查启动管理办法》
25	2019年9月25日	太原市生态环境局	《太原市生态环境损害赔偿制度改革实施方案》

续表

序号	发布日期	制定或发布机关	文件名称
26	2019年12月11日	重庆市高级人民法院等	《重庆市生态环境损害赔偿鉴定评估管理办法》
27	2019年12月13日	福建省财政厅等	《福建省生态环境损害赔偿资金管理办法(试行)》
28	2019年12月20日	武汉市人民政府	《武汉市生态环境损害赔偿制度改革实施方案》
29	2019年12月26日	中共商洛市委、商洛市人民政府	《商洛市生态环境损害赔偿制度改革实施方案》
30	2019年12月27日	济南市生态环境局等	《济南市生态环境损害赔偿磋商工作办法》《济南市生态环境损害修复效果后评估工作办法》
31	2020年1月3日	福建省生态环境厅等	《福建省生态环境损害赔偿信息公开管理办法(试行)》
32	2020年1月13日	福建省生态环境厅等	《福建省生态环境损害赔偿磋商管理办法(试行)》
33	2020年2月13日	河北省财政厅等	《河北省生态环境损害赔偿资金管理办法(试行)》
34	2020年3月4日	吉林市水利局	《吉林市水利局水生态环境损害赔偿制度改革工作实施方案》
35	2020年4月15日	海南省生态环境厅等	《海南省生态环境损害赔偿启动和磋商工作规则》
36	2020年7月14日	贵州省财政厅等	《贵州省生态环境损害赔偿资金管理办法(试行)》
37	2020年8月17日	广东省人民政府	《广东省生态环境损害赔偿工作办法(试行)》
38	2020年9月28日	杭州市生态环境局等	《杭州市生态环境损害赔偿磋商管理办法(试行)》

续表

序号	发布日期	制定或发布机关	文件名称
39	2020年10月19日	拉萨市人民政府	《拉萨市生态环境损害赔偿制度改革实施方案》
40	2020年12月23日	上海市生态环境局等	《上海市生态环境损害调查管理办法》
41	2020年12月29日	重庆市生态环境局等	《重庆市生态环境损害赔偿信息公开办法》
42	2020年12月31日	上海市杨浦区人民政府	《杨浦区生态环境损害赔偿制度改革工作实施方案》
43	2021年3月26日	广西壮族自治区生态环境厅等	《广西壮族自治区生态环境损害赔偿资金管理实施细则(试行)》
44	2021年4月13日	青岛市财政局等	《青岛市生态环境损害赔偿资金管理办法》
45	2021年4月13日	常德市人民政府	《常德市生态环境损害赔偿制度改革实施方案》
46	2021年4月14日	湖南省生态环境厅等	《湖南省生态环境损害调查办法》《湖南省生态环境损害赔偿磋商管理办法》《湖南省生态环境损害修复监督管理办法》《湖南省生态环境损害赔偿资金管理办法》
47	2021年6月7日	安徽省生态环境损害赔偿制度改革工作领导小组	《安徽省生态环境损害赔偿实施办法(试行)》
48	2021年6月9日	齐齐哈尔市财政局	《齐齐哈尔市生态环境损害赔偿资金管理办法(试行)》
49	2021年6月10日	新疆维吾尔自治区财政厅等	《新疆维吾尔自治区生态环境损害赔偿资金管理实施细则(试行)》
50	2021年7月12日	唐山市财政局等	《唐山市生态环境损害赔偿资金管理办法(试行)》

续表

序号	发布日期	制定或发布机关	文件名称
51	2021 年 7 月 19 日	云南省财政厅等	《云南省生态环境损害赔偿资金管理办法(试行)》
52	2021 年 8 月 1 日	淄博市生态环境局等	《淄博市生态环境损害赔偿磋商工作办法》
53	2021 年 8 月 16 日	吐鲁番市人民政府	《吐鲁番市生态损害赔偿调查办法(试行)》
54	2021 年 9 月 6 日	邵阳市人民政府	《邵阳市生态环境损害赔偿制度改革实施方案》
55	2021 年 11 月 3 日	包头市生态环境局等	《包头市生态环境损害赔偿案件办理规程(试行)》
56	2021 年 11 月 22 日	湘潭市人民政府	《湘潭市生态环境损害赔偿制度改革实施细则》
57	2021 年 11 月 30 日	乌海市人民政府	《乌海市生态环境损害赔偿制度改革实施方案》
58	2021 年 12 月 2 日	娄底市人民政府	《娄底市生态环境损害赔偿制度改革实施方案》
59	2021 年 12 月 20 日	衡阳市人民政府	《衡阳市生态环境损害赔偿制度改革实施方案》
60	2021 年 12 月 24 日	三亚市人民政府	《三亚市生态环境损害赔偿制度改革实施意见》
61	2021 年 12 月 29 日	黑龙江省生态环境厅等	《黑龙江省关于推进生态环境损害赔偿制度改革若干具体问题的实施意见》
62	2021 年 12 月 31 日	浙江省生态环境厅等	《浙江省生态环境损害赔偿鉴定评估办法》
63	2022 年 1 月 21 日	内蒙古自治区人民政府	《内蒙古自治区生态环境损害赔偿工作规定(试行)》

续表

序号	发布日期	制定或发布机关	文件名称
64	2022年2月24日	甘肃省人民检察院、甘肃省生态环境厅	《关于生态环境损害赔偿与检察公益诉讼衔接协作的工作规定》
65	2022年4月15日	江西省生态环境损害赔偿制度改革工作领导小组办公室	《关于加强生态环境损害赔偿与检察公益诉讼衔接的办法》
66	2022年5月30日	沈阳市生态环境局	《沈阳市生态环境局生态环境损害赔偿案件办理工作规程》
67	2022年6月21日	海南省生态环境厅	《海南省生态环境厅关于贯彻落实〈生态环境损害赔偿管理规定〉有关措施意见的通知》
68	2022年7月21日	宁夏回族自治区财政厅等	《宁夏回族自治区、生态环境损害赔偿资金管理办法(试行)》
69	2022年8月5日	黑龙江省生态环境厅等	《黑龙江省生态环境损害赔偿工作规定》
70	2022年8月22日	银川市生态环境局等	《银川市生态环境损害赔偿磋商管理办法(试行)》
71	2022年8月26日	陕西省人民检察院等	《陕西省生态环境损害赔偿磋商办法》
72	2022年12月5日	广西壮族自治区林业局等	《关于规范涉林行政执法与刑事司法公益诉讼生态环境损害赔偿衔接工作的意见》
73	2022年12月29日	江西省生态环境厅等	《关于贯彻落实生态环境损害赔偿管理规定的实施意见》
74	2022年12月29日	济南市财政局等	《济南市生态环境损害赔偿资金管理办法》

续表

序号	发布日期	制定或发布机关	文件名称
75	2023 年 1 月 18 日	郴州市人民政府办公室	《郴州市生态环境损害赔偿工作实施办法》
76	2023 年 1 月 18 日	厦门市自然资源和规划局、厦门市财政局	《厦门市生态环境损害赔偿资金管理办法(试行)》
77	2023 年 3 月 31 日	浙江省生态环境厅等	《浙江省生态环境损害赔偿管理办法》
78	2023 年 4 月 11 日	甘肃省生态环境厅等	《甘肃省生态环境损害赔偿工作实施细则》
79	2023 年 5 月 9 日	十堰市人民政府	《十堰市生态环境损害赔偿案件办理暂行办法》
80	2023 年 6 月 29 日	辽宁省生态环境厅等	《辽宁省生态环境损害赔偿磋商办法》《辽宁省生态环境损害鉴定评估管理办法》《辽宁省生态环境损害修复管理办法》《辽宁省生态环境损害赔偿信息公开和公众参与办法》
81	2024 年 4 月 3 日	宁夏回族自治区生态环境厅等	《宁夏回族自治区生态环境损害赔偿管理工作规定》
82	2024 年 4 月 10 日	上海市生态环境局等	《上海市生态环境损害赔偿工作实施细则》

第四节　生态环境损害赔偿与环境公益诉讼衔接的规范样态

从我国环境公益诉讼与生态环境损害赔偿规范演绎可以看到，我国已建成了环境公益诉讼和生态环境损害赔偿制度“双轨并存”

的生态环境损害救济模式。生态环境损害赔偿与环境公益诉讼彼此独立却又相互关联。

一方面,两者彼此独立。缘于传统侵权诉讼难以救济受损的环境公益或预防重大环境风险,且在环境保护领域不可避免存在政府失灵或“规制俘获”等弊病,为弥补传统侵权制度及环境行政执法的内在缺陷,我国探索并逐步确立了以救济生态环境损害、预防重大环境风险为目标的环境公益诉讼制度。作为环境行政执法的补充,环境公益诉讼实属司法权的范畴,由法律规定的机关或组织依托诉讼程序性规则实现对环境公共利益的保护和救济。相比之下,生态环境损害赔偿制度具有国家政策导向性,是生态文明体制改革的重要举措。其理论基础是国家环境保护义务论,本质上是环境行政执法的延伸。生态环境损害赔偿制度是在穷尽传统行政救济手段仍无法救济严重生态环境损害的情况下,为破解“企业污染、群众受害、政府买单”的困局,由国家授权的省级、市地级人民政府及其指定的部门代表国家行使索赔职责的一项新型制度。生态环境损害赔偿是行政机关依照法律授权,借助司法途径实现环境行政监管和索赔的公法目标,基于协商行政理论开展柔性执法的新型执法路径,是对传统刚性执法的补充。

另一方面,两者又相互关联。虽然生态环境损害赔偿与环境公益诉讼在适格主体、诉讼程序、法理依据、法律性质以及功能定位方面存在本质差异,但两者的制度目的、适用范围、求偿范围以及责任承担方式高度重合,这为两者的衔接提供了基础。首先,生态环境损害赔偿与环境公益诉讼均以维护和救济环境公共利益为目的,体现了生态环境损害修复与赔偿的保护理念。其次,在适用范围上,生态环境损害赔偿着重于对已经实际造成的严重生态环境损害进行事后救济①,而环境公益诉讼既对实际损害进行事后性救济,也对重大环境风险进行预防性救济。② 因此,在已经实际造成严重生态环境损害的领域,生态环境损害赔偿与环境公益诉讼的适用范围高度重合。最后,在责任承担方式方面,生态环境损害赔偿诉讼的责任承担方式包括修复生态环境、赔偿损失、停止侵害、排除妨碍、消除危险、赔礼道歉等;环境民事公益诉讼的责任承担方式包括停止侵害、排除妨碍、消除危险、修复生态环境、赔偿损失、赔礼道歉等。责任承担方式均体现民事责任在环境保护领域的生态化。

生态环境损害赔偿作为环境公益诉讼创设后新兴的关联制度,势必存在与既有环境公益诉讼之间的衔接问题。为更好地发挥合力,《生态环境损害赔偿制度改革方案》要求明确生态环境损害赔偿制度与环境公益诉讼之间衔接的问题。《最高人民法院关于审理生

---

① 《生态环境损害赔偿制度改革方案》中规定:"有下列情形之一的,按本方案要求依法追究生态环境损害赔偿责任:1. 发生较大及以上突发环境事件的;2. 在国家和省级主体功能区规划中划定的重点生态功能区、禁止开发区发生环境污染、生态破坏事件的;3. 发生其他严重影响生态环境后果的。各地区应根据实际情况,综合考虑造成的环境污染、生态破坏程度以及社会影响等因素,明确具体情形。"

② 这一目的有直接的法条体现,主要包括《民事诉讼法》第 58 条规定,"对污染环境、侵害众多消费者合法权益等损害社会公共利益的行为……"、《环境保护法》第 58 条规定,"对污染环境、破坏生态,损害社会公共利益的行为……"、《最高人民法院关于审理环境民事公益诉讼案件适用法律若干问题的解释》第 1 条中规定,"对已经损害社会公共利益或者具有损害社会公共利益重大风险的污染环境、破坏生态的行为……"的规范表述。

态环境损害赔偿案件的若干规定(试行)》第16、17、18条为生态环境损害赔偿诉讼与环境民事公益诉讼的衔接提供了规范依据。在业已形成的“双轨制”模式下,有必要对我国国家层面和地方层面生态环境损害赔偿与环境公益诉讼的衔接规范现状进行系统梳理和分析,以便发现问题并进一步优化制度设计。

一、国家层面生态环境损害赔偿与环境公益诉讼衔接的规范样态

(一)适用范围的规范样态

如前所述,生态环境损害赔偿磋商或诉讼是环境行政执法的延伸,仅在穷尽传统行政救济手段仍无法修复或赔偿的生态环境严重损害领域发挥填补性作用。即生态环境损害赔偿磋商或诉讼仅适用于生态环境受到严重损害的场合。而环境公益诉讼既可以适用于生态环境受到严重损害的场合,也可以适用于一般生态环境损害,还适用于出现重大环境风险的场合。可见,环境公益诉讼的适用范围涵盖生态环境损害赔偿的适用范围。因此,生态环境损害赔偿与环境公益诉讼衔接的空间仅限于生态环境受到严重损害的领域(生态环境损害赔偿的适用范围)。由此,有必要梳理我国国家层面政策性文件及司法解释对生态环境损害赔偿适用范围的规定(见表2-7),进而明确生态环境损害赔偿与环境公益诉讼衔接的前提。

表 2－7　国家层面政策性文件及司法解释对生态环境损害赔偿适用范围的规定

序号	发布日期	发文机关	文件名称	文件对生态环境损害赔偿适用范围的规定
1	2015 年 12 月 3 日	中共中央办公厅、国务院办公厅	《生态环境损害赔偿制度改革试点方案》（已废止）	本试点方案所称生态环境损害，是指因污染环境、破坏生态造成大气、地表水、地下水、土壤等环境要素和植物、动物、微生物等生物要素的不利改变，及上述要素构成的生态系统功能的退化。 （一）有下列情形之一的，按本试点方案要求依法追究生态环境损害赔偿责任： 1. 发生较大及以上突发环境事件的； 2. 在国家和省级主体功能区规划中划定的重点生态功能区、禁止开发区发生环境污染、生态破坏事件的； 3. 发生其他严重影响生态环境事件的。 ……
2	2017 年 12 月 17 日	中共中央办公厅、国务院办公厅	《生态环境损害赔偿制度改革方案》	本方案所称生态环境损害，是指因污染环境、破坏生态造成大气、地表水、地下水、土壤、森林等环境要素和植物、动物、微生物等生物要素的不利改变，以及上述要素构成的生态系统功能退化。 （一）有下列情形之一的，按本方案要求依法追究生态环境损害赔偿责任： 1. 发生较大及以上突发环境事件的； 2. 在国家和省级主体功能区规划中划定的重点生态功能区、禁止开发区发生环境污染、生态破坏事件的； 3. 发生其他严重影响生态环境后果的。各地区应根据实际情况，综合考虑造成的环境污染、生态破坏程度以及社会影响等因素，明确具体情形。 ……

续表

序号	发布日期	发文机关	文件名称	文件对生态环境损害赔偿适用范围的规定
3	2020年12月29日	最高人民法院	《最高人民法院关于审理生态环境损害赔偿案件的若干规定(试行)》	第一条　具有下列情形之一,省级、市地级人民政府及其指定的相关部门、机构,或者受国务院委托行使全民所有自然资源资产所有权的部门,因与造成生态环境损害的自然人、法人或者其他组织经磋商未达成一致或者无法进行磋商的,可以作为原告提起生态环境损害赔偿诉讼: (一)发生较大、重大、特别重大突发环境事件的; (二)在国家和省级主体功能区规划中划定的重点生态功能区、禁止开发区发生环境污染、生态破坏事件的; (三)发生其他严重影响生态环境后果的。 ……
4	2022年4月26日	生态环境部、最高人民法院、最高人民检察院等	《生态环境损害赔偿管理规定》	本规定所称生态环境损害,是指因污染环境、破坏生态造成大气、地表水、地下水、土壤、森林等环境要素和植物、动物、微生物等生物要素的不利改变,以及上述要素构成的生态系统功能退化。 违反国家规定造成生态环境损害的,按照《生态环境损害赔偿制度改革方案》和本规定要求,依法追究生态环境损害赔偿责任

通过对国家层面规范性文件对生态环境损害赔偿适用范围的规定进行分析可以发现,我国生态环境损害赔偿磋商或诉讼的适用范围主要按照突发环境事件等级(较大、重大、特别重大)、特殊区域(国家和省级主体功能区规划中划定的重点生态功能区、禁止开发区)以及损害后果(发生其他严重影响生态环境后果的)三个维度进行划定。各地区可以在“其他严重影响生态环境后果”的维度内,根据实际情况,综合考虑造成的环境污染、生态破坏程度以及社会

影响等因素，针对性地细化各地生态环境损害赔偿磋商或诉讼的具体情形，即各地可以通过制定地方规范性文件进一步细化生态环境损害赔偿与环境公益诉讼衔接的适用范围。

（二）衔接机制的规范样态

为充分发挥生态环境损害赔偿与环境公益诉讼之间的制度合力，《生态环境损害赔偿制度改革方案》明确提出："生态环境损害赔偿制度与环境公益诉讼之间衔接等问题，由最高人民法院商有关部门根据实际情况制定指导意见予以明确。"随后，国家立法机关、行政机关和司法机关不断探索两项制度之间的法律关系和衔接机制，形成了一系列衔接规范。例如，2019 年 1 月，最高人民检察院与生态环境部等九部委联合印发《关于在检察公益诉讼中加强协作配合依法打好污染防治攻坚战的意见》，强调要做好公益诉讼制度与生态环境损害赔偿制度的配合和衔接。为了给多元化的司法实践提供规范依据，最高人民法院于 2019 年发布并于 2020 年修正了《关于审理生态环境损害赔偿案件的若干规定（试行）》，对生态环境损害赔偿诉讼与环境民事公益诉讼的审理顺位和衔接规则作出更为具体的规定。2020 年 8 月，生态环境部、司法部等单位联合发布《关于推进生态环境损害赔偿制度改革若干具体问题的意见》，该意见第 9 条涉及生态环境损害赔偿制度与公益诉讼的衔接，规定赔偿权利人启动生态环境损害调查后可以告知法院和检察机关，检察机关可为政府索赔工作提供法律支持，同时，生态环境部等部门可以对检察机关提起环境民事公益诉讼提供专业支持。2022 年 4 月，生态环境部联合最高人民法院、最高人民检察院等单位联合发布《生态环境损害赔偿管理规定》，对部门联动、协同推进生态环境损害赔偿工作进行了更为细致的规定,但未进一步细化生态环境损害赔偿与环境公益诉讼的衔接问题。为更清晰地分析国家层面有关生态环境损害赔偿与环境公益诉讼衔接的规范现状,现将相关规范梳理如下(见表2-8)。

表2-8　国家层面涉及生态环境损害赔偿与环境公益诉讼衔接的政策、司法解释等

序号	发布日期	文件名称	制定或发布主体	文件内容
1	2017年12月17日	《生态环境损害赔偿制度改革方案》	中共中央办公厅、国务院办公厅	生态环境损害赔偿制度与环境公益诉讼之间衔接等问题,由最高人民法院商有关部门根据实际情况制定指导意见予以明确。
2	2019年1月2日	《关于在检察公益诉讼中加强协作配合依法打好污染防治攻坚战的意见》	最高人民检察院与生态环境部等九部委	做好公益诉讼与生态环境损害赔偿改革的衔接。深化对公益诉讼与生态环境损害赔偿诉讼关系的研究,加强检察机关、行政执法机关与审判机关的沟通协调,做好公益诉讼制度与生态环境损害赔偿制度的配合和衔接。
3	2020年8月31日	《关于推进生态环境损害赔偿制度改革若干具体问题的意见》	生态环境部等11个部门	九、关于与公益诉讼的衔接 赔偿权利人指定的部门或机构,在启动生态环境损害赔偿调查后可以同时告知相关人民法院和检察机关。 检察机关可以对生态环境损害赔偿磋商和诉讼提供法律支持,生态环境、自然资源、住房城乡建设、农业农村、水利、林业和草原等部门可以对检察机关提起环境民事公益诉讼提供证据材料和技术方面的支持。 人民法院受理环境民事公益诉讼案件后,应当在10日内告知对被告行为负有环境资源监督管理职责的部门,有关部门接到告知后,应当及时与人民法院沟通对接相关工作。

续表

序号	发布日期	文件名称	制定或发布主体	文件内容
4	2020年12月29日	《关于检察公益诉讼案件适用法律若干问题的解释》	最高人民法院、最高人民检察院	第二十一条　人民检察院在履行职责中发现生态环境和资源保护、食品药品安全、国有财产保护、国有土地使用权出让等领域负有监督管理职责的行政机关违法行使职权或者不作为,致使国家利益或者社会公共利益受到侵害的,应当向行政机关提出检察建议,督促其依法履行职责。 行政机关应当在收到检察建议书之日起两个月内依法履行职责,并书面回复人民检察院。出现国家利益或者社会公共利益损害继续扩大等紧急情形的,行政机关应当在十五日内书面回复。 行政机关不依法履行职责的,人民检察院依法向人民法院提起诉讼。
5	2020年12月29日	《最高人民法院关于审理环境民事公益诉讼案件适用法律若干问题的解释》	最高人民法院	第十条　人民法院受理环境民事公益诉讼后,应当在立案之日起五日内将起诉状副本发送被告,并公告案件受理情况。 有权提起诉讼的其他机关和社会组织在公告之日起三十日内申请参加诉讼,经审查符合法定条件的,人民法院应当将其列为共同原告;逾期申请的,不予准许。 公民、法人和其他组织以人身、财产受到损害为由申请参加诉讼的,告知其另行起诉。 第二十八条　环境民事公益诉讼案件的裁判生效后,有权提起诉讼的其他机关和社会组织就同一污染环境、破坏生态行为另行起诉,有下列情形之一的,人民法院应予受理: (一)前案原告的起诉被裁定驳回的; (二)前案原告申请撤诉被裁定准许的,但本解释第二十六条规定的情形除外。 环境民事公益诉讼案件的裁判生效后,有证据证明存在前案审理时未发现的损害,有权提起诉讼的机关和社会组织另行起诉的,人民法院应予受理。

续表

序号	发布日期	文件名称	制定或发布主体	文件内容
6	2020年12月29日	《最高人民法院关于审理生态环境损害赔偿案件的若干规定(试行)》	最高人民法院	第十六条　在生态环境损害赔偿诉讼案件审理过程中,同一损害生态环境行为又被提起民事公益诉讼,符合起诉条件的,应当由受理生态环境损害赔偿诉讼案件的人民法院受理并由同一审判组织审理。 第十七条　人民法院受理因同一损害生态环境行为提起的生态环境损害赔偿诉讼案件和民事公益诉讼案件,应先中止民事公益诉讼案件的审理,待生态环境损害赔偿诉讼案件审理完毕后,就民事公益诉讼案件未被涵盖的诉讼请求依法作出裁判。 第十八条　生态环境损害赔偿诉讼案件的裁判生效后,有权提起民事公益诉讼的国家规定的机关或者法律规定的组织就同一损害生态环境行为有证据证明存在前案审理时未发现的损害,并提起民事公益诉讼的,人民法院应予受理。 民事公益诉讼案件的裁判生效后,有权提起生态环境损害赔偿诉讼的主体就同一损害生态环境行为有证据证明存在前案审理时未发现的损害,并提起生态环境损害赔偿诉讼的,人民法院应予受理。

续表

序号	发布日期	文件名称	制定或发布主体	文件内容
7	2021 年 6 月 29 日	《人民检察院公益诉讼办案规则》	最高人民检察院	第六十七条　人民检察院经过对行政公益诉讼案件线索进行评估,认为同时存在以下情形的,应当立案: (一)国家利益或者社会公共利益受到侵害; (二)生态环境和资源保护、食品药品安全、国有财产保护、国有土地使用权出让、未成年人保护等领域对保护国家利益或者社会公共利益负有监督管理职责的行政机关可能违法行使职权或者不作为。 第八十一条　行政机关经检察建议督促仍然没有依法履行职责,国家利益或者社会公共利益处于受侵害状态的,人民检察院应当依法提起行政公益诉讼。 第九十条　经调查,人民检察院发现存在以下情形之一的,应当终结案件:…… (二)生态环境损害赔偿权利人与赔偿义务人经磋商达成赔偿协议,或者已经提起生态环境损害赔偿诉讼的;…… 第九十一条　经调查,人民检察院认为社会公共利益受到损害,存在违法行为的,应当依法发布公告。公告应当包括以下内容:……(二)告知适格主体可以向人民法院提起诉讼,符合启动生态环境损害赔偿程序条件的案件,告知赔偿权利人启动生态环境损害赔偿程序;…… 第九十六条　有下列情形之一,社会公共利益仍然处于受损害状态的,人民检察院应当提起民事公益诉讼:(一)生态环境损害赔偿权利人未启动生态环境损害赔偿程序,或者经过磋商未达成一致,赔偿权利人又不提起诉讼的;……

根据《生态环境损害赔偿制度改革方案》的规定,生态环境损害赔偿应先由赔偿权利人与赔偿义务人磋商,磋商未达成一致的,赔偿权利人才能提起生态环境损害赔偿诉讼。可见,生态环境损害赔偿包括生态环境损害赔偿磋商和生态环境损害赔偿诉讼两个阶段,且在这两个阶段,均可能存在适格主体针对同一生态环境损害提起环境公益诉讼(包括环境民事公益诉讼和环境行政公益诉讼)的情形。因而,在生态环境损害赔偿磋商和生态环境损害赔偿诉讼两个阶段中,生态环境损害赔偿与环境公益诉讼均存在衔接的空间。具体可分为四种衔接的情形:生态环境损害赔偿磋商与环境民事公益诉讼的衔接、生态环境损害赔偿诉讼与环境民事公益诉讼的衔接、生态环境损害赔偿磋商与环境行政公益诉讼的衔接、生态环境损害赔偿诉讼与环境行政公益诉讼的衔接。

对以上关于生态环境损害赔偿与环境公益诉讼衔接的国家层面出台的规范进行分析可以发现,《生态环境损害赔偿制度改革方案》以及《关于在检察公益诉讼中加强协作配合依法打好污染防治攻坚战的意见》中的相关规定多呼吁注重生态环境损害赔偿与环境公益诉讼衔接问题的研究,加强制度间的配合与衔接,并未对生态环境损害赔偿磋商与环境民事公益诉讼衔接、生态环境损害赔偿诉讼与环境民事公益诉讼的衔接、生态环境损害赔偿磋商与环境行政公益诉讼的衔接以及生态环境损害赔偿诉讼与环境行政公益诉讼的衔接作出具体规定。而这四个方面的衔接机制恰恰是生态环境损害赔偿与环境公益诉讼衔接的核心内容。

1. 生态环境损害赔偿磋商与环境民事公益诉讼衔接的规定

生态环境损害赔偿磋商与环境民事公益诉讼的衔接,主要指针对同一严重损害生态环境的行为,赔偿权利人与赔偿义务人已经启动生态环境损害赔偿磋商,法律规定的机关或有关组织同期提起环境民事公益诉讼;或者是法律规定的机关或有关组织提起环境民事公益诉讼期间,赔偿权利人再另行启动生态环境损害赔偿磋商程序,为避免两项制度冲突重叠造成资源浪费而设置的衔接机制。

根据《关于推进生态环境损害赔偿制度改革若干具体问题的意见》的规定,赔偿权利人指定的部门或机构,在启动生态环境损害赔偿磋商时可以告知相关人民法院和检察机关。赔偿权利人将启动生态环境损害赔偿磋商的信息告知相关人民法院和检察机关,会在一定程度上降低生态环境损害赔偿磋商与环境民事公益诉讼同步进行、相互冲突的概率。然而,依据该规定,赔偿权利人"可以"而非"应当"将启动生态环境损害赔偿磋商的信息告知相关人民法院和检察机关,当赔偿权利人选择不告知磋商信息时,社会组织或检察机关则有可能同期提起环境民事公益诉讼,造成司法资源不必要的浪费。

另外,《关于推进生态环境损害赔偿制度改革若干具体问题的意见》亦规定,人民法院受理环境民事公益诉讼案件后,应当在10日内告知对被告行为负有环境资源监督管理职责的部门,有关部门接到告知后,应当及时与人民法院沟通对接相关工作。由此推断,人民法院受理环境民事公益诉讼案件后,应当将起诉信息告知对同一损害行为负有环境资源监督管理权的部门(包括赔偿权利人及其指定的部门或机构),有关部门接到告知后,应当及时与人民法院对接。对于严重损害生态环境且适用生态环境损害赔偿制度的行为,赔偿权利人及其指定的部门或机构被告知后,是否应当开展生态环境损害赔偿磋商?其是否应参与环境民事公益诉讼?生态环境损害赔偿磋商是否优先于环境民事公益诉讼?对这些问题,目前均无明确规定。

2. 生态环境损害赔偿诉讼与环境民事公益诉讼衔接的规定

生态环境损害赔偿诉讼与环境民事公益诉讼的衔接，主要指就同一严重损害生态环境的违法行为，赔偿权利人提起生态环境损害赔偿诉讼，法律规定的机关或有关组织同期提起环境民事公益诉讼，为避免两项制度重叠或冲突而设置的衔接机制。现有立法为生态环境损害赔偿诉讼与环境民事公益诉讼的衔接提供了三种模式。

第一种模式为，以共同原告身份参与诉讼程序。根据《最高人民法院关于审理环境民事公益诉讼案件适用法律若干问题的解释》第 10 条的规定，人民法院受理环境民事公益诉讼后，有权提起诉讼的其他机关和社会组织在法定公告期内申请参加诉讼，经审查符合法定条件的，人民法院应当将其列为共同原告。由此推断，人民法院受理环境民事公益诉讼后，如有赔偿权利人申请参加诉讼，经审查符合法定条件的，赔偿权利人可以作为共同原告参与环境民事公益诉讼。此外，根据该解释第 28 条的规定，环境民事公益诉讼案件的裁判生效后，有证据证明存在前案审理时未发现的损害，有权提起诉讼的机关和社会组织另行起诉的，人民法院应予受理。即环境民事公益诉讼裁判生效后，就环境民事公益诉讼未发现的损害，赔偿权利人有权另行提起生态环境损害赔偿诉讼。

第二种模式为，一方作为支持起诉人支持诉讼。《关于推进生态环境损害赔偿制度改革若干具体问题的意见》规定："检察机关可以对生态环境损害赔偿磋商和诉讼提供法律支持，生态环境、自然资源、住房城乡建设、农业农村、水利、林业和草原等部门可以对检察机关提起环境民事公益诉讼提供证据材料和技术方面的支持。"也就是说，赔偿权利人提起生态环境损害赔偿诉讼时，检察机关可以作为支持起诉人支持赔偿权利人起诉。同时,赔偿权利人及其指定的部门或机构亦可以作为支持起诉人支持检察机关提起环境民事公益诉讼。

第三种模式为,生态环境损害赔偿诉讼优先于环境民事公益诉讼。根据《最高人民法院关于审理生态环境损害赔偿案件的若干规定(试行)》第16、17、18条的规定,在环境民事公益诉讼或生态环境损害赔偿诉讼的裁判生效之前,人民法院受理因同一损害生态环境行为提起的环境民事公益诉讼和生态环境损害赔偿诉讼的,即使环境民事公益诉讼提起在先,亦应先中止环境民事公益诉讼案件的审理,待生态环境损害赔偿诉讼案件审理完毕后,再就环境民事公益诉讼案件未被生态环境损害赔偿诉讼涵盖的诉讼请求依法作出裁判。即在环境民事公益诉讼或生态环境损害赔偿诉讼的裁判生效前,生态环境损害赔偿诉讼优先于环境民事公益诉讼。

可见,在生态环境损害赔偿诉讼与环境公益诉讼衔接的适用范围内,赔偿权利人既可以作为共同原告或支持起诉人参加环境民事公益诉讼,亦可在环境民事公益诉讼裁判生效前,单独提起生态环境损害赔偿诉讼,并得到优先审理,还可以在环境民事公益诉讼裁判生效后,就环境民事公益诉讼案件未被涵盖的诉讼请求另行提起生态环境损害赔偿诉讼。生态环境损害赔偿诉讼与环境民事公益诉讼衔接的模式是多元的。

3. 生态环境损害赔偿(磋商或诉讼)与环境行政公益诉讼衔接的规定

生态环境损害赔偿磋商与环境行政公益诉讼的衔接,主要指针对严重损害生态环境的行为,享有索赔法定职责的赔偿权利人未依法开展生态环境损害赔偿磋商或磋商协议达成后未监督赔偿义务人履行协议约定的义务，检察机关有权通过诉前检察建议或提起环境行政公益诉讼，督促相关赔偿权利人依法开展生态环境损害赔偿磋商或依照磋商协议监督赔偿义务人履行生态环境损害赔偿义务，以确保严重的生态环境损害得到有效修复或赔偿。

生态环境损害赔偿诉讼与环境行政公益诉讼的衔接，主要指无法开展磋商或磋商协议无法达成的，享有索赔法定职责的赔偿权利人未依法提起生态环境损害赔偿诉讼，检察机关有权通过诉前检察建议或提起环境行政公益诉讼，督促相关赔偿权利人依法提起生态环境损害赔偿诉讼。

综观现有国家层面的司法解释及政策性文件，关于生态环境损害赔偿诉讼与环境公益诉讼衔接的模糊规定亦仅局限于生态环境损害赔偿磋商与环境民事公益诉讼的衔接、生态环境损害赔偿诉讼与环境民事公益诉讼的衔接，而对于生态环境损害赔偿（磋商或诉讼）与环境行政公益诉讼的衔接等问题尚未明文涉及。赔偿权利人及其指定的部门或机构怠于提起生态环境损害赔偿磋商或诉讼，导致严重受损的生态环境未得到及时修复或赔偿，是否属于《关于检察公益诉讼案件适用法律若干问题的解释》以及《人民检察院公益诉讼办案规则》中规定的环境行政公益诉讼范畴，仍有待学理论证和立法规定。在生态环境损害赔偿磋商和诉讼中，检察机关能否以及如何开展法律监督，亦有待进一步明确。

此外，目前国家层面仅有政策性文件或司法解释对生态环境损害赔偿诉讼与环境公益诉讼衔接的问题作出较为抽象的规定。然而，《生态环境损害赔偿制度改革方案》属于党内法规，《关于在检察公益诉讼中加强协作配合依法打好污染防治攻坚战的意见》属于司法解释性质文件，《最高人民法院关于审理环境民事公益诉讼案件适用法律若干问题的解释》《最高人民法院关于审理生态环境损害赔偿案件的若干规定(试行)》属于司法解释,规范层级均较低。根据《立法法》第11条的规定,[①]诉讼和仲裁制度属于相对法律保留事项。而迄今为止尚未有关于生态环境损害赔偿与环境公益诉讼衔接的法律规定,法律规范的缺失难免会给司法实践带来困难。

二、地方层面生态环境损害赔偿与环境公益诉讼衔接的规范样态

(一)衔接适用范围的规范样态

依据《生态环境损害赔偿制度改革方案》的授权,在适用生态环境损害赔偿制度的三种情形中,除"发生较大及以上突发环境事件"以及"在国家和省级主体功能区规划中划定的重点生态功能区、禁止开发区发生环境污染、生态破坏事件"外,各地可以结合当地的实际情况,进一步细化"发生其他严重影响生态环境后果"的情形。随后,很多地区陆续出台地方规范性文件对生态环境损害赔偿适用范围(亦是生态环境损害赔偿与环境公益诉讼衔接的适用范围)进行了多元化探索和细化补充。这些具体规范的内容见表2-9。

① 《立法法》第11条规定:"下列事项只能制定法律:(一)国家主权的事项;(二)各级人民代表大会、人民政府、监察委员会、人民法院和人民检察院的产生、组织和职权;(三)民族区域自治制度、特别行政区制度、基层群众自治制度;(四)犯罪和刑罚;(五)对公民政治权利的剥夺、限制人身自由的强制措施和处罚;(六)税种的设立、税率的确定和税收征收管理等税收基本制度;(七)对非国有财产的征收、征用;(八)民事基本制度;(九)基本经济制度以及财政、海关、金融和外贸的基本制度;(十)诉讼制度和仲裁基本制度;(十一)必须由全国人民代表大会及其常务委员会制定法律的其他事项。"

表2-9　生态环境损害赔偿适用范围的主要地方规范性文件

序号	发布日期	地区	文件名称	文件规定的适用范围
1	2016年11月28日	湖南省	《湖南省生态环境损害赔偿制度改革试点工作实施方案》	有下列情形之一的,按本方案要求依法追究生态环境损害赔偿责任: 1.发生《国家突发环境事件应急预案》(国办函〔2014〕119号)中特别重大、重大和较大突发环境事件的; 2.在国家和我省主体功能区规划中划定的重点生态功能区、禁止开发区发生环境污染、生态破坏事件的; 3.在重点生态功能区和禁止开发区以外的其他地区直接导致区域大气、水、土壤等环境质量等级下降,或造成耕地、林地、湿地、饮用水水源地等功能性退化的。
2	2016年12月8日	吉林省	《吉林省生态环境损害赔偿制度改革试点工作实施方案》(已废止)	吉林省生态环境损害赔偿制度改革试点工作适用范围为全省行政区域内发生较大及以上突发环境事件的;在国家和省级主体功能区规划中划定的重点生态功能区、禁止开发区发生环境污染、生态破坏事件的;发生其他严重影响生态环境事件的,应追究生态环境损害赔偿责任。
3	2017年9月30日	南通市	《南通市生态环境损害赔偿制度改革试点实施方案》(已废止)	较大及以上突发环境事件,在国家和省级主体功能区规划中划定的重点生态功能区、重点水功能区和县级以上集中式饮用水水源地、禁止开发区发生的环境污染、生态破坏事件,以及其他造成严重影响的环境事件,开展生态环境损害赔偿试点。

续表

序号	发布日期	地区	文件名称	文件规定的适用范围
4	2018年5月9日	江西省	《江西省生态环境损害赔偿制度改革实施方案》	本实施方案所称生态环境损害,是指因污染环境、破坏生态造成大气、地表水、地下水、土壤、森林等环境要素和植物、动物、微生物等生物要素的不利改变,以及上述要素构成的生态系统功能退化。 有下列情形之一的,按本实施方案要求依法追究生态环境损害赔偿责任: (一)发生较大以上生态环境损害事件的; (二)在国家和省级主体功能区规划中划定的重点生态功能区、禁止开发区发生环境污染、生态破坏事件的; (三)被依法追究刑事责任的生态环境资源类案件中,存在生态环境损害的; (四)其他造成生态环境损害、具有较大社会影响的。
5	2018年6月14日	广西壮族自治区	《广西壮族自治区生态环境损害赔偿制度改革实施方案》	本实施方案所称生态环境损害,是指因污染环境、破坏生态造成大气、地表水、地下水、土壤、森林等环境要素和植物、动物、微生物等生物要素的不利改变,以及上述要素构成的生态系统功能退化。 (一)有下列情形之一的,按本实施方案要求依法追究生态环境损害赔偿责任: 1. 发生较大、重大和特别重大突发环境事件的; 2. 在国家和自治区级主体功能区规划中划定的重点生态功能区、禁止开发区发生环境污染、生态破坏事件的; 3. 自然保护区、森林公园、地质公园、湿地公园、风景名胜区、世界文化遗产、世界自然遗产、水产种质资源保护区受到严重环境污染、生态破坏的; 4. 发生其他严重影响生态环境后果的。 ……

续表

序号	发布日期	地区	文件名称	文件规定的适用范围
6	2018 年 6 月 20 日	山东省	《山东省生态环境损害赔偿制度改革实施方案》	本实施方案所称生态环境损害,是指因污染环境、破坏生态造成大气、地表水、地下水、土壤、森林等环境要素和植物、动物、微生物等生物要素的不利改变,以及上述要素构成的生态系统功能退化。有下列情形之一的,按本实施方案要求依法追究生态环境损害赔偿责任: 1. 发生较大及以上突发环境事件的; 2. 在国家和省级主体功能区规划中划定的重点生态功能区、禁止开发区发生环境污染、生态破坏事件的; 3. 发生其他严重影响生态环境后果的。 设区的市应根据实际情况,综合考虑造成的环境污染、生态破坏程度以及社会影响等因素,明确具体情形。
7	2018 年 6 月 28 日	北京市	《北京市生态环境损害赔偿制度改革工作实施方案》	本方案所称生态环境损害,是指因污染环境、破坏生态造成本市大气、地表水、地下水、土壤、森林等环境要素和植物、动物、微生物等生物要素的不利改变,以及上述要素构成的生态系统功能退化。 (一)有下列情形之一的,按本方案要求依法追究生态环境损害赔偿责任: 1. 在国家和市级主体功能区规划中确定的重点生态功能区、禁止开发区以及本市生态保护红线区发生环境污染、生态破坏事件的; 2. 在国家和市级主体功能区规划中确定的重点生态功能区、禁止开发区以及本市生态保护红线区以外的其他地区直接导致区域大气、水、土壤等环境质量等级下降,或造成耕地、林地、绿地、湿地、饮用水水源地等功能性退化的; 3. 发生较大及以上突发环境事件的; 4. 发生其他严重影响生态环境后果的。 ……

续表

序号	发布日期	地区	文件名称	文件规定的适用范围
8	2018年7月6日	新疆生产建设兵团	《新疆生产建设兵团生态环境损害赔偿制度改革实施方案》	本方案所称生态环境损害,是指因污染环境、破坏生态造成大气、地表水、地下水、土壤、森林等环境要素和植物、动物、微生物等生物要素的不利改变,以及上述要素构成的生态系统功能退化。 (一)有下列情形之一的,按本方案要求依法追究生态环境损害赔偿责任: 1. 发生较大及以上突发环境事件的; 2. 在国家、自治区和兵团主体功能区规划中划定的重点生态功能区、禁止开发区发生环境污染、生态破坏事件的; 3. 发生其他严重影响生态环境后果的。 ……
9	2018年7月16日	河南省	《河南省生态环境损害赔偿制度改革实施方案》	本省行政区域内有下列情形之一的,按本方案依法追究生态环境损害赔偿责任: 1. 发生较大及以上突发环境事件的; 2. 在国家和我省主体功能区规划中划定的重点生态功能区、禁止开发区发生环境污染、生态破坏事件的; 3. 因污染环境、破坏生态构成犯罪并造成严重生态环境损害的; 4. 发生其他严重影响生态环境后果的。
10	2018年8月13日	辽宁省	《辽宁省生态环境损害赔偿制度改革实施方案》	本实施方案所称生态环境损害,是指因污染环境、破坏生态造成大气、地表水、地下水、土壤、森林等环境要素和植物、动物、微生物等生物要素的不利改变,以及上述要素构成的生态系统功能的退化。 在辽宁行政区域内,有下列情形之一且有明确责任主体的,按本实施方案要求依法追究生态环境损害赔偿责任: 1. 发生较大及以上突发环境事件的;

续表

序号	发布日期	地区	文件名称	文件规定的适用范围
10	2018年8月13日	辽宁省	《辽宁省生态环境损害赔偿制度改革实施方案》	2. 在国家和省级主体功能区规划中划定的重点生态功能区、禁止开发区发生环境污染、生态破坏事件的； 3. 发生其他严重影响生态环境后果的。省政府相关部门或机构以及各市政府根据实际情况，综合考虑造成的环境污染、生态破坏程度以及社会影响等因素，明确具体情形。
11	2018年8月30日	江苏省	《江苏省生态环境损害赔偿制度改革实施方案》	本方案所称生态环境损害，是指因污染环境、破坏生态造成大气、地表水、地下水、土壤、森林等环境要素和植物、动物、微生物等生物要素的不利改变，以及上述要素构成的生态系统功能退化。 （一）有下列情形之一的，按本方案要求依法追究生态环境损害赔偿责任： 1. 发生较大及以上突发环境事件的； 2. 在国家和省级主体功能区规划中划定的重点生态功能区、禁止开发区发生环境污染、生态破坏事件的； 3. 发生其他严重影响生态环境后果的。各设区市应根据实际情况，综合考虑造成的环境污染、生态破坏程度以及社会影响等因素，明确具体情形。
12	2018年9月25日	青岛市	《青岛市生态环境损害赔偿制度改革实施方案》	本方案所称生态环境损害，是指因污染环境、破坏生态造成大气、地表水、地下水、土壤、森林等环境要素和植物、动物、微生物等生物要素的不利改变，以及上述要素构成的生态系统功能退化。有下列情形之一的，按本方案要求依法追究生态环境损害赔偿责任： 1. 发生较大及以上突发环境事件的； 2. 在国家和省级主体功能区规划中划定的重点生态功能区、禁止开发区发生环境污染、生态破坏事件的； 3. 发生其他严重影响生态环境后果的。

续表

序号	发布日期	地区	文件名称	文件规定的适用范围
13	2018年9月29日	福建省	《福建省生态环境损害赔偿制度改革实施方案》	本实施方案所称生态环境损害，是指因污染环境、破坏生态造成大气、地表水、地下水、土壤、森林等环境要素和植物、动物、微生物等生物要素的不利改变，及上述要素构成的生态系统功能的退化。 （一）有下列情形之一的，按本实施方案要求依法追究生态环境损害赔偿责任： 1. 发生较大及以上突发环境事件的； 2. 在国家和省级主体功能区规划中划定的重点生态功能区、禁止开发区发生环境污染、生态破坏事件的； 3. 在全省陆域生态保护红线范围内发生环境污染、生态破坏事件的； 4. 在重点生态功能区、禁止开发区以及陆域生态保护红线以外的其他地区发生环境污染、生态破坏事件，直接导致区域水、大气、土壤等环境质量等级下降，或耕地、林地、绿地、湿地、饮用水水源地等功能性退化的； 5. 发生其他严重影响生态环境后果的。 各设区市和平潭综合实验区应根据实际情况，综合考虑造成的环境污染、生态破坏程度以及社会影响等因素，明确具体情形。 ……
14	2018年11月30日	天津市	《天津市生态环境损害赔偿制度改革实施方案》	本方案所称生态环境损害，是指因污染环境、破坏生态造成大气、地表水、地下水、土壤、森林、湿地等环境要素和植物、动物、微生物等生物要素的不利改变，以及上述要素构成的生态系统功能退化。 （一）有下列情形之一的，按本方案要求依法追究生态环境损害赔偿责任：

续表

序号	发布日期	地区	文件名称	文件规定的适用范围
14	2018年11月30日	天津市	《天津市生态环境损害赔偿制度改革实施方案》	1. 发生《国家突发环境事件应急预案》中规定的特别重大、重大和较大突发环境事件的。 2. 国家和我市主体功能区规划中划定的重点生态功能区、禁止开发区发生环境污染、生态破坏事件的。 3. 据《最高人民法院、最高人民检察院关于办理环境污染刑事案件适用法律若干问题的解释》被认定为"严重污染环境"或"后果特别严重的"；……
15	2018年12月29日	株洲市	《株洲市生态环境损害赔偿制度改革实施方案》	本方案所称生态环境损害，是指因污染环境、破坏生态造成大气、地表水、地下水、土壤、森林等环境要素和植物、动物、微生物等生物要素的不利改变，以及上述要素构成的生态系统功能退化。 （一）有下列情形之一的，依法追究生态环境损害赔偿责任： 1. 发生较大及以上突发环境事件的； 2. 在国家和省级主体功能区规划中划定的重点生态功能区、禁止开发区及生态保护红线范围内发生环境污染、生态破坏事件的； 3. 在重点生态功能区、禁止开发区及生态保护红线范围内以外的其他地区发生环境污染、生态破坏事件直接导致区域大气、水、土壤等环境质量等级显著下降，或造成耕地、林地、湿地、饮用水水源地等功能明显退化的； 4. 涉嫌环境资源类犯罪，造成严重生态环境损害的； 5. 发生其他严重影响生态环境后果的。 ……

续表

序号	发布日期	地区	文件名称	文件规定的适用范围
16	2018年12月31日	无锡市	《无锡市生态环境损害赔偿制度改革实施方案(试行)》	本方案所称生态环境损害,是指因污染环境、破坏生态造成大气、地表水、地下水、土壤、森林等环境要素和植物、动物、微生物等生物要素的不利改变,以及上述要素构成的生态系统功能退化。 (一)有下列情形之一的,按本方案要求依法追究生态环境损害赔偿责任: 1. 发生较大及以上突发环境事件的; 2. 在国家、省级主体功能区规划中划定的重点生态功能区、禁止开发区发生环境污染、生态破坏事件的; 3. 在国家、省级主体功能区规划中划定的重点生态功能区、禁止开发区外的太湖流域一级保护区、长江干流水体、饮用水源地保护区等市级主体功能区规划中划定的重点生态功能区、禁止开发区发生环境污染、生态破坏事件的; 4. 在沿太湖、沿江地区对影响太湖和长江水质的河流、湖泊、运河、渠道、水库、湿地等造成环境污染、生态破坏后果严重的; 5. 其他非法排放、倾倒、处置危险废物、有毒有害物以及各类垃圾、污泥造成环境污染、生态破坏后果严重的; 6. 其他应当依法追究生态环境损害赔偿的情形。 ……

续表

序号	发布日期	地区	文件名称	文件规定的适用范围
17	2019年4月20日	宣城市	《宣城市生态环境损害赔偿制度改革实施方案》	本方案所称生态环境损害，是指因污染环境、破坏生态造成大气、地表水、地下水、土壤、森林等环境要素和植物、动物、微生物等生物要素的不利改变，以及上述要素构成的生态系统功能退化。 有下列情形之一的，按本方案要求依法追究生态环境损害赔偿责任： （一）发生较大及以上突发环境事件的； （二）在国家和省级主体功能区规划中划定的重点生态功能区、禁止开发区发生环境污染、生态破坏事件的； （三）非法排放、倾倒、处置固体废物造成环境污染、生态破坏的； （四）发生其他严重影响生态环境后果的。 涉及人身伤害、个人和集体财产损失要求赔偿的，适用侵权责任法等法律规定，不适用本方案。
18	2019年4月22日	杭州市	《杭州市生态环境损害赔偿制度改革实施方案》	本实施方案所称生态环境损害，是指因污染环境、破坏生态，造成大气、地表水、地下水、土壤、森林、湿地等环境要素和植物、动物、微生物等生物要素的不利改变，以及上述要素构成的生态系统功能退化。 （一）有下列情形之一的，按本实施方案要求依法追究生态环境损害赔偿责任： 1. 发生较大及以上突发环境事件的； 2. 在国家和省级主体功能区规划中划定的重点生态功能区、禁止开发区发生环境污染、生态破坏事件的； 3. 在我市生态保护红线范围内发生环境污染、生态破坏事件的； 4. 涉嫌环境污染犯罪、破坏自然资源犯罪，造成生态环境严重损害的； 5. 发生其他严重影响生态环境后果的。

续表

序号	发布日期	地区	文件名称	文件规定的适用范围
19	2019年9月2日	云南省	《生态环境损害赔偿制度改革实施方案》	本实施方案所称生态环境损害,是指因污染环境、破坏生态造成耕地、矿产资源等环境要素的不利改变,以及上述要素构成的生态系统功能退化。 (一)因人为因素引发的环境污染或生态破坏造成自然资源部门管理的国有自然资源损害,有下列情形之一的,按照本实施方案要求依法追究生态环境损害赔偿责任: 1. 造成永久基本农田5亩以上,一般耕地10亩以上基本功能丧失或遭受永久性破坏的; 2. 造成矿产资源损害有必要追究赔偿责任的。 ……
20	2019年9月25日	太原市	《太原市生态环境损害赔偿制度改革实施方案》	本方案所称生态环境损害,是指因污染环境、破坏生态造成大气、地表水、地下水、土壤、森林等环境要素和植物、动物、微生物等生物要素的不利改变,以及上述要素构成的生态系统功能退化。 (一)有下列情形之一的,按本方案要求依法追究生态环境损害赔偿责任: 1. 发生较大及以上突发环境事件的; 2. 在国家及我市主体功能区规划中划定的重点生态功能区、禁止开发区以及泉域重点保护区发生环境污染、生态破坏事件的; 3. 在重点生态功能区、禁止开发区及泉域重点保护区范围以外的其他地区造成耕地、林地、绿地、湿地、饮用水水源地和古稀濒危动植物等基本功能丧失或遭受永久性破坏的; 4. 在重点生态功能区、禁止开发区及泉域重点保护区范围以外的其他地区导致区域大气、水、土壤、生态等环境质量等级下降的。 ……

续表

序号	发布日期	地区	文件名称	文件规定的适用范围
21	2019年12月12日	包头市	《包头市生态环境损害赔偿制度改革实施方案》	本方案所称生态环境损害，是指因污染环境、破坏生态造成大气、地表水、地下水、土壤、森林、草原、沙漠、湿地、地表景观和地质遗迹等环境要素和植物、动物、微生物等生物要素的不利改变，以及上述要素构成的生态系统功能退化。 （一）有下列情形之一的，按本方案要求依法追究生态环境损害赔偿责任： 1. 发生较大及以上突发环境事件的； 2. 在国家和自治区主体功能区规划中划定的重点生态功能区发生环境污染、生态破坏事件的； 3. 因污染环境、破坏生态构成犯罪且造成生态环境损害的； 4. 因非法排放、倾倒、处置有放射性的废物、含传染病病原体的废物、有毒物质（包括危险废物、持久性有机污染物、含重金属的污染物和其他具有毒性、可能污染环境的物质），造成生态环境损害的； 5. 在自然保护核心区、森林公园、湿地公园、风景名胜区、重要饮用水源保护区等禁止开发区发生环境污染、生态破坏事件的； 6. 发生其他严重影响生态环境后果的。 ……

续表

序号	发布日期	地区	文件名称	文件规定的适用范围
22	2019年12月20日	武汉市	《武汉市生态环境损害赔偿制度改革实施方案》	本方案所称生态环境损害,是指因污染环境、破坏生态造成大气、地表水、地下水、土壤、森林、湿地等环境要素和植物、动物、微生物等生物要素的不利改变,以及上述要素构成的生态系统功能退化。 在我市行政区域范围内,有下列情形之一且有明确责任主体的,按本方案要求依法追究生态环境损害赔偿责任: (一)发生较大及以上突发环境事件的。 (二)在国家和省级主体功能区规划中划定的重点生态功能区、禁止开发区,国家重要江河湖泊二级以上水功能区,我市生态保护红线、基本生态控制线范围和乡镇级及以上集中式饮用水水源地等发生环境污染、生态破坏事件的。 (三)在上述功能区之外发生环境污染、生态破坏事件直接导致区域大气、水、土壤等环境质量连续2年等级下降或者造成其他严重生态环境后果的。 (四)因河道采砂、水资源开发、交通道路及水利工程建设等项目未依法落实生态环境保护措施,导致严重环境污染或者生态破坏的。 (五)其他对社会造成重大影响的生态环境事件。

续表

序号	发布日期	地区	文件名称	文件规定的适用范围
23	2019年12月26日	商洛市	《商洛市生态环境损害赔偿制度改革实施方案》	本方案所称生态环境损害,是指因污染环境、破坏生态造成大气、地表水、地下水、土壤、森林等环境要素和植物、动物、微生物等生物要素的不利改变,以及上述要素构成的生态系统功能退化。 有下列情形之一的,按本方案要求依法追究生态环境损害赔偿责任: 1. 发生较大及以上突发环境事件的; 2. 在国家和省级主体功能区规划中划定的重点生态功能区和自然保护地中划定的核心保护区发生环境污染、生态破坏事件的; 3. 在生态保护红线范围内发生环境污染、生态破坏事件的; 4. 发生环境污染刑事案件的; 5. 发生其他严重影响生态环境后果的。
24	2020年3月4日	吉林市	《吉林市水利局水生态环境损害赔偿制度改革工作实施方案》	本方案所称水生态环境损害,是指因非法采砂、取土、非法占用河道,非法取用地表水、地下水,造成水土流失的,以及上述要素构成的生态功能退化。 有下列情形之一的,按本方案要求依法追究水生态环境损害赔偿责任: 1. 发生较大及以上突发水生态环境事件的; 2. 在禁采区和重点水生态功能区发生水生态破坏事件的; 3. 发生其他严重影响水生态环境后果的。

续表

序号	发布日期	地区	文件名称	文件规定的适用范围
25	2020年8月17日	广东省	《广东省生态环境损害赔偿工作办法(试行)》	本办法所称生态环境损害赔偿案件,是指本行政区域内发生的有下列情形之一的案件: (一)发生较大及以上突发环境事件的; (二)在国家和省级主体功能区规划中划定的重点生态功能区、禁止开发区发生环境污染、生态破坏事件的; (三)涉嫌破坏环境资源保护罪,存在后果特别严重、情节严重或者数量巨大等情形的; (四)发生其他严重影响生态环境后果的。具体情形可由各地级以上市根据本地区实际情况,综合考虑造成的环境污染、生态破坏程度以及社会影响等因素进一步明确。
26	2020年10月19日	拉萨市	《拉萨市生态环境损害赔偿制度改革实施方案》	本方案所称生态环境损害,是指因污染环境、破坏生态造成我市大气、地表水、地下水、土壤、森林、草原、湿地等环境要素和植物、动物、微生物等生物要素的不利改变,以及上述要素构成的生态系统功能退化。 (一)有下列情形之一的,按本方案要求依法追究生态环境损害赔偿责任: 1. 发生较大及以上突发环境事件的; 2. 在国家、自治区和拉萨市主体功能区规划中确定的重点生态功能区、禁止开发区、生态保护红线内发生环境污染、生态破坏事件的; 3. 发生其他严重影响生态环境后果的。 ……

续表

序号	发布日期	地区	文件名称	文件规定的适用范围
27	2020 年 12 月 31 日	上海市杨浦区	《杨浦区生态环境损害赔偿制度改革工作实施方案》	本实施方案所称生态环境损害，是指在我区范围内因污染环境、破坏生态造成大气、地表水、地下水、土壤等环境要素的不利改变，以及上述要素构成的生态系统功能退化。 有下列情形之一的，按照本实施方案要求依法追究生态环境损害赔偿责任： 1. 发生较大及以上突发环境事件的； 2. 违法排放污染物，造成生态环境严重损害，导致绿地、湿地、水资源等基本功能丧失或者其他严重后果的； 3. 其他生态环境严重损害行为，检察机关提出索赔建议或者赔偿权利人认为有必要提起生态环境损害赔偿的。
28	2021 年 3 月 23 日	银川市	《银川市生态环境损害赔偿制度改革实施方案（试行）》	有下列情形之一的，按本方案要求依法追究生态环境损害赔偿责任： 1. 发生《国家突发环境事件应急预案》（国办函〔2014〕119 号，已废止）中特别重大、重大和较大突发环境事件的； 2. 在国家、自治区主体功能区规划中划定的重点生态功能区、禁止开发区域发生环境污染、生态环境破坏事件的； 3. 在重点生态功能区和禁止开发区域以外的其他区域，直接导致区域大气、水体、土壤等环境质量等级下降或造成耕地、林地、湿地、饮用水源地等功能退化的； 4. 因污染环境、破坏生态构成犯罪，造成生态环境损害的； 5. 发生其他严重影响生态环境事件，造成一定后果的。

续表

序号	发布日期	地区	文件名称	文件规定的适用范围
29	2021年4月13日	常德市	《常德市生态环境损害赔偿制度改革实施方案》	本方案所称生态环境损害，是指因污染环境、破坏生态造成大气、地表水、地下水、土壤等环境要素和植物、动物、微生物等生物要素的不利改变，及上述要素构成的生态系统功能的退化。 （一）适用范围。发生以下四种情形之一，是本方案所称的生态环境损害事件： 1. 发生国务院相关文件规定的突发生态环境事件的； 2. 在国土空间规划中确定的重点生态功能区、禁止开发区发生环境污染、生态破坏事件的； 3. 在重点生态功能区和禁止开发区以外的其他地区直接导致区域大气、水等环境质量等级下降，土壤环境风险等级上升，或造成耕地、林地、绿地、草原、湿地、野生动物栖息地、饮用水水源地等功能性退化的； 4. 其他违反法律法规和国家规定，造成环境污染、生态破坏的。 ……
30	2021年6月7日	安徽省	《安徽省生态环境损害赔偿实施办法（试行）》	本办法所称生态环境损害，是指因污染环境、破坏生态造成大气、地表水、地下水、土壤、森林等环境要素和植物、动物、微生物等生物要素的不利改变，及上述要素构成的生态系统功能的退化。

续表

序号	发布日期	地区	文件名称	文件规定的适用范围
31	2021年9月6日	邵阳市	《邵阳市生态环境损害赔偿制度改革实施方案》	本方案所称生态环境损害，是指因污染环境、破坏生态造成大气、地表水、地下水、土壤等环境要素和植物、动物、微生物等生物要素的不利改变，及上述要素构成的生态系统功能的退化。 发生以下四种情形之一，是本方案所称的生态环境损害事件： 1. 发生国务院相关文件规定的突发生态环境事件的； 2. 在国土空间规划中确定的重点生态功能区、禁止开发区发生环境污染、生态破坏事件的； 3. 在重点生态功能区和禁止开发区以外的其他地区直接导致区域大气、水等环境质量等级下降，土壤环境风险等级上升，或造成耕地、林地、绿地、草原、湿地、饮用水水源地、重点保护野生动物栖息地等功能性退化的； 4. 其他违反法律法规和国家有关规定，造成环境污染、生态破坏的。
32	2021年11月22日	湘潭市	《湘潭市生态环境损害赔偿制度改革实施细则》	出现下列情形之一的，依法追究生态环境损害赔偿责任。 （一）发生国、省相关文件规定的突发生态环境事件的； （二）在国土空间规划中确定的重点生态功能区、禁止开发区发生环境污染、生态破坏事件的； （三）在重点生态功能区和禁止开发区以外的其他地区直接导致区域大气、水等环境质量等级下降，土壤环境风险等级上升，或造成耕地、林地、绿地、草原、湿地、饮用水水源地、重点保护野生动物栖息地等功能性退化的。

续表

序号	发布日期	地区	文件名称	文件规定的适用范围
33	2021年11月30日	乌海市	《乌海市生态环境损害赔偿制度改革实施方案》	本方案所称生态环境损害,是指因污染环境、破坏生态造成大气、地表水、地下水、土壤、森林、草原、沙漠、湿地等环境要素和植物、动物、微生物等生物要素的不利改变,以及上述要素构成的生态系统功能退化。 (一)有下列情形之一的,按本方案要求依法追究生态环境损害赔偿责任: 1. 发生较大及以上突发环境事件的,因安全生产事故造成严重环境污染或生态破坏的; 2. 在国土空间规划中划定的重点生态功能区发生环境污染、生态破坏事件的; 3. 因污染环境、破坏生态构成犯罪且造成生态环境损害的; 4. 因非法排放、倾倒、处置有放射性的废物、含传染病病原体的废物、有毒物质(包括危险废物、持久性有机污染物、含重金属的污染物和其他具有毒性、可能污染环境的物质),造成生态环境损害的; 5. 自然保护地、森林公园、地质公园、湿地公园、风景名胜区、世界文化和自然遗产地、水产及野生植物种质资源保护区受到严重环境污染或生态破坏的; 6. 乌海湖和黄河乌海段受到环境污染或生态破坏导致水质下降的; 7. 饮用水源保护区受到环境污染或生态破坏导致水质下降的; 8. 违法排污造成严重环境污染或生态破坏,导致水功能区水质下降或不达标的; 9. 发生其他严重影响生态环境后果的。 ……

续表

序号	发布日期	地区	文件名称	文件规定的适用范围
34	2021年12月2日	娄底市	《娄底市生态环境损害赔偿制度改革实施方案》	本方案所称生态环境损害，是指因环境污染、生态破坏造成大气、地表水、地下水、土壤、森林等环境要素和植物、动物、微生物等生物要素的不利改变，以及上述要素构成的生态系统功能退化。 …… (二)依法追究生态环境损害赔偿责任的情形 1. 发生较大及以上突发环境事件的； 2. 在国家和省级主体功能区规划中划定的重点生态功能区、禁止开发区发生环境污染、生态破坏事件的； 3. 在重点生态功能区和禁止开发区以外的其他区域直接导致区域大气、水、土壤等环境质量等级下降，或造成耕地、林地、湿地、饮用水水源地等功能性退化的； 4. 由省级赔偿权利人及其指定的部门(机构)或娄底市生态损害赔偿领导小组办公室交办的生态损害赔偿事件； 5. 其他违反法律法规和国家规定，造成环境污染、生态破坏的。 ……
35	2021年12月20日	衡阳市	《衡阳市生态环境损害赔偿制度改革实施方案》	本方案所称生态环境损害，是指因污染环境、破坏生态造成大气、地表水、地下水、土壤、森林等环境要素和植物、动物、微生物等生物要素的不利改变，以及上述要素构成的生态系统功能退化。 (一)有下列情形之一的，依法追究生态环境损害赔偿责任。 1. 发生《国务院办公厅关于印发〈国家突发环境事件应急预案〉的通知》(国办函〔2014〕119号)中特别重大、重大和较大突发环境事件的； 2. 在国家和省级主体功能区规划中划定的重点生态功能区、禁止开发区发生环境污染、生态破坏事件的；

续表

序号	发布日期	地区	文件名称	文件规定的适用范围
35	2021年12月20日	衡阳市	《衡阳市生态环境损害赔偿制度改革实施方案》	3.在重点生态功能区、禁止开发区以外的其他地区直接导致区域内大气、水等环境质量等级下降,土壤环境风险等级上升,或造成耕地、林地、绿地、湿地、重点保护野生动物栖息地、饮用水水源地等功能性退化的。 4.其他违反法律法规和国家规定,造成环境污染、生态破坏的。 ……
36	2021年12月24日	三亚市	《三亚市生态环境损害赔偿制度改革实施意见》	本意见所称生态环境损害,是指因污染环境、破坏生态造成大气、地表水、地下水、土壤、森林等环境要素和植物、动物、微生物等生物要素的不利改变,以及上述要素构成的生态系统功能退化。有下列情形之一,按本意见要求依法追究生态环境损害赔偿责任: (一)发生较大及以上突发环境事件的; (二)在国家公园、自然保护区、自然公园等自然保护地范围内发生环境污染、生态破坏事件的; (三)在三亚市国土空间总体规划中划定的生态保护红线区范围内发生环境污染、生态破坏事件的; (四)在生产生活人口较密集区域的工业园区、工业聚集区发生环境污染、生态破坏事件的; (五)其他区域发生的直接导致区域大气、地表水、地下水、土壤等环境质量或生物多样性下降等严重后果的; (六)违反法律法规造成环境污染或生态破坏构成刑事犯罪的; (七)发生其他严重影响生态环境后果的。

续表

序号	发布日期	地区	文件名称	文件规定的适用范围
37	2021年12月29日	黑龙江省	《黑龙江省关于推进生态环境损害赔偿制度改革若干具体问题的实施意见》	经调查,生态环境损害赔偿案件线索具备以下情形的,赔偿权利人及其指定的部门或机构,应当依法追究生态环境损害赔偿责任: 1. 发生较大及以上突发环境事件的; 2. 在国家和省级主体功能区规划中划定的重点生态功能区、禁止开发区发生环境污染、生态破坏事件的; 3. 在国家和省级主体功能区规划中划定的重点生态功能区、禁止开发区以外,发生造成生态功能显著下降或者丧失的环境污染、生态破坏事件的; 4. 环境行政处罚案件中涉及严重污染大气、水、土壤等生态环境要素的; 5. 涉嫌构成破坏环境资源保护犯罪的; 6. 造成林地、草地、湿地资源破坏的; 7. 造成渔业生态环境破坏或渔业水域污染事故的; 8. 发生在矿产和土地资源领域中,严重影响生态环境后果的; 9. 其他造成生态功能显著下降或者丧失的环境污染、生态破坏事件。
38	2022年1月21日	内蒙古自治区	《内蒙古自治区生态环境损害赔偿工作规定(试行)》	本规定所称生态环境损害,是指因污染环境、破坏生态造成大气、地表水、地下水、土壤、森林、草原、沙漠、湿地等环境要素和植物、动物、微生物等生物要素的不利改变,以及上述要素构成的生态系统功能的退化。

续表

序号	发布日期	地区	文件名称	文件规定的适用范围
39	2022年5月30日	沈阳市	《沈阳市生态环境局生态环境损害赔偿案件办理工作规程》	违反国家规定，造成生态环境损害的单位或者个人有下列情形之一的，应当被确定为生态环境损害行为人，调查单位应当组织开展生态环境损害案件调查： （一）中央和省级生态环境保护督察发现需要开展生态环境损害赔偿工作的； （二）突发生态环境事件； （三）发生生态环境损害的资源与环境行政处罚案件； （四）涉嫌构成破坏环境资源保护犯罪的案件； （五）在国土空间规划中确定的重点生态功能区、禁止开发区发生的环境污染、生态破坏事件； （六）各项资源与环境专项行动、执法巡查发现的案件线索； （七）信访投诉、举报和媒体曝光涉及的案件线索； （八）《沈阳市生态环境损害赔偿制度改革方案》确定的案件范围； （九）相关法律法规规定应当进行生态环境损害赔偿的行为； （十）其他生态环境严重损害行为或者赔偿权利人认为有必要进行生态环境损害赔偿的。

续表

序号	发布日期	地区	文件名称	文件规定的适用范围
40	2023年1月18日	郴州市	《郴州市生态环境损害赔偿工作实施办法》	本办法所称生态环境损害，是指因污染环境、破坏生态造成大气、地表水、地下水、土壤、森林等环境要素和植物、动物、微生物等生物要素的不利改变，以及上述要素构成的生态系统功能退化。本行政区域内，具有以下情形之一的，依法追究生态环境损害赔偿责任： （一）属于《国家突发环境事件应急预案》（国办函〔2014〕119号）明确的较大、一般突发环境事件； （二）属于国土空间规划中确定的重点生态功能区、禁止开发区发生环境污染、生态破坏事件的； （三）在重点生态功能区和禁止开发区以外的其他地区直接导致区域大气、水等环境质量等级下降，土壤环境风险等级上升，或造成耕地、林地、绿地、草原、湿地、重点保护野生动物栖息地、饮用水水源地等功能性退化的； （四）其他违反法律法规和国家规定，造成环境污染、生态破坏的。
41	2023年5月9日	十堰市	《十堰市生态环境损害赔偿案件办理暂行办法》	有下列情形之一的，应追究生态环境损害赔偿责任： （一）发生较大及以上突发环境事件的； （二）在国家和省级主体功能区规划中划定的重点生态功能区、禁止开发区，国家重要江河湖泊二级以上水功能区，生态红线保护区和乡镇级及以上集中式饮用水水源地发生环境污染、生态破坏事件的； （三）发生其他严重影响生态环境后果的。

从表2－9中各地区规定的“发生其他严重影响生态环境后果的”具体内容来看，除了部分地区（如吉林、山东、新疆生产建设兵团、辽宁、江苏、青岛）的规定几乎与《生态环境损害赔偿制度改革方案》保持一致以外，其他地区的规定可以归纳为以下几类。

第一，对“国家和省级主体功能区规划中划定的重点生态功能区、禁止开发区”这一特殊区域进行扩大。有的地区（如北京、株洲、福建、杭州、拉萨等）将特殊区域扩大至国家和省级主体功能区规划中划定的生态保护红线区；有的地区（如南通、武汉、太原）将特殊区域扩大至国家和省级主体功能区规划中划定的重点水功能区、集中式饮用水水源地、国家重要江河湖泊二级以上水功能区、重点保护区等。

第二，对特殊区域以外的区域增加了适用条件，或将特殊区域以外的其他特别区域纳入适用范围。有的地区（如湖南、福建、北京、株洲、太原）规定，在重点生态功能区和禁止开发区以外的其他地区直接导致区域大气、水、土壤等环境质量等级下降，或造成耕地、林地、湿地、饮用水水源地等功能性退化的，属于生态环境损害赔偿制度的适用范围。有的地区进一步细化了等级下降的要求，如武汉市规定“在上述功能区之外发生环境污染、生态破坏事件直接导致区域大气、水、土壤等环境质量连续2年等级下降或者造成其他严重生态环境后果的”，构成生态环境损害；云南省规定“造成永久基本农田5亩以上，一般耕地10亩以上基本功能丧失或遭受永久性破坏的”，构成生态环境损害。有的地区（如广西、乌海、三亚等）进一步列举特殊区域以外的其他特定区域范围，将自然保护区、森林公园、地质公园、湿地公园、风景名胜区、世界文化遗产、世界自然遗产、水产种质资源保护区受到严重环境污染、生态破坏的，也纳入生态环境损害赔偿制度适用范围。

第三，增加造成严重生态环境损害后果的行为种类，或仅增加造成环境损害的行为种类。有的地区（如无锡、武汉）将其他非法排放、倾倒、处置危险废物、有毒有害物以及各类垃圾、污泥造成环境污染、生态破坏后果严重的，或因河道采砂、水资源开发、交通道路及水利工程建设等项目未依法落实生态环境保护措施，导致严重环境污染或者生态破坏的情形纳入生态环境损害赔偿制度的适用范围。有的地区（如宣城、包头、乌海）甚至将非法排放、倾倒、处置固体废物、有放射性的废物、含传染病病原体的废物、有毒物质等造成环境污染、生态破坏的一般情形纳入生态环境损害赔偿制度的适用范围。

第四，援引环境资源类刑事犯罪法律规范，直接将涉嫌环境类刑事犯罪并造成严重生态环境损害的情形纳入适用范围，或者将环境污染刑事案件相关司法解释中认定的严重污染环境或后果特别严重的具体情形纳入适用范围。有的地区（如江西、河南、广东、黑龙江、杭州、株洲等）将涉嫌环境污染犯罪、破坏自然资源犯罪，造成生态环境严重损害或后果特别严重、情节严重或者数量巨大等情形纳入生态环境损害赔偿制度适用范围。有的地区（如天津）将《最高人民法院、最高人民检察院关于办理环境污染刑事案件适用法律若干问题的解释》中被认定为“严重污染环境”或“后果特别严重的情形”直接纳入生态环境损害赔偿制度的适用范围，河北、云南则援引了该司法解释中的部分情形。

第五，增加了决定是否适用生态环境损害赔偿制度的授权性或兜底性条款，将适用范围的判断标准授予了检察机关或赔偿权利人。例如，上海市杨浦区规定“其他生态环境严重损害行为，检察机关提出索赔建议或者赔偿权利人认为有必要提起生态环境损害赔偿的”，属于生态环境损害赔偿制度的适用范围。又如，娄底市规定

“由省级赔偿权利人及其指定的部门（机构）或娄底市生态损害赔偿领导小组办公室交办的生态损害赔偿事件”，亦属于生态环境损害赔偿制度的适用范围。这无疑将本应严格限制的生态环境损害赔偿制度的适用范围进行任意扩大，进而增加了生态环境损害赔偿与环境公益诉讼发生适用冲突的可能性。

（二）衔接机制的规范样态

《最高人民法院关于审理生态环境损害赔偿案件的若干规定（试行）》第16、17、18条为生态环境损害赔偿诉讼与环境民事公益诉讼的衔接顺位提供了原则性的规范依据。这在一定程度上从国家层面回应了两诉衔接的争议。各地区亦根据地方司法实践需求，分别制定地方实施方案，为地方司法实践审判工作提供了地方规范支持。

在北大法宝，北大法意，最高人民法院、最高人民检察院、生态环境厅等网站上分别以“生态环境损害赔偿”“环境公益诉讼”为关键词进行搜索，对全国各地区涉及生态环境损害赔偿与环境公益诉讼衔接的地方规范性文件进行筛选，共收集39个典型地方规范性文件。其中，以“生态环境损害赔偿改革实施方案”为主题的文件有18个，它们以个别条款规定衔接内容；以“关于加强和支持检察公益诉讼工作的决定”为主题的文件有9个，它们以个别条款规定衔接内容；以“关于审理生态环境损害赔偿诉讼案件的若干意见或审理指南”为主题的相关文件有3个，它们以个别条款规定衔接内容；以“生态环境损害赔偿磋商管理办法”为主题的文件有3个，它们以个别条款规定衔接内容；以“生态环境损害赔偿诉讼起诉规则”为主题的文件有1个，它们以个别条款规定衔接内容；以“损害赔偿工作”为主题的文件有4个，它们以个别条款规定衔接内容；以“生态环境损害赔偿制度与检察公益诉讼制度衔接”为主题的文件有1个,它们专门规定了衔接内容。笔者收集的主要地方规定性文件见表2-10。

表2-10　涉及生态环境损害赔偿与环境公益诉讼衔接的主要地方规范性文件

序号	发布日期	制定或发布主体	文件名称	文件内容
1	2017年9月30日	南通市人民政府	《南通市生态环境损害赔偿制度改革试点实施方案》(已废止)	完善诉讼规则。磋商未达成一致的,应当及时提起生态环境损害赔偿民事诉讼,也可以不磋商直接提起民事诉讼。探索损害赔偿磋商与诉讼程序的衔接规则。市中级人民法院及时依法审理生态环境损害赔偿民事案件,努力形成环境民事诉讼保障机制。相关部门鼓励、支持、引导符合条件的社会组织依法开展生态环境损害赔偿公益诉讼。 推进信息公开。……创新公众参与方式,邀请专家和利益相关的公民、法人和其他组织参加生态环境修复或赔偿磋商工作。
2	2018年5月9日	江西省人民政府	《江西省生态环境损害赔偿制度改革实施方案》	各级人民检察院建立完善检察机关提起的公益诉讼制度,加强对生态环境损害赔偿及修复的监督。 鼓励公众参与。不断创新公众参与方式,邀请专家和利益相关的公民、法人、其他组织参加生态环境修复或赔偿磋商工作。
3	2018年5月16日	中共新疆维吾尔自治区委员会办公厅、新疆维吾尔自治区人民政府	《新疆维吾尔自治区生态环境损害赔偿制度改革实施方案》	自治区人民检察院负责指导有关生态环境损害赔偿的检察工作,负责对生态环境损害赔偿相关执法活动进行监督。

续表

序号	发布日期	制定或发布主体	文件名称	文件内容
4	2018年6月14日	中共广西壮族自治区委员会、广西壮族自治区人民政府	《广西壮族自治区生态环境损害赔偿制度改革实施方案》	各级检察院要加强对生态环境损害赔偿及修复的监督,支持行政机关主张生态环境损害赔偿权利,积极为行政机关提供法律咨询,依法协助行政机关开展调查取证、追缴赔偿费用。检察院对于行政机关在生态环境监管中违法行使职权或不行使职权的,依法向行政机关发出公益诉讼诉前检察建议,督促行政机关整改,必要时,检察院应依法向法院提起行政公益诉讼。对于符合生态环境损害赔偿情形的行为,行政机关不起诉的,检察院可以依法向法院提起民事公益诉讼,追究赔偿义务人的民事责任。
5	2018年6月20日	中共山东省委办公厅、山东省人民政府办公厅	《山东省生态环境损害赔偿制度改革实施方案》	加强业务指导。……省检察院负责指导有关生态环境损害赔偿的检察工作。鼓励公众参与。不断创新公众参与方式,邀请专家和利益相关的公民、法人、其他组织参加生态环境修复或赔偿磋商工作。
6	2018年6月28日	中共北京市委员会、北京市人民政府	《北京市生态环境损害赔偿制度改革工作实施方案》	本市各级检察院对在履行职责中发现的破坏生态环境行为,拟提起民事公益诉讼的,应当依法公告,公告期为30天,并告知有关生态环境损害赔偿权利人及其指定的部门或机构。公告期满,有关组织和有关生态环境损害赔偿权利人及其指定的部门或机构不提起诉讼的,检察机关可以向同级法院提起诉讼。 市检察院依法指导全市检察机关对生态环境损害赔偿案件相关执法活动予以支持和监督。

续表

序号	发布日期	制定或发布主体	文件名称	文件内容
7	2018年7月16日	中共河南省委办公厅、河南省人民政府办公厅	《河南省生态环境损害赔偿制度改革实施方案》	省检察院负责指导有关生态环境损害赔偿的检察工作。
8	2018年7月18日	江苏省高级人民法院	《江苏省高级人民法院关于生态环境损害赔偿诉讼案件的审理指南(一)》	人民法院受理生态环境损害赔偿诉讼后,立案信息应当在立案之日起五日内公开。检察机关、社会团体、企业事业单位依据《中华人民共和国民事诉讼法》第十五条的规定,可以通过提供法律咨询、提交书面意见、协助调查取证等方式支持原告提起生态环境损害赔偿诉讼。 对同一生态环境损害行为,赔偿权利人提起生态环境损害赔偿诉讼,社会组织或检察机关也提起环境民事公益诉讼的,人民法院应当依法审查,符合受理条件的分别立案受理。 人民法院不得以赔偿权利人已经启动生态环境损害赔偿磋商或提起生态环境损害赔偿诉讼为由,对社会组织或检察机关提起的环境民事公益诉讼案件不予立案受理。 生态环境损害赔偿诉讼案件立案后,社会组织或检察机关提起的环境民事公益诉讼案件应当中止审理,待生态环境损害赔偿诉讼案件审结后再行恢复审理。中止审理期间社会组织或检察机关申请撤诉的,可以裁定准予撤诉。
9	2018年8月13日	辽宁省人民政府办公厅、辽宁省委办公厅	《辽宁省生态环境损害赔偿制度改革实施方案》	省检察院负责指导有关生态环境损害赔偿的检察工作,负责对生态环境损害赔偿相关执法活动进行监督,在法律规定的范围内开展公益诉讼相关活动。

续表

序号	发布日期	制定或发布主体	文件名称	文件内容
10	2018年8月30日	中共江苏省委员会、江苏省人民政府	《江苏省生态环境损害赔偿制度改革实施方案》	积极研究探索生态环境损害赔偿制度与环境公益诉讼之间衔接等问题。鼓励检察机关在法院审理生态环境损害赔偿案件时支持诉讼。
11	2018年9月25日	中共青岛市委、青岛市人民政府	《青岛市生态环境损害赔偿制度改革实施方案》	鼓励法定的机关和符合条件的社会组织依法开展生态环境损害赔偿诉讼。鼓励公众参与。不断创新公众参与方式,邀请专家和利益相关的公民、法人、其他组织参加生态环境修复或赔偿磋商工作。
12	2018年9月29日	中共福建省委、福建省人民政府	《福建省生态环境损害赔偿制度改革实施方案》	鼓励法定的机关和符合条件的社会组织依法开展生态环境损害赔偿诉讼。生态环境损害赔偿制度与环境公益诉讼之间衔接等问题,按照最高人民法院等的指导意见执行。
13	2018年10月4日	江苏省人民政府	《江苏省生态环境损害赔偿磋商办法(试行)》《江苏省生态环境损害赔偿起诉规则(试行)》	第十四条　赔偿权利人指定的部门或机构应在磋商前五个工作日,在门户网站向社会公告磋商日期和地点,并可邀请专家和利益相关的公民、法人和其他组织参与,接受社会监督。 符合《中华人民共和国环境保护法》第五十八条规定的社会组织可以申请派员列席磋商会议。 第十八条　起诉责任人在提起生态环境损害赔偿诉讼之前,可以书面向同级人民检察院通报。同级人民检察院认为有必要的,可以支持诉讼。 第二十六条　鼓励公众参与,不断创新公众参与方式,邀请专家和利益相关的公民、法人、其他组织参加生态环境损害赔偿诉讼工作。

续表

序号	发布日期	制定或发布主体	文件名称	文件内容
14	2018年11月30日	中共天津市委、天津市人民政府	《天津市生态环境损害赔偿制度改革实施方案》	鼓励法定机关和符合条件的社会组织依法开展生态环境损害赔偿诉讼。按照国家要求,研究生态环境损害赔偿制度与环境公益诉讼之间衔接等问题。
15	2018年12月29日	株洲市人民政府	《株洲市生态环境损害赔偿制度改革实施方案》	市检察院要依法支持、督促赔偿权利人主张生态环境损害赔偿权利;深化生态环境公益调查、检察提前介入制度,督促赔偿义务人积极达成赔偿或修复协议。积极支持赔偿诉讼,并依法开展公益诉讼。
16	2018年12月31日	中共无锡市委、无锡市人民政府	《无锡市生态环境损害赔偿制度改革实施方案(试行)》	检察机关在法院审理生态环境损害赔偿案件时支持起诉。 政府各相关部门应积极配合生态环境损害赔偿与环境公益诉讼的调查取证等工作。
17	2019年2月21日	上海市高级人民法院	《上海市高级人民法院关于审理政府提起生态环境损害赔偿民事案件的若干意见(试行)》	第八条　对同一生态环境损害,已经受理环境民事公益诉讼,生态环境损害赔偿权利人或者其指定的部门、机构又提起生态环境损害赔偿民事诉讼且诉讼请求未被前诉涵盖的,人民法院应予受理。 已经受理生态环境损害赔偿民事诉讼,有关机关或组织又提起环境民事公益诉讼且诉讼请求未被前诉涵盖的,人民法院应予受理。 同时提起生态环境损赔偿民事诉讼和环境民事公益诉讼的,优先受理生态环境损害赔偿民事诉讼。

续表

序号	发布日期	制定或发布主体	文件名称	文件内容
18	2019年4月22日	中共杭州市委、杭州市人民政府	《杭州市生态环境损害赔偿制度改革实施方案》	探索建立生态环境损害赔偿与检察机关公益诉讼的衔接机制,形成生态环境保护合力。赔偿权利人及其指定的部门或机构启动调查评估,应及时告知同级检察机关,检察机关依法协助行政机关开展调查取证。 检察机关要依法开展对生态环境损害赔偿的法律监督,推动生态环境损害赔偿制度改革落地见效;依法支持、督促赔偿权利人及其指定的部门或机构主张生态环境损害赔偿权利,积极为行政机关提供法律咨询,依法协助行政机关追缴赔偿费用;依法开展对人民法院生态环境损害赔偿案件审判和执行活动的法律监督,推动生态环境损害赔偿权得到有效实现;必要时,依法提起公益诉讼。 创新公众参与方式,邀请专家和利益相关的公民、法人、其他组织参加生态环境修复或赔偿磋商工作。
19	2019年5月9日	天津市高级人民法院	《天津市高级人民法院关于审理生态环境损害赔偿案件若干问题的审判委员会纪要》	十八、与公益诉讼的衔接 针对同一生态环境损害行为提起生态环境损害赔偿诉讼和环境民事公益诉讼的,人民法院分别立案,由受理生态环境损害赔偿案件的法院的同一审判组织审理。 人民法院受理就同一生态环境损害行为提起的生态环境损害赔偿案件和环境民事公益诉讼案件的,中止环境民事公益诉讼案件的审理,待生态环境损害赔偿案件审结后,区分下列情形处理: 1. 生态环境损害赔偿案件的诉讼请求涵盖环境民事公益诉讼案件诉讼请求的,裁定终结环境民事公益诉讼案件的审理; 2. 生态环境损害赔偿案件的诉讼请求不能涵盖环境民事公益诉讼案件诉讼请求的,就环境民事公益诉讼案件诉讼请求不同的部分继续审理并作出裁判。

续表

序号	发布日期	制定或发布主体	文件名称	文件内容
20	2019年7月31日	广州市人大(含常委会)	《广州市人民代表大会常务委员会关于支持和促进检察机关公益诉讼工作的决定》	十二、全市各级国土资源、环境保护、住房城乡建设、水利、农业、林业等行政管理部门应当与本级检察机关建立生态环境损害赔偿与检察机关公益诉讼衔接机制,实现生态环境损害赔偿诉讼与检察机关公益诉讼的互相支持、互相补充。 全市检察机关应当支持行政机关主张生态环境损害赔偿权利,为行政机关提供法律意见,依法协助开展调查取证、追缴赔偿费用等。
21	2019年10月30日	河源市人大(含常委会)	《河源市人民代表大会常务委员会关于支持和促进检察机关公益诉讼工作的决定》	全市各级自然资源、生态环境、住房和城乡建设、水务、农业农村、市场监督管理、林业等行政管理部门应当与本级检察机关建立生态环境损害赔偿与检察机关公益诉讼衔接机制,实现生态环境损害赔偿诉讼与检察机关公益诉讼的互相支持、互相补充。 全市检察机关应当支持行政机关主张生态环境损害赔偿权利,为行政机关提供法律意见,依法协助开展调查取证、追缴赔偿费用等。
22	2019年11月28日	辽宁省人大(含常委会)	《辽宁省人民代表大会常务委员会关于加强公益诉讼检察工作的决定》	十四、有关行政机关应当与检察机关建立生态环境损害赔偿与生态环境公益诉讼衔接机制,检察机关可以支持有关机关提起生态环境损害赔偿诉讼;探索建立公益诉讼案件生态修复管理人等制度。

续表

序号	发布日期	制定或发布主体	文件名称	文件内容
23	2019年12月12日	中共包头市委、包头市人民政府	《包头市生态环境损害赔偿制度改革实施方案》	完善赔偿诉讼规则。磋商未达成一致的,赔偿权利人及其指定的部门或机构应当及时提起生态环境损害赔偿民事诉讼。市人民法院按照有关法律规定、依托现有资源,由环境资源审判庭或指定专门法庭审理生态环境损害赔偿民事案件;根据赔偿义务人主观过错、经营状况等因素试行分期赔付,探索多样化责任承担方式。诉讼判决前,经法院同意,赔偿权利人可以与赔偿义务人继续磋商,进行庭外和解,或在法院主持下进行调解。积极研究探索生态环境损害赔偿制度与环境公益诉讼之间衔接等问题。鼓励法定的机关和符合条件的社会组织依法开展生态环境损害赔偿诉讼。 市检察院会同有关部门完善生态环境损害赔偿诉讼机制。
24	2020年6月17日	绍兴市人大(含常委会)	《绍兴市人民代表大会常务委员会关于加强和支持检察公益诉讼工作的决定》	15. 自然资源、生态环境、住房城乡建设、水利、农业农村等行政机关应当按职责分工开展生态环境损害赔偿相关工作,积极探索与检察机关建立生态环境损害赔偿与检察公益诉讼衔接机制,深化生态环境公益调查、检察提前介入制度,实现生态环境损害赔偿诉讼与检察公益诉讼的互相支持、互相补充。 检察机关应当支持行政机关主张生态环境损害赔偿权利,依法为行政机关提供法律咨询、提供书面意见、协助调查取证等。

续表

序号	发布日期	制定或发布主体	文件名称	文件内容
25	2020年6月28日	鹤壁市人大（含常委会）	《鹤壁市人民代表大会常务委员会关于支持和促进检察机关公益诉讼工作的决定》	充分发挥检察建议的作用，规范检察建议的办理流程、跟进监督、诉讼衔接等程序。检察建议书可以公开送达，可以邀请人大代表或有关人员参加，必要时可将检察建议抄送同级人民政府或者其上级主管单位。 贯彻落实《中华人民共和国民法典》，推动公益诉讼制度与生态环境损害赔偿制度的有效衔接；强化对食品药品安全和生态环境资源保护等领域公益诉讼惩罚性赔偿的探索。
26	2020年8月17日	广东省人民政府	《广东省生态环境损害赔偿工作办法（试行）》	第十七条 …… 赔偿权利人或案件调查部门组织磋商，可以邀请生态环境损害鉴定或者评估机构、人民调解组织或有关专家、律师等有关单位和人员参加。 ……
27	2020年9月17日	嘉峪关市人大（含常委会）	《嘉峪关市人民代表大会常务委员会关于加强检察公益诉讼工作的决定》	市级财政部门应当加强对检察公益诉讼工作的财政保障，将检察机关和行政机关关于公益诉讼工作所需的专家咨询、环境监测、鉴定评估、勘验检测、举报奖励等费用，纳入市级财政预算。探索设立公益诉讼赔偿金专项账户，依法用于公益赔偿、修复和保护等事项，促进公益诉讼制度与生态环境损害赔偿制度的有效衔接。

续表

序号	发布日期	制定或发布主体	文件名称	文件内容
28	2020年10月10日	延安市人民政府、延安市人民检察院	《延安市人民政府、延安市人民检察院关于建立检察公益诉讼工作机制的通知》	建立生态环境损害赔偿协作机制。深化生态环境损害赔偿制度与检察公益诉讼的衔接,在生态环境损害案件中要以生态环境保护为基础,相互协作支持为保障,坚持生态环境损害赔偿优先,依法赔偿原则。对于同时符合生态环境民事公益诉讼及生态环境损害赔偿条件的案件,原则上应先行启动生态环境损害赔偿程序;对生态环境损害赔偿磋商、起诉的案件,检察机关可以进行支持磋商、支持起诉,并提供检察意见和调查取证支持;检察机关在办理公益诉讼案件中发现符合生态环境损害赔偿的线索,应及时建议市政府提起生态环境损害赔偿,并移交有关证据材料。
29	2020年10月23日	河源市生态环境局	《关于加强生态环境损害赔偿制度与检察公益诉讼制度衔接的实施办法》	本办法共十六条,涉及生态环境损害赔偿制度与检察公益诉讼制度衔接的信息通报、证据固定、诉讼衔接、支持起诉、依法监督等方面的内容。
30	2020年12月23日	上海市生态环境局等	《上海市生态环境损害赔偿磋商管理办法》	第五条 …… 与生态环境损害赔偿有利害关系的单位或个人,可以作为第三人参加磋商。磋商组织者可以邀请生态环境损害发生地街道、镇及以上人民政府、相关管理部门、相关领域专家、司法行政机关、检察机关等参与磋商。

续表

序号	发布日期	制定或发布主体	文件名称	文件内容
31	2020年12月31日	上海市杨浦区人民政府	《杨浦区生态环境损害赔偿制度改革工作实施方案》	区检察院在履行公益检察职能过程中，认为需要开展生态环境损害赔偿的，应当告知赔偿权利人。赔偿权利人或相关部门认为符合相关生态环境损害赔偿条件的，可以启动调查评估，并及时告知区检察院。 对同一违法行为，法院已经受理环境民事公益诉讼的，一般不再启动生态环境损害赔偿程序，区生态环境局等相关部门提供专业支持。赔偿权利人及其指定的部门提起生态环境损害赔偿诉讼的，区检察院予以支持。
32	2021年3月4日	上海市崇明区人大（含常委会）	《上海市崇明区人大（含常委会）关于加强检察公益诉讼工作服务保障崇明世界级生态岛建设的决定》	建立健全审计监督、安全生产监督、公共卫生监督与检察公益诉讼衔接机制，推进生态环境损害赔偿、保护督察与公益诉讼衔接机制建设，建立并完善行政执法信息共享平台，充分运用信息科技手段，实现系统对接与数据实时互通。
33	2021年3月23日	银川市政府	《银川市生态环境损害赔偿制度改革实施方案（试行）》	完善赔偿诉讼规则。市政府及其指定的市政府相关职能部门、县（市）区政府或机构均有权提起诉讼。银川市检察机关对在履行职责中发现的破坏生态环境行为，存在相关行政机关怠于履职或不作为的，应向相关行政机关发出检察建议，相关行政机关仍不整改的，应依法提起行政公益诉讼。 市人民检察院。负责并指导有关生态环境损害赔偿的检察工作，充分运用公益诉讼检察制度，加强对生态环境损害赔偿及修复的监督。

续表

序号	发布日期	制定或发布主体	文件名称	文件内容
34	2021年4月14日	湖南省生态环境厅等	《湖南省生态环境损害赔偿磋商管理办法》	第五条　赔偿义务人在赔偿意见书指定的时间内提交答复意见,对赔偿意见书原则认可且同意进行磋商的,赔偿权利人或其指定的部门、机构或调委会应当在收到答复意见后五个工作日内组织磋商,并邀请检察机关、生态环境损害鉴定评估机构或专家参与磋商。 …… 第九条　……生态环境损害赔偿磋商程序因以上情形终止的,赔偿权利人及其指定的部门或机构应及时依法向人民法院提起生态环境损害赔偿诉讼,或商请检察机关、法律规定的组织提起生态环境损害公益诉讼,要求赔偿义务人承担生态环境损害赔偿责任。 第十五条　赔偿权利人及其指定的部门或机构可积极创新公众参与方式,邀请专家、利益相关的公民、法人、其他组织参加磋商工作,接受公众监督,并根据相关规定将生态环境损害赔偿磋商情况向公众公开,保障公众知情权。
35	2021年6月7日	安徽省生态环境损害赔偿制度改革工作领导小组	《安徽省生态环境损害赔偿实施办法(试行)》	第十四条　赔偿权利人及其指定的部门或机构应当定期组织筛查生态环境损害赔偿案件线索,对拟提起索赔的案件线索及时开展调查,可以同时告知相关人民法院和检察机关。 …… 第三十一条　磋商会议可以邀请负有生态环境保护职责的部门或机构、司法行政机关、环保专家、法律专家、律师、公众及社会组织参加。 与生态环境损害赔偿有利害关系的单位或者个人作为生态环境损害第三人,可以申请参加磋商会议。

续表

序号	发布日期	制定或发布主体	文件名称	文件内容
36	2021年6月7日	安徽省生态环境损害赔偿制度改革工作领导小组	《安徽省生态环境损害赔偿实施办法(试行)》	符合《中华人民共和国环境保护法》第五十八条规定的社会组织可以申请派员列席磋商会议。 生态环境损害鉴定评估机构应当派员参加磋商会议。 赔偿权利人指定的部门或机构可以商请同级检察机关参与磋商会议,为磋商提供法律支持。赔偿权利人与赔偿义务人无法磋商或者磋商未达成一致意见提起生态环境损害赔偿诉讼的,检察机关可以依法支持起诉。 第四十一条　生态环境损害赔偿磋商终止的,赔偿权利人指定的部门或机构应当在5个工作日内向有管辖权的人民法院提起生态环境损害赔偿诉讼,同时书面告知同级检察机关。
37	2021年7月7日	江西省生态环境厅	《关于加强生态环境损害赔偿与检察公益诉讼衔接的办法》	本办法共十五条,涉及生态环境损害赔偿制度与检察公益诉讼制度衔接的移送线索、诉前通报、支持起诉、协助调查、法律监督、联席会议、交流机制等方面的内容。
38	2021年12月20日	六盘水市人大(含常委会)	《六盘水市人民代表大会常务委员会关于加强检察公益诉讼工作的决议》	检察机关应建立健全与生态环境、市场监管、自然资源、水务等部门的长效协调机制。探索建立检察公益诉讼与生态环境损害赔偿制度衔接机制,增强公益保护合力。

续表

序号	发布日期	制定或发布主体	文件名称	文件内容
39	2022年1月21日	内蒙古自治区人民政府	《内蒙古自治区生态环境损害赔偿工作规定(试行)》	第十五条　赔偿权利人及其指定的部门或机构对拟提起索赔的案件线索应当及时开展调查,可以同时告知相关人民法院和检察机关。 …… 第二十五条　磋商会议由赔偿权利人指定的部门或机构组织召开。 赔偿权利人指定的部门或机构应当通知生态环境损害鉴定评估机构或者评估专家组派员参加磋商会议。 赔偿权利人指定的部门或机构可以商请同级检察机关参加磋商会议,为磋商提供法律支持。 磋商会议可以邀请负有生态环境保护职责的部门或机构、司法行政机关、相关领域专家、法律专家、律师参加。 与生态环境损害赔偿有利害关系的单位或者个人,可以申请参加磋商会议。 符合《中华人民共和国环境保护法》第五十八条规定的社会组织可以申请派员列席磋商会议。磋商会议可以邀请公众参与。 第三十一条　生态环境损害赔偿磋商不成的,赔偿权利人指定的部门或机构应当在10个工作日内向有管辖权的人民法院提起生态环境损害赔偿诉讼,同时书面告知同级检察机关,检察机关可以依法支持起诉。 对检察机关提起的环境民事公益诉讼,生态环境、自然资源、住房城乡建设、水利、农牧、林草等部门应当提供证据材料和技术方面的支持。

续表

序号	发布日期	制定或发布主体	文件名称	文件内容
40	2024年4月3日	宁夏回族自治区生态环境厅等	《宁夏回族自治区生态环境损害赔偿管理工作规定》	第七条　自治区生态环境厅牵头指导实施生态环境损害赔偿制度,会同自然资源厅、住房城乡建设厅、水利厅、农业农村厅、林草局等相关部门或机构,负责并指导生态环境损害调查、鉴定评估、索赔磋商、修复方案编制、修复效果评估等业务工作。宁东能源化工基地管委会负责其管辖范围内的生态环境损害调查、鉴定评估、索赔磋商、修复方案编制、修复效果评估等业务工作。 自治区科技厅负责指导有关生态环境损害鉴定评估技术研究工作;公安厅负责指导公安机关依法办理涉及生态环境损害赔偿的刑事案件;司法厅负责指导有关环境损害司法鉴定管理工作;财政厅负责指导有关生态环境损害赔偿资金管理工作;卫生健康委会同生态环境厅开展环境健康问题调查研究、环境与健康综合监测与风险评估;市场监管厅负责地方标准立项、批准、发布工作和指导生态环境损害鉴定评估相关计量工作。 自治区高级人民法院负责指导生态环境损害赔偿案件的司法确认、审理及执行工作;人民检察院负责生态环境损害赔偿法律监督工作,做好检察民事公益诉讼和生态环境损害赔偿案件衔接。

通过对以上与“生态环境损害赔偿与环境公益诉讼衔接”相关的地方规范性文件进行分析可以发现,我国地方层面的衔接规范呈现以下几个方面的特征。

1. 生态环境损害赔偿磋商与环境民事公益诉讼衔接的规定各有千秋

当赔偿权利人准备或已经启动生态环境损害赔偿磋商程序时，有权提起环境民事公益诉讼的社会组织或检察机关等主体是否可以或应当参与磋商以及如何参与磋商，不同地方有不同的规定。有的地区规定，赔偿权利人启动磋商时可以邀请检察机关、社会组织等主体参与磋商程序，如《山东省生态环境损害赔偿制度改革实施方案》《江西省生态环境损害赔偿制度改革实施方案》《北京市生态环境损害赔偿制度改革工作实施方案》《江苏省生态环境损害赔偿制度改革实施方案》《杭州市生态环境损害赔偿制度改革实施方案》《内蒙古自治区生态环境损害赔偿工作规定（试行）》均规定了相关条款。有的地区规定，赔偿权利人启动磋商时应当邀请检察机关参与磋商程序，如《湖南省生态环境损害赔偿磋商管理办法》规定"赔偿权利人或其指定的部门、机构或调委会应当在收到答复意见后五个工作日内组织磋商，并邀请检察机关、生态环境损害鉴定评估机构或专家参与磋商"。有的地区则规定了向社会公开，或者告知法院和检察机关，如《江苏省生态环境损害赔偿磋商办法（试行）》规定"赔偿权利人指定的部门或机构应在磋商前五个工作日，在门户网站向社会公告磋商日期和地点"，《湖南省生态环境损害赔偿磋商管理办法》规定"根据相关规定将生态环境损害赔偿磋商情况向公众公开，保障公众知情权"，《安徽省生态环境损害赔偿实施办法（试行）》规定"赔偿权利人及其指定的部门或机构应当定期组织筛查生态环境损害赔偿案件线索，对拟提起索赔的案件线索及时开展调查，可以同时告知相关人民法院和检察机关"，《内蒙古自治区生态环境损害赔偿工作规定（试行）》规定"赔偿权利人及其指定的部门或机构对拟提起索赔的案件线索应当及时开展调查,可以同时告知相关人民法院和检察机关”。总体而言,根据各地区的规定,赔偿权利人在启动生态环境损害赔偿磋商程序时,可以或应当邀请有权提起环境民事公益诉讼的主体参与磋商,可以或应当将磋商的相关信息向社会公开或告知法院和检察机关。也就是说,赔偿权利人启动磋商程序时是否必须公告且邀请有权提起环境民事公益诉讼的主体参与,并无统一规定。

此外,《最高人民法院关于审理环境民事公益诉讼案件适用法律若干问题的解释》第 12 条规定“人民法院受理环境民事公益诉讼后,应当在十日内告知对被告行为负有环境资源保护监督管理职责的部门”,但对于社会组织或检察机关提起环境民事公益诉讼之前,是否应当告知对违法行为有监管权和索赔权的部门,大多数地区并没有相关规定,仅极少地区有所涉及。例如,《北京市生态环境损害赔偿制度改革工作实施方案》规定“本市各级检察院对在履行职责中发现的破坏生态环境行为,拟提起民事公益诉讼的,应当依法公告,公告期为 30 天,并告知有关生态环境损害赔偿权利人及其指定的部门或机构”。可见,在环境民事公益诉讼诉前准备阶段,有关环境民事公益诉讼与生态环境损害赔偿衔接的规定相对欠缺。

2. 生态环境损害赔偿诉讼与环境民事公益诉讼衔接的规定类型不一

通过对地方规范性文件进行梳理可以发现,涉及生态环境损害赔偿诉讼与环境民事公益诉讼衔接的情形大体包括生态环境损害赔偿诉讼为主型、环境民事公益诉讼为主型以及双轨并行诉讼三种模式。

生态环境损害赔偿诉讼为主型的模式,主要指当生态环境损害赔偿磋商未果时,先由赔偿权利人提起生态环境损害赔偿诉讼,赔偿权利人不起诉时再由法律规定的机关或有关组织提起环境民事公益诉讼,或者在审判过程中,生态环境损害赔偿诉讼优先于环境民事公益诉讼进行审理。例如,《广西壮族自治区生态环境损害赔偿制度改革实施方案》规定"支持行政机关主张生态环境损害赔偿权利,……对于符合生态环境损害赔偿情形的行为,行政机关不起诉的,检察院可以依法向法院提起民事公益诉讼,追究赔偿义务人的民事责任"。《江苏省高级人民法院关于生态环境损害赔偿诉讼案件的审理指南(一)》规定"检察机关、社会团体、企业事业单位……支持原告提起生态环境损害赔偿诉讼""生态环境损害赔偿诉讼案件立案后,社会组织或检察机关提起的环境民事公益诉讼案件应当中止审理,待生态环境损害赔偿诉讼案件审结后再行恢复审理"。《上海市高级人民法院关于审理政府提起生态环境损害赔偿民事案件的若干意见(试行)》规定"同时提起生态环境损赔偿民事诉讼和环境民事公益诉讼的,优先受理生态环境损害赔偿民事诉讼"。《天津市高级人民法院关于审理生态环境损害赔偿案件若干问题的审判委员会纪要》规定"人民法院受理就同一生态环境损害行为提起的生态环境损害赔偿案件和环境民事公益诉讼案件的,中止环境民事公益诉讼案件的审理,待生态环境损害赔偿案件审结后,区分下列情形处理……"《延安市人民政府、延安市人民检察院关于建立检察公益诉讼工作机制的通知》规定"对于同时符合生态环境民事公益诉讼及生态环境损害赔偿条件的案件,原则上应先行启动生态环境损害赔偿程序"。

环境民事公益诉讼为主型的模式,主要指未经生态环境损害赔偿磋商或者生态环境损害赔偿磋商未果的,赔偿权利人不启动生态环境损害赔偿诉讼程序,而是参与或支持由社会组织或检察机关提起的环境民事公益诉讼,以环境民事公益诉讼为主导。例如,《杨浦区生态环境损害赔偿制度改革工作实施方案》规定"对同一违法行为,法院已经受理环境民事公益诉讼的,一般不再启动生态环境损害赔偿程序,区生态环境局等相关部门提供专业支持"。

双轨并行诉讼的模式,主要指无法开展生态环境损害赔偿磋商或者生态环境损害赔偿磋商协议未达成时,既可以由赔偿权利人提起生态环境损害赔偿诉讼,也可以由社会组织或检察机关提起环境民事公益诉讼,两者并无顺位和主次之别。例如,《湖南省生态环境损害赔偿磋商管理办法》规定"生态环境损害赔偿磋商程序因以上情形终止的,赔偿权利人及其指定的部门或机构应及时依法向人民法院提起生态环境损害赔偿诉讼,或商请检察机关、法律规定的组织提起生态环境损害公益诉讼,要求赔偿义务人承担生态环境损害赔偿责任"。

3. 生态环境损害赔偿与环境行政公益诉讼衔接的规定极为匮乏

大多数地区出台的地方规范性文件并未涉及生态环境损害赔偿(包括磋商或诉讼)与环境行政公益诉讼衔接的相关规定。只有部分地区赋予了检察机关依法监督赔偿权利人提起生态环境损害赔偿磋商或诉讼的权力。其中,仅个别地区明确检察机关有权通过环境行政公益诉讼督促赔偿权利人依法开展生态环境损害赔偿磋商或提起生态环境损害赔偿诉讼。例如,《江西省生态环境损害赔偿制度改革实施方案》规定"各级人民检察院建立完善检察机关提起的公益诉讼制度,加强对生态环境损害赔偿及修复的监督";《辽宁省生态环境损害赔偿制度改革实施方案》规定"省检察院负责指导有关生态环境损害赔偿的检察工作,负责对生态环境损害赔偿相关执法活动进行监督,在法律规定的范围内开展公益诉讼相关活动”;《杭州市生态环境损害赔偿制度改革实施方案》规定“检察机关要依法开展对生态环境损害赔偿的法律监督,推动生态环境损害赔偿制度改革落地见效”;《延安市人民政府、延安市人民检察院关于建立检察公益诉讼工作机制的通知》规定“检察机关在办理公益诉讼案件中发现符合生态环境损害赔偿的线索,应及时建议市政府提起生态环境损害赔偿”;《银川市生态环境损害赔偿制度改革实施方案(试行)》规定“银川市检察机关对在履行职责中发现的破坏生态环境行为,存在相关行政机关怠于履职或不作为的,应向相关行政机关发出检察建议,相关行政机关仍不整改的,应依法提起行政公益诉讼”,市人民检察院“负责并指导有关生态环境损害赔偿的检察工作,充分运用公益诉讼检察制度,加强对生态环境损害赔偿及修复的监督”。可见,赔偿权利人启动生态环境损害赔偿磋商或诉讼,能否纳入环境行政公益诉讼适用范围,尚未达成共识。其根源在于生态环境损害赔偿制度的法律属性仍存在诸多争议。

总体而言,在《生态环境损害赔偿制度改革方案》及《最高人民法院关于审理生态环境损害赔偿案件的若干规定(试行)》等国家层面政策性文件和司法解释的指引下,各地区出台的地方规范性文件所涉及的衔接规范主要聚焦于生态环境损害赔偿诉讼与环境民事公益诉讼衔接领域,对生态环境损害赔偿诉讼与环境民事公益诉讼的衔接、生态环境损害赔偿(磋商或诉讼)与环境行政公益诉讼的衔接规定较少。我国生态环境损害赔偿与环境公益诉讼衔接的规范体系有待进一步完善与优化。

第三章
生态环境损害赔偿与环境公益诉讼衔接的实践样态与实证审视

根据《生态环境损害赔偿制度改革方案》等相关规定,生态环境损害赔偿的适用范围限于生态环境严重受损的特定领域,而环境公益诉讼的适用范围除了严重的生态环境损害,还包括一般生态环境损害以及重大环境风险。由此可见,仅在生态环境严重受损的特定领域,方有生态环境损害赔偿与环境公益诉讼衔接的空间。基于此,在对生态环境损害赔偿与环境公益诉讼衔接的实践样态进行研究时,应将适用范围进行明确限缩。

笔者先后在中国裁判文书网、最高人民法院网、最高人民检察院网、生态环境部网以及部分官方媒体网站上,分别以“生态环境损害赔偿”“环境公益诉讼”为关键词进行搜索,将搜索到的案例一一筛选，共获取涉及生态环境损害赔偿与环境民事公益诉讼衔接相关典型案例27件，生态环境损害赔偿与环境行政公益诉讼衔接的相关典型案例12件。下文拟分别对生态环境损害赔偿与环境民事公益诉讼衔接、生态环境损害赔偿与环境行政公益诉讼衔接的典型实践案例进行客观分析，并从中洞察和审视我国生态环境损害赔偿与环境公益诉讼衔接在司法实践层面的困境和问题。

第一节　生态环境损害赔偿与环境民事公益诉讼衔接的实践样态

在笔者收集到的典型案例中，涉及生态环境损害赔偿与环境民事公益诉讼衔接的典型案例共27件。其中，有权提起环境民事公益诉讼的检察机关或其他主体参与生态环境损害赔偿磋商的典型案例有6件，赔偿权利人在环境民事公益诉讼受理期间开展生态环境损害赔偿磋商的典型案件有2件，生态环境损害赔偿诉讼与环境民事公益诉讼衔接的典型案例有20件[①]，案例主要内容如表3－1至表3－3所示。

① 序号7和序号8案例，虽原告涉及不同主体，但事由是同一个，故本书按一个案例统计。

表 3－1　检察机关或其他主体参与生态环境损害赔偿磋商的典型案例

序号	案件发生年份	案件名称	赔偿权利人	参与主体	案件结果
1	2017	浙江诸暨某企业大气污染生态环境损害赔偿案[1]	绍兴市环境保护局	绍兴市人民检察院	磋商成功
2	2017	贵州息烽大鹰田2企业非法倾倒废渣生态环境损害赔偿案[2]	贵州省原环境保护厅	贵州省律师协会	磋商成功
3	2018	上海市奉贤区张某等5人非法倾倒垃圾生态环境损害赔偿案[3]	上海市奉贤区环境保护局	奉贤区四团镇人民调解委员会	磋商成功
4	2020	广西壮族自治区钦州市人民检察院诉某锰业有限公司等跨省转移危险废物污染环境民事公益诉讼案[4]	钦州市生态环境部门	钦州市人民检察院	检察机关建议并支持行政机关开展生态环境损害赔偿磋商，磋商未能达成赔偿协议且行政机关不提起生态环境损害赔偿诉讼，检察机关依法提起民事公益诉讼
5	2020	海南省三亚市人民检察院诉三亚某公司非法侵占自然保护区民事公益诉讼案[5]	三亚市林业局	三亚市人民检察院	赔偿权利人未能与其达成生态环境损害赔偿磋商协议、亦未提起生态环境损害赔偿诉讼的，检察机关依法提起民事公益诉讼

续表

序号	案件发生年份	案件名称	赔偿权利人	参与主体	案件结果
6	2022	山东省潍坊市临朐县人民检察院诉甄某某等6人污染环境刑事附带民事公益诉讼案[6]	潍坊市生态环境局临朐分局	临朐县人民检察院	磋商无果,行政机关建议检察机关提起环境民事公益诉讼

〔1〕参见生态环境部办公厅:《关于印发生态环境损害赔偿磋商十大典型案例的通知》,载生态环境部网2020年4月30日,https://www.mee.gov.cn/xxgk2018/xxgk/xxgk06/202005/t20200506_777835.html。

〔2〕参见生态环境部办公厅:《关于印发生态环境损害赔偿磋商十大典型案例的通知》,载生态环境部网2020年4月30日,https://www.mee.gov.cn/xxgk2018/xxgk/xxgk06/202005/t20200506_777835.html。

〔3〕参见生态环境部办公厅:《关于印发生态环境损害赔偿磋商十大典型案例的通知》,载生态环境部网2020年4月30日,https://www.mee.gov.cn/xxgk2018/xxgk/xxgk06/202005/t20200506_777835.html。

〔4〕参见最高人民检察院:《检察公益诉讼起诉典型案例》,载最高人民检察院网2021年9月15日,https://www.spp.gov.cn/spp/xwfbh/wsfbt/202109/t20210915_529543.shtml#2。

〔5〕参见最高人民检察院:《【典型案例】海南省三亚市人民检察院诉三亚某公司非法侵占自然保护区民事公益诉讼案》,载鄂尔多斯市人民检察院网,http://www.ordos.jcy.gov.cn/yasf/202306/t20230608_4171934.shtml。

〔6〕参见最高人民检察院:《生态环境保护检察公益诉讼典型案例》,载最高人民检察院网,https://www.spp.gov.cn/spp/xwfbh/wsfbt/202307/t20230707_620946.shtml#2。

表3-2　环境民事公益诉讼审理期间开展生态环境损害赔偿磋商的典型案例

序号	案件名称	案号	案件内容
1	北京市丰台区源头爱好者环境研究所与瑞安市鑫豪不锈钢制品厂环境污染责任纠纷案	(2019)浙03民初614号	北京市丰台区源头爱好者环境研究所于2019年8月5日提起环境民事公益诉讼,法院于2019年8月12日受理,被告于2020年4月27日与温州市生态环境局瑞安分局达成《生态环境损害赔偿协议》,法院于2020年6月10日审理环境民事公益诉讼,8月10日作出判决

续表

序号	案件名称	案号	案件内容
2	胡某清非法占用农用地、故意毁坏财物案	(2020)鄂2823刑初144号	2020年7月29日,巴东县人民检察院提起刑事附带民事公益诉讼。诉讼中,巴东县林业局与被告人胡某清开设的途步旅游公司达成生态环境损害赔偿协议书,途步旅游公司自愿在指定时间和地点进行生态环境修复。公诉机关遂向法院撤回刑事附带民事公益诉讼的起诉,法院裁定予以准许

表3-3 生态环境损害赔偿诉讼与环境民事公益诉讼衔接的典型案例

序号	判决年份	案件名称	案号	衔接类型
1	2016	江苏省环保联合会与德司达(南京)染料有限公司环境污染民事公益诉讼案	(2016)苏01民初1203号	江苏省人民政府与江苏省环保联合会作为共同原告参与诉讼
2	2016	中国生物多样性保护与绿色发展基金会与山东金诚重油化工有限公司等侵权责任纠纷案	(2016)鲁01民初780号	先中止环境民事公益诉讼,待生态环境损害赔偿诉讼审结后,再行审理环境民事公益诉讼
3	2016	广东省环境保护基金会与焦某水污染责任纠纷案	(2016)粤01民初51号	社会组织提起环境民事公益诉讼,检察机关、赔偿权利人支持起诉
4	2016	中国生物多样性保护与绿色发展基金会与中国铝业股份有限公司、中国铝业股份有限公司贵州分公司侵权责任纠纷案	(2016)黔0181民初138号	社会组织提起环境民事公益诉讼,赔偿权利人作为第三人参与诉讼

续表

序号	判决年份	案件名称	案号	衔接类型
5	2017	山东省环境保护厅与山东金诚重油化工有限公司等土壤污染责任纠纷案	(2017)鲁01民初1467号	先中止环境民事公益诉讼,待生态环境损害赔偿诉讼审结后,再行审理环境民事公益诉讼
6	2017	广东省环境保护基金会与余某发、夏某林水污染责任纠纷案	(2017)粤01民初220号	广州市番禺区人民检察院、广州市番禺区环境保护局支持起诉(社会组织提起环境民事公益诉讼,检察院、赔偿权利人支持起诉)
7	2017	重庆市人民政府诉首旭环保公司、藏金阁公司生态环境损害赔偿案	(2017)渝01民初773号	分别立案,合并审理
8	2017	重庆两江志愿服务发展中心与首旭环保公司、藏金阁公司环境公益诉讼案	(2017)渝01民初773号	分别立案,合并审理
9	2018	海南省人民检察院第一分院与澄迈中兴橡胶加工厂有限公司环境污染民事公益诉讼案	(2018)琼01民初737号	澄迈县生态环境保护局指派工作人员到庭旁听
10	2018	北京市丰台区源头爱好者环境研究所与石柱土家族自治县园区管理委员会、石柱土家族自治县鸿盛公司等环境污染责任纠纷案	(2018)渝04民初523号	重庆市石柱土家族自治县林业局作为第三人参与诉讼

续表

序号	判决年份	案件名称	案号	衔接类型
11	2018	无锡市锡山区人民政府厚桥街道办事处与上海市闵行区梅陇镇城市网格化综合管理中心、陈某东等环境污染责任纠纷案	(2018)苏0205民初2606号	分别立案，分别审理。中华环保联合会以诉讼请求全部实现为由，向人民法院申请撤诉，人民法院准许
12	2019	中华环保联合会与上海市闵行区梅陇镇城市网格化综合管理中心、上海洁城环境卫生运输有限公司等生态环境损害赔偿责任纠纷案	(2019)苏02民初280号之二	分别立案，分别审理。中华环保联合会以诉讼请求全部实现为由，向人民法院申请撤诉，人民法院准许
13	2019	九江市人民政府与江西正鹏环保科技有限公司、杭州连新建材有限公司等生态环境损害赔偿责任纠纷案	(2019)赣04民初201号	赔偿权利人起诉，检察机关支持起诉
14	2019	中华环保联合会与山东博汇集团有限公司、山东省环境保护科学研究设计院有限公司环境污染责任纠纷案	(2019)鲁03民初118号	先中止环境民事公益诉讼，待生态环境损害赔偿诉讼审结后，再行审理环境民事公益诉讼
15	2019	淄博市生态环境局、山东博汇集团有限公司侵权责任纠纷案	(2019)鲁03民初156号	先中止环境民事公益诉讼，待生态环境损害赔偿诉讼审结后，再行审理环境民事公益诉讼
16	2020	谭某、李某裕、贵港市生态环境局等环境污染责任纠纷案	(2020)桂08民初39号	贵港市生态环境局起诉，贵港市人民检察院支持起诉

续表

序号	判决年份	案件名称	案号	衔接类型
17	2020	重庆市大足区生态环境局与孟某武生态环境损害赔偿纠纷案	(2020)渝01民初195号	重庆市大足区生态环境局起诉,重庆市大足区人民检察院支持起诉
18	2021	李某兵、周某波与重庆市大足区规划和自然资源局、杨某旭等生态环境损害赔偿纠纷案	(2021)渝民终40号	重庆市大足区规划和自然资源局起诉,重庆大足区人民检察院支持起诉
19	2022	重庆市梁平区生态环境局与东营荣达物流有限公司、都邦财保东营中心支公司等生态环境损害赔偿纠纷案	(2022)渝02民初1号	重庆市梁平区生态环境局起诉,重庆市人民检察院第二分院支持起诉
20	2022	重庆市大足区生态环境局与张某青、吴某飞等生态环境损害赔偿纠纷案	(2022)渝01民初3262号	重庆市大足区生态环境局起诉,重庆市大足区人民检察院支持起诉

结合以上27件涉及生态环境损害赔偿与环境民事公益诉讼衔接的典型案例,可以从生态环境损害赔偿与环境民事公益诉讼衔接的适用场域、生态环境损害赔偿磋商与环境民事公益诉讼衔接的情形、生态环境损害赔偿诉讼与环境民事公益诉讼衔接模式三个维度展开分析,分别归纳生态环境损害赔偿与环境民事公益诉讼衔接的实践样态和基本特征。

一、生态环境损害赔偿与环境民事公益诉讼衔接的适用场域

从案件发生的地域来看,27件案例分别分布在11个地区,其中

重庆占据6件，占比约为22.2%；山东占据5件，占比约为18.5%；江苏占据3件，占比约为11.2%；贵州、广西、海南、浙江、广东各占2件，占比均约为7.4%；上海、湖北、江西各占1件，占比均约为3.7%。值得注意的是，山东、重庆、贵州、江苏这4个地区属于《生态环境损害赔偿制度改革试点方案》（已废止）确定的试点省份；江苏、山东、湖北、广东、贵州这5个地区属于《检察机关提起公益诉讼改革试点方案》确定的试点省市，发生在以上试点省份的生态环境损害赔偿与环境民事公益诉讼衔接的案例共19件，占比约为70.4%。可见，生态环境损害赔偿与环境民事公益诉讼衔接的案件主要集中在试点省份，其他省份探索的积极性仍有待提高。

从案件类型来看，目前涉及生态环境损害赔偿与环境民事公益诉讼衔接的案件类型主要聚焦在突发环境污染事件、水污染、土壤污染等领域，少数涉及自然保护区、公益林破坏等生态保护领域。从案由来看，27件案例中，有19件是因非法倾倒、处置废渣、垃圾、危险废物导致的突发环境污染事件，占比约为70.4%；有4件涉及超标排放含有重金属的废水等污染物，占比约为14.8%；有2件涉及非法破坏自然保护区，占比约为7.4%；有1件涉及非法占用农地、公益林，占比约为3.7%；有1件涉及企业大气污染物在线监测数据造假，占比约为3.7%。可见，实践中，涉及生态环境损害赔偿与环境民事公益诉讼衔接的案例，多源于违法行为人非法倾倒、处置废渣、工业和建筑垃圾、废碱液、废酸液等危险废物导致的突发环境污染事件、水污染或土壤污染等严重的生态环境损害。

从生态环境损害赔偿数额来看，在27件涉及生态环境损害赔偿与环境民事公益诉讼衔接的案例中，经鉴定评估，生态环境损害赔偿数额在500万元以下的案件有17件，占比约为63.0%；生态环境损害赔偿数额在500万元以上、2000万元以下的案件有5件，占比约为18.5%；数额在2000万元以上的案件有5件，占比约为18.5%。

二、生态环境损害赔偿磋商与环境民事公益诉讼衔接的情形

从司法实践来看，在以上27件涉及生态环境损害赔偿与环境民事公益诉讼衔接的典型案例中，有6件典型案例[①]涉及生态环境损害赔偿磋商与环境民事公益诉讼衔接，具体包括以下几类情形：

1. 赔偿权利人与赔偿义务人开展磋商过程中，邀请有权提起环境民事公益诉讼的社会组织或检察机关参与磋商，磋商达成协议。例如，在"浙江诸暨某企业大气污染生态环境损害赔偿案"中，作为赔偿权利人的绍兴市原环境保护局与赔偿义务人进行生态环境损害赔偿磋商时，邀请有权提起环境民事公益诉讼的绍兴市人民检察院参与磋商，通过部门协作促进磋商协议达成，并推进赔偿责任落实。

2. 赔偿权利人与赔偿义务人开展磋商过程中，邀请有权提起环境民事公益诉讼的社会组织或检察机关参与磋商，磋商未能达成协议，经赔偿权利人建议，由社会组织或检察机关提起环境民事公益诉讼。例如，在"广西壮族自治区钦州市人民检察院诉某锰业有限公司等跨省转移危险废物污染环境民事公益诉讼案"中，检察机关

① 即"浙江诸暨某企业大气污染生态环境损害赔偿案""广西壮族自治区钦州市人民检察院诉某锰业有限公司等跨省转移危险废物污染环境民事公益诉讼案""海南省三亚市人民检察院诉三亚某公司非法侵占自然保护区民事公益诉讼案""山东省潍坊市临朐县人民检察院诉甄某某等6人污染环境刑事附带民事公益诉讼案""北京市丰台区源头爱好者环境研究所与瑞安市鑫豪不锈钢制品厂环境污染责任纠纷案""胡某清非法占用农用地、故意毁坏财物案"。

支持赔偿权利人开展生态环境损害赔偿磋商,但磋商未能达成赔偿协议,赔偿权利人建议检察机关提起环境民事公益诉讼,检察机关经诉前公告程序后依法向人民法院提起环境民事公益诉讼。又如,在“海南省三亚市人民检察院诉三亚某公司非法侵占自然保护区民事公益诉讼案”中,三亚市林业局与赔偿义务人经磋商未果,不自行提起生态环境损害赔偿诉讼,而是将案件线索移送三亚市人民检察院,三亚市人民检察院经诉前公告后依法提起环境民事公益诉讼。再如,在“山东省潍坊市临朐县人民检察院诉甄某某等 6 人污染环境刑事附带民事公益诉讼案”中,临朐县生态环境分局与赔偿义务人开展生态环境损害赔偿磋商未果后,临朐县生态环境分局建议由检察机关提起环境民事公益诉讼,临朐县人民检察院经公告程序依法提起环境民事公益诉讼。

3. 社会组织或检察机关提起环境民事公益诉讼期间,就同一生态环境损害事实,赔偿权利人与赔偿义务人达成磋商协议,环境民事公益诉讼索赔诉请被驳回或撤回。例如,在“北京市丰台区源头爱好者环境研究所与瑞安市鑫豪不锈钢制品厂环境污染责任纠纷案”中,北京市丰台区源头爱好者环境研究所向人民法院提起环境民事公益诉讼,案件开庭审理期间,违法行为人与温州市生态环境局瑞安分局达成生态环境损害赔偿协议,最终法院判决违法行为人公开赔礼道歉、支付律师差旅费,驳回北京市丰台区源头爱好者环境研究所提出的其他诉讼请求。又如,在“胡某清非法占用农用地、故意毁坏财物案”中,人民检察院先行提起刑事附带民事公益诉讼。案件审理期间,巴东县林业局与被告人达成生态环境损害赔偿协议,人民检察院遂向法院撤回附带民事公益诉讼的起诉。

从现有司法实践中存在的三种主要情形来看,生态环境损害赔偿磋商与环境民事公益诉讼之间并未形成常态化的衔接机制。首先,赔偿权利人开展生态环境损害赔偿磋商前,较少将磋商信息向社会予以公告,有权就同一生态环境损害事实提起环境民事公益诉讼的社会组织难以知悉磋商信息,亦难以参与到磋商过程中,进而出现"在生态环境损害赔偿磋商启动期间,社会组织就同一生态环境损害事实提起环境民事公益诉讼"的情形。其次,社会组织提起环境民事公益诉讼前,未将起诉信息告知有生态环境损害索赔权的赔偿权利人,导致赔偿权利人可能因信息不畅通而在环境民事公益诉讼进行期间启动生态环境损害赔偿磋商。最后,生态环境损害赔偿磋商有可能影响已被受理的环境民事公益诉讼的正常进行,造成司法资源不必要的浪费,同时也打击了社会组织提起环境民事公益诉讼的积极性。

三、生态环境损害赔偿诉讼与环境民事公益诉讼的衔接模式

通过梳理上述涉及生态环境损害赔偿诉讼与环境民事公益诉讼衔接的19件典型案例可以发现,在司法实践中,"两诉"之间产生"摩擦"与"碰撞"的九种具体情形可以归纳为三种主要模式,即"生态环境损害赔偿诉讼为主模式"、"环境民事公益诉讼为主模式"以及"双轨并行模式"。

(一)生态环境损害赔偿诉讼为主、环境民事公益诉讼为辅的模式

司法实践中,"生态环境损害赔偿诉讼为主、环境民事公益诉讼为辅"的模式主要包含两种情形,即"有权提起环境民事公益诉讼的检察机关在生态环境损害赔偿诉讼中支持起诉"以及"中止审理环

境民事公益诉讼，优先审理在后提起的生态环境损害赔偿诉讼”。

第一种情形，有权提起环境民事公益诉讼的检察机关没有提起环境民事公益诉讼，而是在生态环境损害赔偿诉讼中担任支持起诉人的角色，助力生态环境损害赔偿诉讼。在19件典型案例中，这一类型的司法裁判共6件，占比约为31.6%。

如在“九江市人民政府与江西正鹏环保科技有限公司、杭州连新建材有限公司等生态环境损害赔偿责任纠纷案”中，九江市人民政府向人民法院提起生态环境损害赔偿诉讼，九江市人民检察院作为支持起诉机关参加诉讼。在“谭某、李某裕、贵港市生态环境局等环境污染责任纠纷案”中，经磋商未达成一致，贵港市生态环境局提起生态环境损害赔偿诉讼，贵港市人民检察院作为支持起诉机关支持贵港市生态环境局起诉。在“重庆市大足区生态环境局与孟某武生态环境损害赔偿案”中，生态环境损害赔偿磋商未达成一致意见，重庆市大足区生态环境局提起生态环境损害赔偿诉讼，重庆市大足区人民检察院支持起诉。在“李某兵、周某波与重庆市大足区规划和自然资源局、杨某旭等生态环境损害赔偿纠纷案”中，重庆市大足区规划和自然资源局提起生态环境损害赔偿诉讼，重庆市大足区人民检察院作为支持起诉机关支持诉讼。在“重庆市梁平区生态环境局与东营荣达物流有限公司、都邦财保东营中心支公司等生态环境损害赔偿诉讼案”中，在磋商未果后，重庆市梁平区生态环境局提起生态环境损害赔偿诉讼，重庆市人民检察院第二分院作为支持起诉机关支持诉讼。在“重庆市大足区生态环境局与张某青、吴某飞等生态环境损害赔偿纠纷案”中，在磋商未果后，重庆市大足区生态环境局提起生态环境损害赔偿诉讼，重庆市大足区人民检察院支持起诉。

第二种情形，秉承“生态环境损害赔偿诉讼优先”的理念，在法院受理社会组织提起环境民事公益诉讼期间，赔偿权利人就同一生态环境严重损害事实提起生态环境损害赔偿诉讼的，法院裁定中止环境民事公益诉讼，待生态环境损害赔偿诉讼审结后，再行审理环境民事公益诉讼。这一类型的环境民事公益诉讼司法判决，多数仅支持原告为诉讼支付的合理费用以及要求被告公开赔礼道歉，涉及的生态环境损害修复或赔偿诉求因已被生态环境损害赔偿诉讼所涵盖而被驳回。

例如，在“中国生物多样性保护与绿色发展基金会与山东金诚重油化工有限公司等侵权责任纠纷案”与“山东省环境保护厅与山东金诚重油化工有限公司等土壤污染责任纠纷案”中，中国生物多样性保护与绿色发展基金会率先向人民法院提起环境民事公益诉讼。立案受理期间，就同一生态环境损害事实，原山东省环境保护厅、济南市章丘区人民政府与多名赔偿义务人开展生态环境损害赔偿磋商，因部分赔偿义务人未能达成磋商协议或未如约履行，原山东省环境保护厅提起生态环境损害赔偿诉讼，人民法院裁定环境民事公益诉讼中止审理，待生态环境损害赔偿诉讼判决后，人民法院继续开庭审理环境民事公益诉讼。但由于中国生物多样性保护与绿色发展基金会的诉讼请求已在生态环境损害赔偿磋商或诉讼中实现，人民法院仅支持被告支付中国生物多样性保护与绿色发展基金会所支付的律师费等为诉讼支出的合理费用，并公开赔礼道歉。

又如，在“中华环保联合会与山东博汇集团有限公司、山东省环境保护科学研究设计院有限公司环境污染责任纠纷案”与“淄博市生态环境局、山东博汇集团有限公司侵权责任纠纷案”中，中华环保联合会率先提起环境民事公益诉讼，在人民法院立案审理过程中，就同一生态环境损害事实，淄博市生态环境局因与赔偿义务人磋商未果而提起生态环境损害赔偿诉讼，人民法院裁定中止环境民事公益诉讼，待生态环境损害赔偿诉讼审理后，继续审理环境民事公益诉讼，最终仅判决被告支付中华环保联合会律师费、差旅费，驳回原告的其他诉讼请求。

（二）环境民事公益诉讼为主、生态环境损害赔偿诉讼为辅的模式

司法实践中，以环境民事公益诉讼为主、生态环境损害赔偿诉讼为辅的衔接模式，主要包括以下四种情形：

第一种情形为，在生态环境严重受损的领域，有权提起生态环境损害赔偿诉讼的赔偿权利人作为支持起诉人，支持检察机关或社会组织提起环境民事公益诉讼。在19件典型案例中，这一类案件有2件。例如，在“广东省环境保护基金会与焦某水污染责任纠纷案”中，广东省环境保护基金会提起环境民事公益诉讼，有权提起生态环境损害赔偿诉讼的广州市天河区环境保护局作为支持起诉人，支持广东省环境保护基金会提起环境民事公益诉讼。又如，在“广东省环境保护基金会与余某发、夏某林水污染责任纠纷案”中，广东省环境保护基金会提起环境民事公益诉讼，有权提起生态环境损害赔偿诉讼的广州市番禺区环境保护局作为支持起诉人支持环境民事公益诉讼。

第二种情形为，在生态环境严重受损的领域，有权提起生态环境损害赔偿诉讼的赔偿权利人，在社会组织或检察机关提起的环境民事公益诉讼中作为第三人参加诉讼。在19件典型案例中，这类案例有2件。例如，在“中国生物多样性保护与绿色发展基金会与

中国铝业股份有限公司、中国铝业股份有限公司贵州分公司侵权责任纠纷案”中，中国生物多样性保护与绿色发展基金会对违法行为人非法采矿导致生态环境严重损害的行为提起环境民事公益诉讼，人民法院依职权追加清镇市站街镇人民政府作为第三人参加诉讼。又如，在“北京市丰台区源头爱好者环境研究所与石柱县园区管理委员会、石柱县鸿盛公司等环境污染责任纠纷案”中，北京市丰台区源头爱好者环境研究所对违法破坏湿地、严重损害生态环境的行为提起环境民事公益诉讼，石柱土家族自治县林业局作为第三人参加诉讼。

第三种情形为，在生态环境严重受损的领域，有权提起生态环境损害赔偿诉讼的赔偿权利人所在单位派员旁听检察机关提起的环境民事公益诉讼。在19件典型案例中，这类案例有1件。例如，在“海南省人民检察院第一分院与澄迈中兴橡胶加工厂有限公司环境污染民事公益诉讼案”中，海南省人民检察院第一分院经诉前公告期满后提起环境民事公益诉讼，负有环境保护监督管理职责的澄迈县生态环境保护局指派工作人员到庭旁听。

第四种情形为，赔偿权利人与赔偿义务人经生态环境损害赔偿磋商未果，赔偿权利人不及时提起生态环境损害赔偿诉讼，而是商请检察机关提起环境民事公益诉讼。例如，在“广西壮族自治区钦州市人民检察院诉某锰业有限公司等跨省转移危险废物污染环境民事公益诉讼案”中，钦州市人民检察院支持生态环境局开展生态环境损害赔偿磋商，然而，磋商未能达成赔偿协议，生态环境局建议钦州市人民检察院依法提起民事公益诉讼，钦州市人民检察院经诉前公告，向人民法院就同一生态环境损害事实提起环境民事公益诉讼。

(三)生态环境损害赔偿诉讼与环境民事公益诉讼双轨并行的模式

司法实践中,生态环境损害赔偿诉讼与环境民事公益诉讼双轨并行的模式主要指基于同一严重损害生态环境的行为,生态环境损害赔偿诉讼与环境民事公益诉讼并轨运行,无优先序位之别。主要包括以下三种情形:

第一种情形为,在生态环境严重受损的领域,有权提起生态环境损害赔偿诉讼的赔偿权利人,申请参加社会组织提起的环境民事公益诉讼,经人民法院准许列为共同原告。例如,在“江苏省环保联合会与德司达(南京)染料有限公司环境污染民事公益诉讼案”中,德司达公司因非法倾倒废硫酸造成严重环境污染,被判污染环境罪。江苏省环保联合会提起环境民事公益诉讼。人民法院立案公告期间,江苏省人民政府申请参加诉讼,经人民法院准许列为共同原告。

第二种情形为,基于同一严重损害生态环境的行为,适格主体分别提起生态环境损害赔偿诉讼与环境民事公益诉讼,两类诉讼分别立案,合并审理。例如,在“重庆市人民政府、重庆两江志愿服务发展中心与首旭环保公司、藏金阁公司环境污染责任纠纷案”中,重庆市人民政府提起生态环境损害赔偿诉讼,人民法院另行受理重庆两江志愿服务发展中心提起的环境民事公益诉讼,因生态环境损害赔偿诉讼与环境民事公益诉讼是基于同一事实提起的两个有牵连关系的诉讼,经各方当事人同意,人民法院决定依法将两案进行合并审理。

第三种情形为,基于同一严重损害生态环境行为,适格主体分别提起生态环境损害赔偿诉讼与环境民事公益诉讼，人民法院分别立案，分别审理。例如，在“无锡市锡山区人民政府厚桥街道办事处与上海市闵行区梅陇镇城市网格化综合管理中心、陈某东等环境污染责任纠纷案”与“中华环保联合会与上海市闵行区梅陇镇城市网格化综合管理中心等生态环境损害赔偿责任纠纷案”中，无锡市锡山区人民政府厚桥街道办事处就其已支付的应急处置等费用提起生态环境损害赔偿诉讼，人民法院立案受理。审理过程中，中华环保联合会就同一环境污染行为向人民法院提起环境民事公益诉讼，要求被告承担生态环境修复费、环境服务功能损失费等相关费用。人民法院认为无锡市锡山区人民政府厚桥街道办事处主张的应急处置等费用与中华环保联合会主张的生态环境修复费、环境服务功能损失费等相关费用不同，两类诉讼可以分别立案、分别审理。

第二节　生态环境损害赔偿与环境行政公益诉讼衔接的实践样态

在中国裁判文书网、最高人民法院网、最高人民检察院网、生态环境部网等网站上，以“环境行政公益诉讼”和“生态环境损害赔偿”作为关键词进行检索，剔除重复信息和无关信息，共筛选出12件涉及生态环境损害赔偿与环境行政公益诉讼衔接的相关典型案例。内容如表3－4所示。

表3-4　生态环境损害赔偿与环境行政公益诉讼衔接的相关典型案例

序号	案件发生年份	案件名称	制发检察建议的检察机关	赔偿权利人	检察建议内容	后续跟踪情况
1	2017	龙游县环保局诉绿益新公司非法倾倒导致生态环境损害赔偿案[1]	龙游县人民检察院	龙游县环保局、石佛乡人民政府、塔石镇人民政府	建议向赔偿义务人追偿应急处置费用	制发检察建议的检察机关督促追偿应急处置费用，与县环保局共同推动磋商工作
2	2017	泗洪县人民检察院督促江苏省海洋与渔业局依法履行生态环境损害索赔职责公益诉讼案[2]	泗洪县人民检察院	江苏省海洋与渔业局	建议向赔偿义务人索赔	制发检察建议的检察机关发出督促履职检察建议，跟进调查
3	2017	吉水县人民检察院督促县林业局、县生态环境局依法履行生态环境损害索赔职责公益诉讼案[3]	吉水县人民检察院	吉水县林业局、吉水县生态环境局	要求履行生态环境损害赔偿职责，启动生态环境损害赔偿磋商	制发检察建议的检察机关针对磋商协议提出意见
4	2018	镇平县人民检察院督促镇平县自然资源局依法履行生态环境损害索赔职责公益诉讼案[4]	镇平县人民检察院	镇平县自然资源局	建议启动生态环境损害赔偿磋商	制发检察建议的检察机关"诉前检察建议+支持生态环境损害赔偿磋商+申请司法确认"

续表

序号	案件发生年份	案件名称	制发检察建议的检察机关	赔偿权利人	检察建议内容	后续跟踪情况
5	2018	江苏省泰州市人民检察院督促泰兴市人民政府依法履行生态环境损害索赔职责案[5]	泰州市人民检察院	泰兴市人民政府	建议尽快查明污染责任主体，启动生态环境损害赔偿程序	制发检察建议的检察机关督促指导，全程支持配合
6	2018	海安市人民检察院督促海安市环保局及白甸镇人民政府依法履行生态环境损害索赔职责公益诉讼案[6]	海安市人民检察院	海安市环保局及海安市白甸镇人民政府	建议启动生态环境损害赔偿磋商追偿生态环境损害赔偿费用	制发检察建议的检察机关积极引导、提供法律支持和帮助
7	2018	江苏省启东市人民检察院督促启东市生态环境局依法履行生态环境损害索赔职责公益诉讼案[7]	启东市人民检察院	启东市生态环境局	建议开展生态环境损害赔偿磋商工作	制发检察建议的检察机关持续跟进监督，见证磋商
8	2019	重庆两江新区某企业非法倾倒混凝土泥浆生态环境损害赔偿案[8]	重庆市人民检察院	重庆市生态环境局两江新区分局	建议开展生态环境损害赔偿磋商	制发检察建议的检察机关推动生态环境损害赔偿工作
9	2019	如皋市人民检察院督促如皋市生态环境局依法履行生态环境损害索赔职责案[9]	如皋市人民检察院	如皋市生态环境局	建议启动生态环境损害赔偿磋商	制发检察建议的检察机关督促磋商，同时积极与如皋市生态环境局共同推动生态环境损害赔偿磋商工作

续表

序号	案件发生年份	案件名称	制发检察建议的检察机关	赔偿权利人	检察建议内容	后续跟踪情况
10	2020	山东省潍坊市临朐县人民检察院诉甄某某等6人污染环境刑事附带民事公益诉讼案[10]	山东省临朐县人民检察院	潍坊市生态环境局临朐分局	督促依法履行职责，启动生态环境损害赔偿磋商	制发检察建议的检察机关对生态环境损害赔偿磋商持续跟进监督
11	2020	桐柏县人民检察院督促县自然资源局、县林业局依法履行生态环境损害索赔职责公益诉讼案[11]	桐柏县人民检察院	桐柏县自然资源局、桐柏县林业局	建议启动生态环境损害赔偿磋商	制发检察建议的检察机关"诉前检察建议+支持生态环境损害赔偿磋商+申请司法确认"
12	2020	海南省三亚市人民检察院诉三亚某公司非法侵占自然保护区民事公益诉讼案[12]	三亚市人民检察院	三亚市林业局	建议依法履行职责，启动生态环境损害赔偿磋商	磋商无果，三亚市人民检察院提起环境民事公益诉讼

〔1〕参见林建平、陈慧玲:《三份检察建议，促成一起生态环境损害赔偿磋商案圆满结案》，载浙江省衢州市人民检察院网，http://www.quzhou.jcy.gov.cn/fyjj/201808/t20180806_2317496.shtml。

〔2〕参见宿迁市检察院:《【以案释法】泗洪县检察院督促江苏省海洋与渔业局履行渔业资源损害索赔职责案》，载宿迁市人民检察院网2018年1月3日，http://sq.jsjc.gov.cn/zt/yasf/201812/t20181219_705927.shtml。

〔3〕参见肖玉婷:《首例！吉水县生态环境损害赔偿磋商会成功召开》，载江西政法网，http://www.jxzfw.gov.cn/2020/0924/2020092426133.html。

〔4〕参见镇平县检察院管理员:《镇平县检察院办理全省首例生态环境损害赔偿司法确认案件》，载镇平县人民检察院网2020年12月30日，http://www.zpjcy.gov.cn/sitesources/zpxjcy/page_pc/zxdt/article522b4c46142345329a7f07a30e96ec4c.html。

〔5〕参见南阳市人民检察院:《江苏省泰州市人民检察院督促泰兴市政府依法履行生

态环境损害赔偿职责公益诉讼案》,载南阳市人民检察院网 2019 年 10 月 11 日,http://www. nanyang. jcy. gov. cn/sitesources/nysjcy/page _ pc/yasf/articleac91395d58934887a8c07bdbdfdac575. html。

〔6〕参见江苏省检察院:《无人机调查取证"如虎添翼"—检察建议 + 支持申请司法确认 江苏检察开启公益诉讼办理新模式》,载江苏检察网 2018 年 6 月 17 日,https://www. jsjc. gov. cn/m/yaowen/201806/t20180615_473152. shtml。

〔7〕参见检察日报:《江苏南通:积极构建江海检察生态保护体系》,载最高人民检察院网,https://www. spp. gov. cn/spp/zdgz/201908/t20190814_428365. shtml。

〔8〕参见生态环境部办公厅:《关于印发生态环境损害赔偿磋商十大典型案例的通知》,载生态环境部网 2020 年 4 月 30 日,https://www. mee. gov. cn/xxgk2018/xxgk/xxgk06/202005/t20200506_777835. html。

〔9〕参见江苏检察网:《如皋市检察院推动该市首例生态环境损害赔偿磋商案达成协议》,载徐州市贾汪区人民检察院网,http://xzjw. jsjc. gov. cn/jianwu/dwjs/201911/t20191126_930028. shtml。

〔10〕参见最高人民检察院:《生态环境保护检察公益诉讼典型案例》,载最高人民检察院网,https://www. spp. gov. cn/spp/xwfbh/wsfbt/202307/t20230707_620946. shtml#2。

〔11〕参见《南阳首例:"百亩矿山生态损害赔偿环境修复项目"正式开工》,载桐柏县人民政府网 2021 年 1 月 14 日,http://web. tongbai. gov. cn/mobile/zwzx/jrzw/webinfo/2021/01/1610004968936686. htm。

〔12〕参见最高人民检察院:《【典型案例】海南省三亚市人民检察院诉三亚某公司非法侵占自然保护区民事公益诉讼案》,载鄂尔多斯市人民检察院网,http://www. ordos. jcy. gov. cn/yasf/202306/t20230608_4171934. shtml。

从以上典型案例来看,司法实践中,在生态环境受到严重损害的领域,检察机关通过制发诉前检察建议督促省级、市地级政府及其指定的部门、机构开展生态环境损害赔偿磋商,取得较好的实效。下文拟从生态环境损害赔偿与环境行政公益诉讼衔接的适用范围以及衔接机制两个维度对实践案例进行梳理和分析。

一、生态环境损害赔偿与环境行政公益诉讼衔接的适用场域

从案件发生的地域来看,12 件案例分别分布在江苏省、浙江省、河南省、山东省、重庆市和海南省、江西省。其中,分布在江苏省的案件有 5 件,占比约为 41. 7%;分布在河南省的案例有 2 件,占比约为 16. 7%;分布在浙江省、山东省、重庆市、江西省和海南省的案

例各1件。由于江苏省既是检察公益诉讼的试点省份,亦是生态环境损害赔偿制度的试点省份,因此,江苏省开展以检察公益诉讼督促生态环境损害索赔的司法实践较为积极,也为研究和探讨生态环境损害赔偿与环境行政公益诉讼衔接的司法现状提供了鲜活的素材。

从制发检察建议的主体来看,在12件典型案例中,市级检察机关督促生态环境损害索赔的案件有6件,占比50%;县级检察机关督促生态环境损害索赔的案例有6件,占比50%。市级检察机关和县级检察机关在探索以行政公益诉讼督促生态环境损害索赔工作方面的积极性相当,甚至出现县级机关以诉前检察建议督促省级赔偿权利人积极索赔的案例,如"泗洪县人民检察院督促江苏省海洋与渔业局依法履行生态环境损害索赔职责公益诉讼案"。

从案件案由来看,目前涉及生态环境损害赔偿与环境行政公益诉讼衔接的12件案件中,有4件涉及非法倾倒、处置废渣、垃圾、危险废物导致严重水污染、土壤污染等;占比约为33.3%;有3件涉及违法超标排放含有重金属的废水导致环境严重污染,占比25%;有3件涉及违法建设或非法采矿导致耕地、自然保护区等生态环境遭受严重破坏,占比25%;有2件涉及在封湖禁渔期非法捕捞、收购国家二级保护动物等严重破坏野生动物行为,占比约为16.7%。可见,检察机关以诉前检察建议督促赔偿权利人依法履行生态环境损害索赔职责的范围兼顾环境污染和生态破坏领域,覆盖面较广。

二、以诉前检察建议督促生态环境损害赔偿磋商

从目前司法实践来看,涉及生态环境损害赔偿与环境行政公益

诉讼衔接的案例，均集中在检察机关以诉前检察建议督促赔偿权利人开展生态环境损害赔偿磋商、赔偿权利人采纳检察建议并与赔偿义务人开展磋商的领域。暂未出现检察机关以检察建议督促赔偿权利人提起生态环境损害赔偿诉讼的情形，亦未出现检察机关督促赔偿权利人开展生态环境损害磋商或诉讼，赔偿权利人仍不开展，检察机关提起环境行政公益诉讼的情形。诉前检察建议在督促赔偿权利人成功开展生态环境损害赔偿磋商领域发挥着重要作用。实践中，检察机关以诉前检察建议督促生态环境损害赔偿磋商主要是为了追偿两个方面的费用：应急处置费用以及生态环境损害修复赔偿费用。

在“龙游县环保局诉绿益新公司非法倾倒导致生态环境损害赔偿案”中，龙游县人民检察院在履职过程中发现，龙游县环保局、石佛乡人民政府、塔石镇人民政府代为处置危险废物，但相关部门未追偿应急处置费，从而造成国有资产流失。于是，龙游县人民检察院发出行政公益诉讼诉前检察建议，督促龙游县环保局、石佛乡人民政府、塔石镇人民政府向相关责任人追偿应急处置费用，同时与龙游县环保局共同推动生态环境损害赔偿磋商工作。衢州市人民政府指定龙游县环保局与绿益新公司签署了赔偿磋商协议。

在“泗洪县人民检察院督促江苏省海洋与渔业局依法履行生态环境损害索赔职责公益诉讼案”中，马某军、马某1、马某2在封湖禁渔期非法捕捞，被追究刑事责任。泗洪县人民检察院在履职过程中发现，负有渔业（淡水）资源损害索赔责任的江苏省海洋与渔业局未依法对该案中损害渔业资源的行为进行索赔，怠于履行渔业资源管理职责。于是，泗洪县人民检察院向江苏省海洋与渔业局发出检察建议，督促其向违法行为人索赔。江苏省海洋与渔业局采纳检察建议,并开展生态环境损害索赔。

在“吉水县人民检察院督促县林业局、县生态环境局依法履行生态环境损害索赔职责公益诉讼案”中,吉水县人民检察院向县林业局、县生态环境局送达检察建议,要求其履行赔偿权利人相关职责,对生态环境损害依法索赔。县林业局、县生态环境局采纳检察建议,作为赔偿权利人与赔偿义务人胡某某进行磋商并签署了生态环境损害赔偿协议。

在“镇平县人民检察院督促镇平县自然资源局依法履行生态环境损害索赔职责公益诉讼案”中,镇平县某公司违法建设导致原有耕地种植条件严重损坏,破坏耕地未修复。镇平县人民检察院向该县自然资源局发出检察建议,督促该局积极开展生态环境损害赔偿磋商工作。镇平县人民检察院牵头并联合县自然资源局与赔偿义务人多次磋商,最终签订了生态环境损害赔偿协议。

在“江苏省泰州市人民检察院督促泰兴市人民政府依法履行生态环境损害索赔职责案”中,泰州市人民检察院向泰兴市人民政府送达检察建议,建议其尽快查明污染责任主体、启动生态环境损害赔偿程序。泰州市、泰兴市两级政府采纳检察建议并积极启动生态环境损害赔偿程序。泰兴市人民政府与相关责任主体磋商并达成生态环境修复协议。

在“海安市人民检察院督促海安市环保局及白甸镇人民政府依法履行生态环境损害索赔职责公益诉讼案”中,赔偿义务人通过渗坑排放有毒酸洗废水,对周边环境造成了严重污染,涉嫌污染环境罪。市环保局、白甸镇人民政府应急处置受污染的环境后未进行索赔,导致国有资产流失。海安市人民检察院向市环保局及白甸镇人民政府发出诉前检察建议,市环保局、白甸镇人民政府积极向赔偿义务人追偿生态环境损害赔偿费用。

在“江苏省启东市人民检察院督促启东市生态环境局依法履行生态环境损害索赔职责公益诉讼案”中，启东市人民检察院在履职过程中发现，赔偿义务人偷排危险废物对水体造成严重污染，即发出诉前检察建议督促启东市环保局及时开展赔偿磋商。启东市环保部门采纳建议并主动与赔偿义务人磋商签署了生态环境损害赔偿协议。

在“重庆两江新区某企业非法倾倒混凝土泥浆生态环境损害赔偿案”中，重庆市人民检察院在履职过程中发现某企业未采取防渗措施，导致泥浆水长期渗漏，严重污染和破坏农田，即发送检察建议书推动生态环境损害赔偿工作。赔偿权利人指定的部门与赔偿义务人磋商并达成磋商协议。

在“如皋市人民检察院督促如皋市生态环境局依法履行生态环境损害索赔职责案”中，如皋市人民检察院在履职过程中发现如皋市生态环境局怠于履行索赔职责，即发出行政公益诉讼诉前检察建议，南通市如皋生态环境局经督促启动赔偿磋商程序，并与赔偿义务人签订了生态环境损害赔偿协议。

在“山东省潍坊市临朐县人民检察院诉甄某某等6人污染环境刑事附带民事公益诉讼案”中，违法行为人违法将酸性废液运至临朐县放置、填埋，案发地废液泄漏严重污染环境，临朐县人民检察院在履职过程中向潍坊市生态环境局临朐分局发出行政公益诉讼诉前检察建议，督促其立即履行生态应急修复职责、开展生态环境损害赔偿磋商。

在“桐柏县人民检察院督促县自然资源局、县林业局依法履行生态环境损害索赔职责公益诉讼案”中，桐柏县鸿运石材厂在矿山非法采矿,严重破坏了周边生态环境。桐柏县人民检察院在南阳市人民检察院指导下,督促桐柏县自然资源局、县林业局开展生态环境损害索赔工作,县自然资源局、县林业局与赔偿义务人进行磋商并签署了生态环境损害赔偿协议。

在“海南省三亚市人民检察院诉三亚某公司非法侵占自然保护区民事公益诉讼案”中,赔偿义务人未批先建,严重破坏自然保护区森林资源。三亚市林业局未及时履行责令补种、追缴代履行费用等职责,检察机关制发行政公益诉讼诉前检察建议督促三亚市林业局依法责令补种、追缴代履行费用并开展生态环境损害赔偿磋商。

第三节　生态环境损害赔偿与环境公益诉讼衔接的实证审视

从党中央、国务院、最高人民法院、最高人民检察院颁布的政策性文件、司法解释到各地区出台的地方规范性文件,我国涉及生态环境损害赔偿与环境公益诉讼衔接的问题存在大量的立法空白,仍须不断优化与完善。从生态环境损害赔偿与环境公益诉讼衔接的典型案件之情况来看,我国生态环境损害赔偿与环境公益诉讼的衔接机制多元并存,尚未形成较为统一的常态化机制。因此,本节拟结合规范文本与典型案例,着重审视生态环境损害赔偿与环境民事公益诉讼衔接、生态环境损害赔偿与环境行政公益诉讼衔接中存在的几个重要问题,为后续研究衔接机制的理论逻辑和制度设计提供较为明确的问题导向。

一、生态环境损害赔偿与环境民事公益诉讼衔接的实证审视

(一)适用范围尚未严格限制和细化

如前所述,生态环境损害赔偿与环境公益诉讼的适用范围存在包含关系。生态环境损害赔偿仅适用于穷尽行政手段仍无法救济的生态环境严重损害,而环境公益诉讼的适用范围还包括生态环境一般损害以及重大环境风险。只有在生态环境损害赔偿适用范围内,生态环境损害赔偿与环境公益诉讼才有制度衔接的空间。《最高人民法院关于审理生态环境损害赔偿案件的若干规定(试行)》明确将我国生态环境损害赔偿的适用范围规定为以下三类情形:(1)发生较大、重大、特别重大突发环境事件的;(2)在国家和省级主体功能区规划中划定的重点生态功能区、禁止开发区发生环境污染、生态破坏事件的;(3)发生其他严重影响生态环境后果的。根据《突发环境事件分级标准》,能较明确地判断所发生的生态环境损害事件是否属于"较大突发环境事件""重大突发环境事件""特别重大突发环境事件"。国务院编制实施的全国主体功能区规划以及各省级政府编制的省级主体功能区的相关规则,明确了优化开发、重点开发、限制开发和禁止开发四类主体功能区的功能定位、发展方向以及管制原则等要求,能帮助我们较清晰地判断该事件是否属于在重点生态功能区、禁止开发区发生的环境污染或生态破坏事件。而"发生其他严重影响生态环境后果"的兜底授权性规定则较为模糊。各地区进一步根据地方实际情况,综合考虑环境污染、生态破坏程度以及社会影响等因素,以地方规范性文件的形式细化了"其他严重影响生态环境后果"的情形。然而,综观各地规范性文件,除

部分地区“照搬”《生态环境损害赔偿制度改革方案》有关适用范围的规定外,大多数地区结合当地实际对本行政区域内“其他严重影响生态环境后果”的情形进行了一定程度上的细化,甚至授权赔偿权利人或检察机关进行确定。但立法未明确扩大的标准和限度,肆意扩张生态环境损害赔偿适用范围有违生态环境损害赔偿制度设定的初衷。此外,根据《立法法》的规定,诉讼属于立法保留事项,政策性文件、司法解释、地方性法规不同于法律,难以对生态环境损害赔偿的适用范围产生严格意义上的法律效力,因而亦难以为相关司法实践提供明确、可操作的法律指引。通过对生态环境损害赔偿与环境公益诉讼衔接的典型案例进行梳理,笔者发现大多数案例并未对“严重生态环境损害”进行限定。

应当明确的是,在环境污染、生态破坏事件较为频发且重大环境风险不断涌现的当下,如果不在法律层面严格限定“严重生态环境损害”的界限和标准,想当然地将一般生态环境损害,甚至是重大环境风险纳入生态环境损害赔偿的适用范围,会泛化生态环境损害赔偿制度的功能定位,模糊生态环境损害赔偿与环境公益诉讼的适用边界,并加大生态环境损害赔偿与环境公益诉讼重叠、冲突的可能性。

(二)生态环境损害赔偿磋商与环境民事公益诉讼的衔接不畅

现有规范性文件尚未对生态环境损害赔偿磋商期间,适格主体是否能就同一严重损害生态环境的行为提起环境民事公益诉讼作出明确规定,亦未明确法律规定的机关或有关组织提起环境民事公益诉讼期间,赔偿权利人能否就同一严重损害生态环境的行为开展生态环境损害赔偿磋商。缺失的立法导致司法实践难以形成常态化模式。针对同一严重生态环境损害事实,至少存在两种生态环境损害赔偿磋商与环境民事公益诉讼冲突或重叠的情形,即赔偿权利人及其指定的部门或机构开展生态环境损害赔偿磋商过程中,法律规定的机关或有关组织另行提起环境民事公益诉讼;法律规定的机关或有关组织提起环境民事公益诉讼后,赔偿权利人及其指定的部门或机构另行开展生态环境损害赔偿磋商。

在第一种情形中,赔偿权利人准备或正在启动生态环境损害赔偿磋商程序,由于并未向社会公开,有权提起环境民事公益诉讼的适格主体并不知情,进而同期提起环境民事公益诉讼。我国生态环境损害赔偿相关的国家层面和地方层面的文件虽原则上鼓励社会组织、鉴定评估专家、调解机构、人民检察院等第三方参与磋商,但相关规范并未对有权参与磋商的主体范围进行界定。此外,赔偿权利人与赔偿义务人开展生态环境损害赔偿磋商前需要履行哪些程序,赔偿权利人是否应当告知人民法院或者向社会公告?《生态环境损害赔偿制度改革方案》及《最高人民法院关于审理生态环境损害赔偿案件的若干规定(试行)》亦未作明确规定。笔者在梳理各地区制定的涉及生态环境损害赔偿磋商的地方规范性文件后发现,大多数地区(如山东、江苏、广东、湖南、安徽、上海、内蒙古等)规定可以邀请专家和利益相关的公民、法人、其他组织参加生态环境损害赔偿磋商工作;有的地区(如山东、安徽、内蒙古等)规定可以书面告知相关人民法院和人民检察院;有的地区(如杭州、湖南)规定赔偿权利人启动损害调查和鉴定评估或组织磋商的,应及时告知同级检察机关或邀请检察机关参与磋商;极少数地区(如江苏)规定赔偿权利人指定的部门或机构应在磋商前在门户网站向社会公告磋商日期和地点。因此,社会组织很可能因未做专门调查或难以及时获取磋商信息而不知赔偿权利人准备或已启动生态环境损害赔偿磋商程序,遂针对同一严重生态环境损害事实向人民法院提起环境民事公益诉讼;人民法院也可能因未接到生态环境损害赔偿磋商通知而受理基于同一事由而提起的环境民事公益诉讼。

在第二种情形中,社会组织或检察机关提起环境民事公益诉讼期间,赔偿权利人针对同一生态环境损害事实启动生态环境损害赔偿磋商并达成磋商协议,进而达到中止环境民事公益诉讼的效果。我国《最高人民法院关于审理环境民事公益诉讼案件适用法律若干问题的解释》第 12 条规定"人民法院受理环境民事公益诉讼后,应当在十日内告知对被告行为负有环境资源保护监督管理职责的部门",有的地区(如北京)亦规定"各级检察院对在履行职责中发现的破坏生态环境行为,拟提起民事公益诉讼的,应当依法公告,公告期为 30 天,并告知有关生态环境损害赔偿权利人及其指定的部门或机构"。然而,上述内容虽然规定了社会组织或检察机关提起环境民事公益诉讼前的告知程序,但对于赔偿权利人启动生态环境损害赔偿磋商并没有时间限制或强制要求,因此,社会组织或检察机关提起环境民事公益诉讼后,受理法院书面告知对涉案严重损害生态环境的行为有索赔权的赔偿权利人,赔偿权利人未及时开展甚至不打算开展生态环境损害赔偿磋商,而在人民法院审理环境民事公益诉讼期间,迫于政治压力或监督考核等原因,赔偿权利人又启动生态环境损害赔偿磋商的,可能导致生态环境损害赔偿磋商与环境民事公益诉讼之间的重叠或冲突。如不对此种情形进行规定或限制,一方面会打击社会组织的积极性,另一方面将导致司法资源不必要的浪费。

申言之,法律并未明确规定赔偿权利人在准备磋商阶段应当向社会公告,故生态环境损害赔偿磋商启动期间,社会组织可能同时提起环境民事公益诉讼。法律亦未明确规定社会组织或检察机关拟提起环境民事公益诉讼之前,应当告知有权提起生态环境损害赔偿磋商的赔偿权利人,赔偿权利人不启动生态环境损害赔偿磋商的,社会组织或检察机关方能提起环境民事公益诉讼,故社会组织或检察机关提起了环境民事公益诉讼,在该诉讼审理期间,赔偿权利人可能启动生态环境损害赔偿磋商程序。生态环境损害赔偿磋商与环境民事公益诉讼衔接规定的缺失,导致两者在实践适用中难以相互阻断,并引发重叠和冲突。诚如学者所言,在启动一项程序的同时又启动另一项程序,这违背了经济效率原则,既增加了工作成本,又浪费了司法资源。①

(三)生态环境损害赔偿诉讼与环境民事公益诉讼的衔接不统一

通过前文的分析,笔者发现,虽然我国已有针对生态环境损害赔偿诉讼与环境民事公益诉讼衔接的司法解释,但总体而言,我国涉及生态环境损害赔偿诉讼与环境民事公益诉讼衔接的规范内容不统一。

其一,有的规范性文件支持生态环境损害赔偿诉讼为主模式。如《最高人民法院关于审理生态环境损害赔偿案件的若干规定(试行)》第17条规定,人民法院受理因同一损害生态环境行为提起的生态环境损害赔偿诉讼案件和环境民事公益诉讼案件的,优先审理生态环境损害赔偿诉讼案件。有的地区(如江苏、天津、上海等)规定同时提起生态环境损赔偿诉讼和环境民事公益诉讼的,优先受理

① 参见黄胜开:《生态环境损害赔偿诉讼的法理辨析与机制协调》,载《理论月刊》2022年第1期。

生态环境损害赔偿诉讼,环境民事公益诉讼案件应当中止审理,待生态环境损害赔偿诉讼案件审结后再恢复审理。

其二,有的规范性文件支持环境民事公益诉讼为主模式。如《杨浦区生态环境损害赔偿制度改革工作实施方案》规定:“对同一违法行为,法院已经受理环境民事公益诉讼的,一般不再启动生态环境损害赔偿程序,区生态环境局等相关部门提供专业支持。”

其三,有的规范性文件支持生态环境损害赔偿诉讼与环境民事公益诉讼双轨并行模式。如《最高人民法院关于审理环境民事公益诉讼案件适用法律若干问题的解释》第 10 条为人民法院将基于同一生态环境损害事实而提起环境民事公益诉讼的起诉主体与有权提起生态环境损害赔偿诉讼的赔偿权利人列为共同原告提供了适法依据;《湖南省生态环境损害赔偿磋商管理办法》规定,当生态环境损害赔偿磋商未达成一致时,赔偿权利人应提起生态环境损害赔偿诉讼或商请由适格主体提起环境民事公益诉讼。

立法对生态环境损害赔偿诉讼与环境民事公益诉讼衔接模式的规定不统一,引发了司法实践中裁判结果的不统一。如前所述,生态环境损害赔偿诉讼与环境民事公益诉讼衔接的司法实践至少包括三种模式九种情形。司法实践乱象丛生的根本原因在于立法摇摆不定以及对生态环境损害赔偿诉讼与环境民事公益诉讼的理论依据、价值功能和逻辑关系定位不清。生态环境损害赔偿诉讼为主模式凸显了赔偿权利人的专业优势和生态环境损害赔偿诉讼的制度价值,但忽视了从立法上设计具有可操作性且兼顾经济效率的衔接机制,以避免适格主体同期提起环境民事公益诉讼而造成司法资源不必要的浪费。环境民事公益诉讼为主模式会导致社会组织或检察机关越过赔偿权利人对生态环境损害赔偿责任的调处和索赔而径直启动环境民事公益诉讼,或者赔偿权利人消极对待索赔诉讼职责而直接依托环境民事公益诉讼的裁判结果,带有一种诉诸环境民事公益诉讼的惯性倾向,这些表现均忽视了环境民事公益诉讼仅在行政救济(包括刚性执法和柔性执法)无法充分发挥作用时发挥补充功能的特点。生态环境损害赔偿诉讼与环境民事公益诉讼双轨并行模式受司法诉讼中"不得拒绝裁判"理念的影响,为确保严重的生态环境损害得到全面有效救济,人民法院可能通过法律解释将生态环境损害赔偿诉讼与环境民事公益诉讼作为两项完全独立的诉讼制度,但这忽视了两种诉讼之间微妙的逻辑关系和衔接机理,进而使具有共同价值使命的两项制度共同运行,导致司法资源不必要的浪费。

二、生态环境损害赔偿与环境行政公益诉讼衔接的实证审视

通过前文对生态环境损害赔偿与环境行政公益诉讼衔接规范和典型案例的梳理和分析,笔者发现,对生态环境损害赔偿与环境民事公益诉讼衔接机制而言,生态环境损害赔偿与环境行政公益诉讼的衔接机制更为薄弱。二者衔接机制的完善对督促赔偿权利人依法行使生态环境损害索赔权,进一步落实生态环境损害赔偿制度具有重要意义。

从理论上来说,一旦出现生态环境损害赔偿适用范围内的生态环境严重损害,环境行政监管部门依法穷尽现有行政执法手段仍未能实现生态环境损害修复或赔偿的,享有法定职责的赔偿权利人应当依法启动生态环境损害赔偿磋商,并在无法磋商或磋商协议无法达成时及时依法提起生态环境损害赔偿诉讼。检察机关有权通过诉前检察建议或环境行政公益诉讼,督促赔偿权利人依法启动生态环境损害赔偿磋商或提起生态环境损害赔偿诉讼。目前,仅有极少

数地方规范性文件规定检察机关有权以行政公益诉讼督促赔偿权利人开展生态环境损害赔偿磋商或诉讼。实践中,部分地区的检察机关积极以诉前检察建议督促赔偿权利人启动生态环境损害赔偿磋商并达成协议。得益于环境行政公益诉讼诉前程序的过滤功能,司法实践尚未出现检察机关向人民法院提起环境行政公益诉讼以督促赔偿权利人启动生态环境损害赔偿磋商或诉讼的情形。总体而言,生态环境损害赔偿与环境行政公益诉讼衔接仍存在诸多规范和实践层面的不足。

(一)"诉前建议+协助磋商"成常态

司法实践中,检察机关在发出诉前检察建议督促赔偿权利人启动生态环境损害赔偿磋商程序后,为保障制度落实到位,积极为赔偿权利人开展索赔工作提供指导和司法支持,甚至直接介入生态环境损害赔偿磋商或诉讼中,与赔偿权利人"联合开展索赔工作"。检察机关的角色无形中由监督者转化为支持者。例如,在"龙游县人民检察院督促龙游县环保局等单位向相关责任人追偿应急处置费用公益诉讼案"中,检察机关发出督促索赔的诉前检察建议后,全程与龙游县环保局等部门联合推进生态环境损害赔偿程序,与其一同进行现场调查、证据分析等工作,在后续的磋商环节,更是与龙游县环保局等部门联合组成磋商团队,共同与赔偿义务人进行磋商。但根据《立法法》、《生态环境损害赔偿制度改革方案》和相关规范性文件的规定,检察机关作为法律监督机关,并不属于赔偿权利人的范畴,与赔偿权利人或其指定的部门"联合索赔"的做法有待商榷。所谓"协作平台""圆桌会议",实际上仍然是检察机关主动谋求与行政机关及其所属的地方政府建立高度联合的状态,希冀强化这一动员型行政公益诉讼组织方式的效用。检察机关对此也似乎形成了进一步的路径依赖，频繁与行政机关搭建“协作平台”，创设“圆桌会议”，以保证行政机关的反馈效率。① 不可否认，短期内达到索赔效果固然有利于节约司法资源，提高行政效率，但行政权与法律监督权的高度联合容易导致权力腐败，此非长久之计。一方面，检察机关与赔偿权利人的权责分工不明，不利于环境行政公益诉讼制度司法监督功能的发挥。检察机关承担辅助、支持赔偿权利人开展索赔的职责，将弱化其法律监督职能。实践中，检察机关与赔偿权利人“联合索赔”的做法使检察机关“一身二任”，直接参与生态环境损害赔偿案件中，导致检察机关既是“运动员”又是“裁判员”。不仅如此，检察机关工作人员在处理生态环境损害赔偿问题方面并不具备专业知识和技能，即使承担为生态环境损害赔偿案件的办理提供指导、对案件发表专业意见等职责，充其量也只能回应赔偿权利人提出的部分证据固定、法律适用问题，无法为赔偿权利人提供与索赔相关的专业支撑和技术服务。另一方面，在检察机关参与赔偿权利人启动的生态环境损害赔偿磋商过程中，检察机关与赔偿权利人的权责分工不明，增加了作为赔偿权利人的行政机关怠于履行索赔职责、消极应付检察机关跟进调查的风险，生态环境损害赔偿与环境行政公益诉讼难以各自发挥制度优势。

（二）诉前检察建议的内容缺乏权威性和具体性

笔者通过实地采访、问卷调研发现，各地检察机关对赔偿权利人提起生态环境损害赔偿的依据理解不一。有的检察机关认为，赔

---

① 参见梁鸿飞：《预防型行政公益诉讼：迈向“过程性规制”的行政法律监督》，载《华中科技大学学报（社会科学版）》2020 年第 4 期。

偿权利人提起生态环境损害赔偿是依据国家自然资源所有权，是否启动生态环境损害赔偿磋商或诉讼属于赔偿权利人的选择权范畴，检察机关无权进行法律监督。而有的检察机关则认为，赔偿权利人系依法享有监管权和索赔权的行政机关，代表国家追偿生态环境服务功能损失是履行国家环境保护义务的应有之义，检察机关有权对其应当启动而不启动生态环境损害赔偿磋商或诉讼的行为进行法律监督。由于各地检察机关对生态环境损害赔偿制度的法律性质理解不一，司法实践中，检察机关为督促赔偿权利人开展生态环境损害而制发的诉前检察建议往往缺乏权威性和具体性。

此外，司法实践中，即使有的检察机关通过制发诉前检察建议的方式督促赔偿权利人启动生态环境损害赔偿磋商，检察建议的内容亦较为宽泛和原则化，缺乏对建议依据和内容的具体阐释。大多数检察建议仅是建议赔偿权利人开展生态环境损害赔偿磋商，而没有对检察建议的依据或建议内容进行详细的说理释法，也没有具体论述赔偿权利人怠于履行生态环境损害索赔职责的法律后果和危害性。如此制发检察建议，并不利于督促赔偿权利人依法开展生态环境损害索赔工作。

（三）未形成“诉前建议＋诉讼保障”的常态化机制

大多数地区出台的地方规范性文件呼吁加强生态环境损害赔偿与环境公益诉讼的衔接，仅少数地区强调了检察机关有权以环境行政公益诉讼督促赔偿权利人启动生态环境损害赔偿磋商或诉讼。在司法实践中，行使法律监督权的检察机关均是通过诉前检察建议的方式督促赔偿权利人开展生态环境损害赔偿磋商，暂无检察机关对赔偿权利人经督促仍未履行生态环境损害索赔职责的行为提起环境行政公益诉讼的实践案例。

影响检察机关运用环境行政公益诉讼对生态环境损害赔偿进行规制的重要原因在于赔偿权利人启动生态环境损害索赔的行为是否属于环境行政公益诉讼的受案范围仍存在争议,而明确生态环境损害赔偿磋商和诉讼的性质则是完善生态环境损害赔偿与环境行政公益诉讼衔接的关键所在。检察机关制发诉前检察建议或提起环境行政公益诉讼的前提是行政机关负有法定职责但违法行使职权或不作为,我国目前生态环境损害赔偿的制度设计只是原则性地要求赔偿权利人"主动与赔偿义务人磋商",并规定赔偿权利人"有权"起诉,并无"应当"等强制性规定。在这种制度困境下,检察机关难以借助环境行政公益诉讼有针对性地督促赔偿权利人开展生态环境损害赔偿磋商或诉讼。因此,目前的司法实践,认为有生态环境损害索赔职责的检察机关也大多采取模糊处理的方式向赔偿权利人发出倡议式的"检察建议"。但此终非长久之计,"诉前建议 + 诉讼保障"的常态化机制的缺位必然导致检察机关在督促生态环境损害赔偿磋商或诉讼中的角色定位混乱,甚至纵容赔偿权利人怠于行使生态环境损害赔偿磋商或诉讼职责。因此,拓展环境行政公益诉讼的适用范围并建立与生态环境损害赔偿制度的衔接机制具有现实紧迫性。

(四)缺乏具体的衔接规定

目前,检察机关运用环境行政公益诉讼对赔偿权利人开展生态环境损害赔偿磋商和诉讼进行法律监督缺少具体的规范指引。一是没有明确检察机关启动环境行政公益诉讼程序对生态环境损害赔偿磋商或诉讼进行监督的前提条件。要解决该问题,需要明确赔偿权利人怠于或违法履行生态环境损害赔偿磋商或诉讼职责的标准,即赔偿权利人启动生态环境损害赔偿磋商或诉讼就被视为"履职",抑或严重的生态环境损害被修复或得到足额赔偿才算"履职"？二是没有细化生态环境损害赔偿磋商或诉讼阶段与环境行政公益诉讼制度衔接的规则。检察机关立案后,如何进行调查、发送诉前检察建议,何种情况下应当终止案件或提起环境行政公益诉讼,均无具体规定。比如,宁夏回族自治区颁布的地方规范性文件虽规定行政机关怠于或违法提起生态环境损害赔偿诉讼的,检察机关可以启动环境行政公益诉讼程序进行督促,但并未明确生态环境损害赔偿磋商环节具体如何与环境行政公益诉讼衔接。此外,如广东省河源市、江西省等地区发布了相关实施办法,虽明确指出检察机关应当对赔偿权利人开展的生态环境损害赔偿工作进行监督,却未明确具体的制度衔接路径和方式。

生态环境损害赔偿与环境行政公益诉讼衔接的程序性规范缺失,既不利于发挥环境行政公益诉讼的法律监督功能,也降低了检察机关法律监督的威慑力,难以对赔偿权利人怠于或违法履行生态环境损害赔偿磋商或诉讼职责的行为进行法律监督,影响生态环境损害赔偿制度的真正落实和生态环境损害的有效修复。因此,有必要明确生态环境损害赔偿磋商或诉讼与环境行政公益诉讼的程序衔接,准确捕捉赔偿权利人在某一节点的行政违法,修复被破坏的法律秩序。一方面,通过准确地定位行政违法,修复破损的法律秩序;另一方面,有效且及时地规制行政过程的未来走向,这乃是保证公益周全的关键所在。①

---

① 参见梁鸿飞:《预防型行政公益诉讼:迈向"过程性规制"的行政法律监督》,载《华中科技大学学报(社会科学版)》2020 年第 4 期。

第四章
生态环境损害赔偿与环境公益诉讼的衔接逻辑和运行机理

我国先后创设了具有中国特色的环境公益诉讼制度与生态环境损害赔偿制度,并通过政策性文件、法律、司法解释、地方规范性文件不断予以细化。然而,由于当前我国生态环境损害救济的“顶层设计”缺乏对衔接机制的统筹安排,生态环境损害赔偿与环境公益诉讼司法实践容易陷入相互冲突或同案不同判的“僵局”。生态环境损害赔偿与环境公益诉讼衔接机制立法缺失的深层原因在于生态环境损害赔偿与环境公益诉讼的衔接逻辑和运行机理模糊不清。是故,在对生态环境损害赔偿与环境公益诉讼衔接机制进行法律构建前,有必要秉承系统性、一体化思维,将其置于我国生态环境损害救济体系的整体框架下进行考量,合理审视并理顺生态环境损害赔偿与环境民事公益诉讼、生态环境损害赔偿与环境行政公益诉讼之间的逻辑关系和运行机理，力求为制度构建和规范设计提供正当合理的学理支持，此乃我国生态环境损害救济体系化构建和功能发挥的基本前提。

第一节　生态环境损害赔偿与环境民事公益诉讼的衔接逻辑和运行机理

一、生态环境损害赔偿与环境民事公益诉讼衔接的理论逻辑

从比较研究的角度来看，域外生态环境损害赔偿与环境公益诉讼衔接的制度设计和逻辑机理对发展和优化我国的制度建构具有一定的借鉴意义，然而，基于国别之间社会背景、权力构造以及法律传统的区别，需立足本土法治资源，以辩证的思维开展比较研究。

（一）美国自然资源损害赔偿与公民诉讼的衔接

美国的公民诉讼为我国环境公益诉讼的发展提供了可供借鉴的范本。同时，美国自然资源损害赔偿制度亦为我国创设生态环境损害赔偿制度提供了有价值的参照。由此，在探讨我国生态环境损害赔偿与环境公益诉讼的衔接逻辑和运行机理的进程中，亦可将美国自然资源损害赔偿与公民诉讼衔接机制作为考察对象，进而结合我国国情和发展趋势进行辩证性探究与革新。

美国的环境公益诉讼是以公民诉讼形式开展的，二十世纪六七十年代，美国环境危机爆发。当时，政府并不具备足够的执法资源和监管能力以应对环境危机，甚至怠于执法，引发了民众的信任危

机。20世纪70年代初,美国开始探索建立自然资源损害救济制度。20世纪80年代,美国掀起环境立法浪潮。除《国家环境政策法》、《联邦杀虫剂、杀真菌剂和灭鼠剂法》及《海洋哺乳动物保护法》外,《联邦水污染控制法》《清洁水法》等几乎所有联邦环境法律都有环境公民诉讼条款。美国国会颁布的《清洁空气法》《清洁水法》等单行联邦环境法律以及各州颁布的环境法律连同《联邦行政程序法》,成为美国环境公民诉讼的法律依据。联邦法律授予"任何人"依照法律的规定提起公民诉讼的权利。在美国,公民诉讼是环境执法的补充而非替代。原则上只有在穷尽一切环境行政救济手段仍无法满足环境保护需求时,才能提起环境公民诉讼。美国环境公民诉讼既可以诉民也可以诉官,其本质是以环境污染或被破坏等原因行为为指向,以纠正违法行为、实现环境保护为共同目标。① 虽然美国环境公民诉讼既可以诉民也可以诉官,但基于司法公正、司法效率和权力制衡理念,在美国司法判例实践中,非政府环保组织多是对行政机关的不作为提起诉讼,②通过公众介入司法来督促相关环保行政机关积极执法或督促环境保护署署长积极履行非自由裁量权范围内的环境保护职责。

至今,美国已经建立了比较完整的自然资源损害救济规则体系,其主要的框架包括《清洁水法》、《环境应对、赔偿和责任综合法》(《超级基金法》)、《超级基金修正案与再授权法》、《国家石油

---

① 参见杜群、梁春艳:《我国环境公益诉讼单一模式及比较视域下的反思》,载《法律适用》2016年第1期。

② 参见曹明德、王风远:《美国和印度ENGO环境公益诉讼制度及其借鉴意义》,载《河北法学》2009年第9期。

和有害物质污染应急计划》以及两套具体的自然资源损害评估实施规则[内政部规则(DOI 规则)和国家海洋和大气管理局规则(NOAA 规则)]。由于自然资源属于公共利益,《超级基金法》第107 条(f)款规定总统或州授权的代表应作为自然资源的信托人,代表公共利益进行自然资源损害赔偿金的追索。受托人可以自己行动,要求自然资源破坏者进行修复和赔偿;也可以申请美国环境保护署签发行政命令或向法院申请司法强制令等。实践中,联邦行政机关一般都有很大的执法权限,涉及该法的多数案件是以行政法而始,并以行政法而终,即用行政权来调查、执行和解决问题,不需要司法部参与。该法在将与反应行动相关的大部分权力授予总统的同时,也将部分权力直接授予了美国环境保护署,而总统又通过行政命令将其权力的绝大部分尤其是最重要的部分反应行动实施权转授予美国环境保护署。[①] 即美国大多数自然资源损害救济案件通过行政机关运用行政权解决,美国环境保护署将案件提交给司法部诉诸法庭解决的占比较少。

美国的自然资源损害赔偿制度与环境公民诉讼在法律属性和功能定位上有本质区别。作为环境行政执法的补充,美国环境公民诉讼被明确定位为一种"私人执法"诉讼,原告放宽至"任何人",其内容、效果与行政执法基本相同,并通过诉前通知、勤勉执法等程序避免与行政执法重复。也就是说,为确保公民诉讼辅助功能的实现,避免其与行政权发生冲突或僭越,多数公民诉讼条款都规定了"勤勉公诉",要求在行政主体已起诉或正在勤勉地对被诉违法行为

① 参见贾峰等编著:《美国超级基金法研究:历史遗留污染问题的美国解决之道》,中国环境出版社 2015 年版,第 68 ~ 69 页。

进行执法时排除公民诉讼。[①] 在政府机构的资源有限、不可能对全部环境污染行为进行及时有效处理的背景下,环境公益诉讼成为有力补充,保证环境法律的有效实施。美国大部分的环境法规都包含“公民诉讼”的规定,即公民可以通过起诉促进环境法律的实施。在自然资源损害领域,如果公民认为行政机构没有履行受托人的职责,则可以提起公民诉讼督促其执法。[②] 公民诉讼的作用在于监督受托人履行自然资源损害评估和修复的法定义务,而非向责任方要求自然资源损害赔偿。而自然资源损害赔偿制度追究的则是公民诉讼不涉及的损害填补责任。不同的机构托管的自然资源有所不同。[③] 自然资源受托人负责在清污活动之外修复自然资源或找到替代品,直至达到危险物质排放之前的状态,并依该清污和修复的支出向责任方索赔。

具体到制度实施和衔接环节,美国将自然资源损害救济分为两个阶段:第一阶段是在环境污染或自然资源损害发生后,由美国环境保护署采取包括清除和修复在内的反应行动,主要包括下发违法通知书,或者作出要求违法者清理污染场址的行政命令(可能包括民事罚款),并对未遵守法律法规、行政命令的违法者或者对没有在有效期内支付污染场地治理费用的潜在责任人提起执法之诉。[④] 由

---

① 参见巩固:《美国环境公民诉讼之起诉限制及其启示》,载《法商研究》2017 年第 5 期。

② 参见自然资源保护协会(NRDC)中国环境法项目、周悦霖、[美] Daniel Carpenter-Gold:《自然资源损害救济体系:美国经验及对中国的启示》,载谢玉红、曹明德主编:《中国环境法治》2014 年下卷,法律出版社 2015 年版。

③ 参见自然资源保护协会(NRDC)中国环境法项目、周悦霖、[美] Daniel Carpenter-Gold:《自然资源损害救济体系:美国经验及对中国的启示》,载谢玉红、曹明德主编:《中国环境法治》2014 年下卷,法律出版社 2015 年版。

④ See *Basic Information on Enforcement*, US EPA(Feb. 7, 2024), https://www.epa.gov/enforcement/basic-information-enforcement.

于美国没有行政诉讼,行政机关借助民事诉讼执行行政命令或追偿代履行垫付的应急费用,以实现执法目标。简言之,这一阶段,美国联邦环保署先行运用行政命令或民事诉讼手段以实现应急清理污染等执法目标。为了避免公民诉讼影响反应行动的效率,1986 年《超级基金修正案与再授权法》第 113 条(h)款中明确禁止任何联邦法院审查针对行政机关第 104 条选择的清除行动或者修复行动而提出的异议,或者审查行政机关根据第 106 条(a)款的规定发布的要求责任主体采取行动的行政命令,[①]即在行政机关反应行动完成前,不能提起公民诉讼对反应行动进行诉讼干扰。根据《超级基金法》第 122 条(a)款,即和解程序条款的相关规定,美国环境保护署可以与潜在责任主体就清理行动的实施或反应费用分担达成和解协议,如果美国环境保护署命令潜在责任主体开展的清除或修复行动正在进行,则联邦法院不再根据《超级基金修正案与再授权法》第 113 条(h)款受理该场地的相关诉讼,这些补充条款确保了场地修复不因诉讼而耽搁延误,也在很大程度上减少了诉讼案件的数量,提高了执法效率。[②] 这体现了司法权遵让行政权的司法审查理念。在第二阶段,由自然资源受托人对第一阶段未能救济的自然资源损害进行索赔,自然资源损害赔偿金只能由受托人用于修复受损的自然资源,而不能纳入公共财政。[③] 索赔的范围限于《超级基金

---

① 参见贾峰等编著:《美国超级基金法研究:历史遗留污染问题的美国解决之道》,中国环境出版社 2015 年版,第 39 页。

② 参见贾峰等编著:《美国超级基金法研究:历史遗留污染问题的美国解决之道》,中国环境出版社 2015 年版,第 103 页。

③ See Karen Bradshaw, *Settling for Natural Resource Damages*, 40 Harvard Environmental Law Review 211 (2016).

法》《石油污染法》等涉及自然资源损害赔偿法律所明确的严重受损的自然资源范围。受托人包括联邦、州或者印第安部落，其中，联邦受托人主要是自然资源主管部门，如农业部、商务部、内政部、能源部、国防部等，但不包括环境保护署，环境保护署的角色仅限于通知和协调受托人进行索赔。[①] 在这一阶段，自然资源受托人针对行政执法所不能救济的自然资源损害开展索赔，实现自然资源损害救济。其本质依然是借助司法手段实现行政救济的目标。依照《超级基金法》第310条关于公民诉讼的规定，任何人可以对总统或者联邦其他官员（包括美国环境保护署署长和有毒物质与疾病登记署署长）提起公民诉讼，状告其未能履行该法中任何作为义务或者职责。而对于进行中的清除行动或者修复行动，以及采取完清除行动又即将采取修复行动的，任何人都不得提起公民诉讼。[②] 换言之，任何人可以对行政机关或受托人不履行该法中规定的职责的行为提起公民诉讼，而一旦行政机关或受托人已经对自然资源损害采取措施，则不得提起公民诉讼，行政措施的采取是公民诉讼的阻断事由。

此外，在美国，无论是公民诉讼还是自然资源损害赔偿，均需充分遵循公众参与原则。在公民诉讼中达成的和解协议必须向公众公开，需向公众提供“评议”的机会，并充分听取公众意见。[③] 在自

---

① See *Natural Resource Damages: A Primer*, US EPA (Oct. 23, 2023), https://www.epa.gov/superfund/natural-resource-damages-primer.

② 参见贾峰等编著：《美国超级基金法研究：历史遗留污染问题的美国解决之道》，中国环境出版社2015年版，第97～98页。

③ Jeffrey G. Miller, *Citizen Suits: Private Enforcement of Federal Pollution Control Laws*, Wiley Law Publications, 89 (1987).

然资源损害赔偿过程中，无论是“修复计划意向通知书”“修复计划草案”“环境评价”，还是“紧急行动信息”，均需要向公众公开或报告，让公众有机会提供有意义的意见，以保障案件得到公正处理。[①]环境公益为不特定多数公众所共同享有，以救济环境公益为目标的公民诉讼和自然资源损害赔偿制度充分考虑公众参与，听取公众意见并进行利益衡量，有助于增加制度的合法性和合理性。

美国公民诉讼和自然资源损害赔偿制度的体系化运行为生态环境损害赔偿救济提供了法治保障。然而，美国笃信司法的法律传统（体系），明显有别于我国的行政执法传统（体系），将美国的自然资源损害赔偿制度直接移植于我国，必然会与我国既有法律制度产生排异反应。[②] 我国需立足国情及法律体系，探索具有中国特色的制度衔接逻辑。

（二）我国生态环境损害赔偿与环境民事公益诉讼衔接的理论逻辑

政府或行政机关在生态环境损害救济领域的执法不能是我国环境民事公益诉讼兴起的重要根源。就本质而言，执法不能主要源于立法授权的缺失。基于法无授权不可为的原则，政府或行政机关难以在生态环境严重受损领域依法追究违法行为人的生态修复或赔偿责任。换言之，因执法不能导致严重的生态环境损害难以得到

① 参见自然资源保护协会（NRDC）中国环境法项目、周悦霖、［美］Daniel Carpenter-Gold：《自然资源损害救济体系：美国经验及对中国的启示》，载谢玉红、曹明德主编：《中国环境法治》2014 年下卷，法律出版社 2015 年版。

② 参见彭中遥：《生态环境损害赔偿诉讼制度研究》，中国社会科学出版社 2022 年版，第 24 页。

有效修复或赔偿的问题，本质上是一个立法不足的技术性问题，需要通过立法创设新型的生态环境损害修复或赔偿责任，如“责令恢复原状”“责令赔偿损失”等来解决。在环境保护领域，对生态环境损害的填补具体表现为对受损生态环境的修复或者对难以修复的生态环境功能的赔偿。尽管环保法领域的“恢复原状”“赔偿损失”的基本原理与民法领域的“恢复原状”“赔偿损失”类似，但环保领域的填补性责任以维护和救济环境公益为指向，并非民事责任，而是一种具有公共性、法定性、强制性等特性的公法责任。

随着环境行政法律体系的不断完善，我国环境行政命令在特定领域已逐步具备责令赔偿损失、责令恢复生态环境、责令支付代为治理费等功能。例如，我国《矿产资源法》第 39 条[①]、《森林法》第 76 条[②]、《草原法》第 65 条[③]、《固体废物污染环境防治法》第 113 条[④]、

① 该条第 1 款规定：“违反本法规定，未取得采矿许可证擅自采矿的，擅自进入国家规划矿区、对国民经济具有重要价值的矿区范围采矿的，擅自开采国家规定实行保护性开采的特定矿种的，责令停止开采、赔偿损失，没收采出的矿产品和违法所得，可以并处罚款；拒不停止开采，造成矿产资源破坏的，依照刑法有关规定对直接责任人员追究刑事责任。”

② 该条规定：“盗伐林木的，由县级以上人民政府林业主管部门责令限期在原地或者异地补种盗伐株数一倍以上五倍以下的树木，并处盗伐林木价值五倍以上十倍以下的罚款。滥伐林木的，由县级以上人民政府林业主管部门责令限期在原地或者异地补种滥伐株数一倍以上三倍以下的树木，可以处滥伐林木价值三倍以上五倍以下的罚款。”

③ 该条规定：“未经批准或者采取欺骗手段骗取批准，非法使用草原，构成犯罪的，依法追究刑事责任；尚不够刑事处罚的，由县级以上人民政府草原行政主管部门依据职权责令退还非法使用的草原，对违反草原保护、建设、利用规划擅自将草原改为建设用地的，限期拆除在非法使用的草原上新建的建筑物和其他设施，恢复草原植被，并处草原被非法使用前三年平均产值六倍以上十二倍以下的罚款。”

④ 该条规定：“违反本法规定，危险废物产生者未按照规定处置其产生的危险废物被责令改正后拒不改正的，由生态环境主管部门组织代为处置，处置费用由危险废物产生者承担；拒不承担代为处置费用的，处代为处置费用一倍以上三倍以下的罚款。”

《水土保持法》第49条①等均规定环境行政管理部门有权根据法律规定对环境违法行为人处以责令赔偿损失、责令恢复原状、责令支付代履行费等行政命令，以实现对受损生态环境的修复或赔偿。具体而言，在法律明确规定的具体领域，当环境违法行为人实施了污染环境或破坏生态的行为，导致生态环境严重损害时，负有环境监督管理权的行政部门有权依法责令违法行为人修复严重受损的生态环境或进行赔偿。由于“责令恢复原状”“责令赔偿损失”等行政手段的法律依据有限，在很多发生严重生态环境损害的领域，难以适用传统行政执法手段来制裁环保违法行为。

由此可见，为弥补传统环保行政执法的不足，打破监管者与被监管者之间封闭的监管格局，我国建构了环境民事公益诉讼制度。在环境行政执法不能发挥作用时，立法赋予非行政主体（法律规定的机关和有关组织）针对违法行为人提起诉讼的资格，通过借力司法达到补充执法的效果。同时，为了破解我国长期以来“企业污染、群众受害、政府买单”的困局，落实“损害者担责”原则，党中央、国务院授权作为赔偿权利人的行政机关向赔偿义务人开展生态环境损害赔偿磋商或诉讼，以柔性执法的方式或借助司法手段弥补刚性执法的不足，追究造成严重生态环境损害的违法行为人的生态修复或损害赔偿责任，助力政府更全面地履行国家环境保护义务、实现生态环境损害全面救济。至此，为弥补传统环保执法的固有内在缺

---

① 该条规定：“违反本法规定，在禁止开垦坡度以上陡坡地开垦种植农作物，或者在禁止开垦、开发的植物保护带内开垦、开发的，由县级以上地方人民政府水行政主管部门责令停止违法行为，采取退耕、恢复植被等补救措施；按照开垦或者开发面积，可以对个人处每平方米二元以下的罚款、对单位处每平方米十元以下的罚款。”

陷并实现生态环境损害救济体系化构建,我国先后创设了原因行为具有同一性、适用范围具有高度契合性且诉讼目的具有一致性的环境民事公益诉讼制度和生态环境损害赔偿制度。若这两项制度能够有效协调配合,则会与传统环境行政执法发挥合力,实现生态环境损害救济全覆盖;反之,则会相互冲突、相互干扰甚至造成司法资源不必要的浪费。然而,生态环境损害赔偿与环境民事公益诉讼应该依据何种理论进行有效衔接,理论界和实务界尚未达成共识。下文拟基于行政权与司法权关系理论、义务先于权利理论,理顺生态环境损害赔偿与环境民事公益诉讼衔接的逻辑关系。

1. 行政权与司法权关系理论

如前所述,依程序进行划分,生态环境损害赔偿包括生态环境损害赔偿磋商和生态环境损害赔偿诉讼。生态环境损害赔偿磋商本质上属于行政协商,而生态环境损害赔偿诉讼本质上属于公共执法诉讼。简言之,生态环境损害赔偿磋商或诉讼是省级、市地级人民政府及其指定的部门或机构或者受国务院委托行使全民所有自然资源资产所有权的部门以履行国家环境保护义务为公法目标参与的行政协商或公法诉讼。生态环境损害赔偿磋商或诉讼均是作为赔偿权利人的行政机关在穷尽传统环境行政管制手段仍无法实现生态环境损害修复或追偿的公法目标的情况下,依照国务院授权而采取的行政协商或诉诸司法的特殊程序。无论是生态环境损害赔偿磋商还是生态环境损害赔偿诉讼,本质上都是传统环境行政执法的延伸,属行政权行使的范畴。

依据兴起缘由、创设目的及适用程序等的不同,环境公益诉讼分为环境民事公益诉讼和环境行政公益诉讼。其中,环境民事公益诉讼旨在授权法律规定的机关和有关组织将损害环境公共利益或造成重大环境风险的行为诉诸司法，在环境行政执法不能时发挥补充性作用，实质上是以司法权补充行政权。环境行政公益诉讼旨在督促政府和环保行政机关依法履行监管权和索赔权，确保行政权依法运行，实质上是以司法权监督行政权。简言之，环境公益诉讼属于环境司法的范畴。

司法实践中，在生态环境损害赔偿与环境民事公益诉讼共同适用的生态环境严重受损领域，生态环境损害赔偿与环境民事公益诉讼多元化的衔接模式所形成的不稳定、非常态化的价值排序，存在司法权向行政权僭越的现象，映射了行政权与司法权关系的混乱和错位。实践中出现的“环境民事公益诉讼为主模式”以及“生态环境损害赔偿与环境民事公益诉讼双轨并行模式”均在一定程度上忽视了享有行政权并肩负生态环境损害索赔职责的赔偿权利人在实现生态环境损害救济方面的法定义务和专业优势，违背了司法权谦让行政权的底层逻辑。从宪法原理来看，在各种国家公共权力的关系上，政府的立法分支、行政分支和司法分支由于功能性差异而承担不同的公共任务，行使不同的公共权力，彼此之间不得越俎代庖。[①] 在职权划分上，是行政机关而非司法机关负有环境监管和索赔的环境公共事务职责。政府及环保行政机关拥有人员编制、财政资金、技术支持，以行政命令、行政处罚、行政强制、行政磋商或公法诉讼为手段开展生态环境损害监督和索赔，行政公权力所能调动的行政资源完全有能力应对生态环境损害后续的追偿与修复工作。而在“能动司法”理念的推动下，环境民事公益诉讼与生态环境损害

① 参见沈寿文：《环境公益诉讼行政机关原告资格之反思——基于宪法原理的分析》，载《当代法学》2013 年第 1 期。

赔偿无明显的优先顺位,甚至逐渐显露出以环境民事公益诉讼代替生态环境损害赔偿的司法乱象。例如,赔偿权利人在启动生态环境损害赔偿磋商或诉讼过程中,适格主体可以就同一严重损害生态环境的行为提起环境民事公益诉讼,人民法院在受理层面无优先排序,生态环境损害赔偿的启动亦不能作为环境民事公益诉讼的阻却事由。抑或应当提起生态环境损害赔偿磋商或诉讼的赔偿权利人不启动索赔程序,反而径直化身为支持起诉人,支持环境民事公益诉讼或商请由适格主体提起环境民事公益诉讼。这就直接导致行政资源不能被充分调动,出现部分闲置局面,而有限的司法资源却被大量挤占,环境法治在不同主体的角色分工中呈现混乱状态。[①]

行政权与司法权应互相配合、互为补充,充分发挥各自在应对生态环境损害方面的功能优势。生态环境利益的实现和维护主要依赖行政权的运转和行使,对受损生态环境的恢复性和填补性救济亦属于政府或行政机关履行监管权或索赔权的范畴。生态环境损害赔偿磋商具有反应快捷、程序便捷、调处充分、实施高效等优势,从而使生态环境损害赔偿与修复得以更为专业、及时、有效的解决。生态环境损害赔偿磋商的行政协商模式具有司法救济难以企及的优势。而生态环境损害赔偿诉讼作为执法诉讼,凸显了行政权在生态环境损害救济中的积极主动性和绝对主导地位,实现了行政权和司法权在生态环境损害救济体系中的合理归位。生态环境损害赔偿磋商和诉讼的法律属性(行政协商和公法诉讼)直接决定了生态环境损害赔偿行政救济与环境民事公益诉讼司法救济各自的适用

① 参见梅宏、胡勇:《论行政机关提起生态环境损害赔偿诉讼的正当性与可行性》,载《重庆大学学报(社会科学版)》2017 年第 5 期。

位序。基于行政权和司法权关系理论,在生态环境严重受损的领域,行政机关应积极采用传统行政管制手段(行政处罚、行政命令、行政强制)制裁环保违法行为。当穷尽现有行政管制手段仍无法实现生态环境严重损害的修复或追偿时,赔偿权利人及其指定的部门或机构应当及时与赔偿义务人开展磋商,磋商未果的情况下应当及时提起生态环境损害赔偿诉讼。当行政机关怠于履行监管权或索赔权时,检察机关应通过环境行政公益诉讼督促行政机关依法履职,若行政机关仍不履行监管或索赔职责时,社会组织或检察机关有权就同一生态环境损害行为提起环境民事公益诉讼。换言之,政府或行政机关一旦采取措施(包括行政处罚、行政命令、行政强制、行政磋商或公法诉讼),司法权应秉持谦抑理念,在行政措施无法发挥应有的行政监管或行政索赔功能时,环境民事公益诉讼方可作为补充机制启动。

2. 义务先于权利的关系逻辑

在生态环境受到严重损害的场域,基于国家环境保护义务,赔偿权利人在穷尽刚性执法手段(行政处罚、行政命令、行政代履行)以及柔性执法手段(生态环境损害赔偿磋商)仍无法实现生态环境损害修复或追偿时,应当及时提起生态环境损害赔偿诉讼。然而,司法实践中,部分地区的赔偿权利人不但不主动开展生态环境损害赔偿磋商或提起生态环境损害赔偿诉讼,反而转化为支持起诉人或以第三人的身份参与到社会组织提起的环境民事公益诉讼中,甚至经商请完全交由检察机关直接提起环境民事公益诉讼。在赔偿权利人不履行生态环境损害索赔职责时,检察机关放弃运用环境行政公益诉讼这一法律监督手段,转而以环境民事公益诉讼取而代之,亦忽视了法律监督职责与公益起诉权利之间的逻辑关系。这些现象不仅违背了司法权谦让行政权的法律原理,而且混淆了义务先于权利的关系逻辑。

就理论上而言,义务或职责对主体行为的强制力优于权利对主体的强制力,毕竟义务或职责是“应当”做,而权利则是“可以”做;义务或职责不能放弃,权利可以放弃。赔偿权利人、社会组织或检察机关等各主体在专业程度、利害关联、责任风险以及起诉动力等方面均存在本质差别,承担义务者的起诉顺位应先于享有权利者的起诉顺位。如前所述,生态环境损害赔偿磋商是为弥补刚性行政执法手段的不足而兴起的柔性行政执法手段,生态环境损害赔偿诉讼则是为实现生态环境损害救济的公法目标而创设的公法诉讼。基于权利和义务配置类型不同,各主体在起诉动力、利害关联、责任风险以及专业程度方面存在差异。赔偿磋商作为赔偿权利人的法定义务优于被归为权利范畴的环境民事公益诉讼;环境行政公益诉讼作为检察院的法定义务优于被视为环保组织权利范畴的民事公益诉讼。[①] 由此可见,基于义务优先于权利的逻辑,属于义务范畴的生态环境损害赔偿磋商或诉讼优于属于权利范畴的环境民事公益诉讼,属于义务范畴的环境行政公益诉讼优于属于权利范畴的环境民事公益诉讼。因此,在发生生态环境严重损害的领域,当传统刚性执法手段不能发挥生态损害修复或赔偿的功能时,赔偿权利人及其指定的部门或机构应率先履行法定义务,与赔偿权利人开展磋商,无法磋商或磋商不成时应当及时提起生态环境损害赔偿诉讼。基于《关于检察公益诉讼案件适用法律若干问题的解释》第 2 条“人

① 参见冷罗生、李树训:《生态环境损害赔偿制度与环境民事公益诉讼研究——基于法律权利和义务的衡量》,载《法学杂志》2019 年第 11 期。

民法院、人民检察院办理公益诉讼案件主要任务是充分发挥司法审判、法律监督职能作用，维护宪法法律权威，维护社会公平正义，维护国家利益和社会公共利益，督促适格主体依法行使公益诉权，促进依法行政、严格执法”的规定，依法监督适格主体履行法定职责系检察机关的主要任务和职责，而监督的基本含义是监督者督促被监督者履行职责和义务，一方面监督者有督促之责，另一方面监督者不可越位代行其责。[①] 检察机关作为国家的法律监督机关，其主要职责应是督促政府机关充分履行职责，[②]而不是在其失职时代替其完成应由其承担的法定义务。当赔偿权利人及其指定的部门或机构怠于履行生态环境损害索赔义务时，检察机关应率先履行法律监督职责和义务，以环境行政公益诉讼监督赔偿权利人积极履行生态环境损害索赔义务，而非径直行使提起环境民事公益诉讼的权利，代替赔偿权利人开展生态环境损害索赔。只有在义务履行完毕或义务履行不能的情况下，社会组织或检察机关才应再通过权利的行使提起环境民事公益诉讼，以补充义务履行不能的内在缺陷。

二、生态环境损害赔偿与环境民事公益诉讼衔接的运行机理

在生态环境严重受损的领域，“司法权谦让行政权”与“义务先于权利”的逻辑原理为生态环境损害赔偿与环境民事公益诉讼衔接提供了理论支撑。在此基础上，应当进一步限缩和明确衔接的适用前提和适用范围，并重新理顺生态环境损害赔偿磋商与环境民事公

---

① 参见王莉：《论民事检察权的边界》，载《人民检察》2011 年第 5 期。

② 参见黄大芬、张辉：《论生态环境损害赔偿磋商与环境民事公益诉讼调解、和解的衔接》，载《环境保护》2018 年第 21 期。

益诉讼、生态环境损害赔偿诉讼与环境民事公益诉讼衔接的运行机理。

（一）明确衔接的适用前提和适用范围

环境污染或生态破坏发生后，政府或行政机关应当第一时间基于法律明确赋予的环保监管职责采取措施（行政处罚、行政命令或行政强制）防止或制止损害的扩大，并将其对环境的影响降至最低。生态环境损害赔偿磋商在行政机关穷尽传统刚性行政管制手段（行政处罚、行政命令、行政强制）仍难以修复或追偿生态环境严重受损的领域发挥柔性执法功能。生态环境损害赔偿诉讼是生态环境损害赔偿磋商的后续保障机制。一旦无法磋商或磋商未果，赔偿权利人应当及时提起生态环境损害赔偿诉讼，以公法诉讼助力环境行政执法目标的实现。生态环境损害赔偿磋商或诉讼并非免除或代替行政机关行使传统的行政执法手段，而是环境行政执法的延伸。相比而言，环境民事公益诉讼可以适用于任何一个环境行政监管或索赔失灵（包括客观不能与主观不能）的环节。但环境民事公益诉讼是环境行政监管或索赔的补充而非替代。仅在环境行政监管或索赔制度效能发挥不足时，社会组织或检察机关才能提起环境民事公益诉讼，即在行政执法过程中或在赔偿权利人与赔偿义务人就生态环境损害赔偿事宜进行磋商或诉讼的过程中，社会组织或检察机关不得就同一生态环境损害事实提起环境民事公益诉讼。如果在赔偿权利人与赔偿义务人就生态环境损害赔偿事宜进行磋商的过程中，社会组织提起环境民事公益诉讼，法院应不予受理。①

① 参见罗丽、王浴勋：《生态环境损害赔偿磋商与诉讼衔接关键问题研究》，载《武汉理工大学学报（社会科学版）》2017 年第 3 期。

然而,由于我国立法并没有将"穷尽传统环境行政执法手段"作为生态环境损害赔偿或环境民事公益诉讼的适用前提,司法实践中,不乏行政机关跳过传统环境行政执法手段而直接启动生态环境损害赔偿磋商或诉讼,抑或社会组织在行政机关怠于履行传统环境行政管制职责时直接提起环境民事公益诉讼以替代执法的情形。这实质上背离了生态环境损害赔偿或环境民事公益诉讼创设的初衷。如果不将"穷尽传统环境行政执法手段"作为启动生态环境损害赔偿磋商或诉讼的前提,就可能导致行政机关放弃传统行政监管权的行使,转而过度依赖索赔权实现监管目标,这显然不利于督促行政机关重视常态化的环境行政监管工作。同时,如果不将"穷尽传统环境行政管制手段"作为提起环境民事公益诉讼的前提,那么本应发挥补充功能的环境民事公益诉讼就可能越俎代庖代替行政执法,导致司法权越位行政权。因此,无论是生态环境损害赔偿还是环境民事公益诉讼,均应将"穷尽传统环境行政管制手段"作为适用前提。

从适用范围来看,传统环境行政执法手段(行政处罚、行政命令和行政强制)适用于法律规定的一切生态环境损害或环境风险管制领域,且随着环保立法不断完善,传统环境行政执法适用范围会不断扩大。生态环境损害赔偿作为传统环境行政执法的延伸,仅基于党中央、国务院的授权在传统环境行政执法难以发挥责令修复或赔偿效用的生态环境严重受损领域适用。而作为环境行政执法的补充,环境民事公益诉讼在环境行政执法失灵的任何一个环节都可以发挥补充作用,不仅可以适用于造成实际环境污染或生态破坏的领域,还可以适用于具有损害环境公共利益重大风险的领域。是故,生态环境损害赔偿与环境民事公益诉讼的衔接仅能在生态环境严重受损的特定范围内谨慎、有限适用。

(二)生态环境损害赔偿磋商与环境民事公益诉讼衔接的运行机理

笔者通过对我国生态环境损害赔偿以及环境公益诉讼相关政策性文件、法律及司法解释等规范性文件进行系统梳理后发现,现有规范仅笼统地将生态环境损害赔偿磋商作为生态环境损害赔偿诉讼的前置程序予以规定,尚未明确回应生态环境损害赔偿磋商的法律属性、环境民事公益诉讼的前置程序、生态环境损害赔偿磋商过程中适格主体能否提起环境民事公益诉讼以及环境民事公益诉讼审理过程中赔偿权利人能否开展生态环境损害赔偿磋商等问题。源于立法不足等技术性问题,在司法实践中,“赔偿权利人启动生态环境损害赔偿磋商过程中,适格主体提起环境民事公益诉讼”或者“环境民事公益诉讼审理过程中,赔偿权利人启动生态环境损害赔偿磋商”等现象时有发生。如果允许社会组织或检察机关在赔偿权利人与赔偿义务人进行磋商过程中提起环境民事公益诉讼,或者允许赔偿权利人在环境民事公益诉讼审理期间启动生态环境损害赔偿磋商,不仅会影响制度功能的发挥,还会浪费有限的资源。出现以上重叠或冲突情形的本质原因在于,理论界和立法界尚未就生态环境损害赔偿磋商的法律属性达成共识,亦没有明确理顺生态环境损害赔偿磋商与环境民事公益诉讼之间的功能定位和逻辑关系,进而未能从规范层面实现生态环境损害赔偿磋商与环境民事公益诉讼的有效衔接。

如前所述,生态环境损害赔偿磋商是在赔偿权利人与赔偿义务人达成合意的基础上,以生态修复优先、货币赔偿补充理念为指导,就生态环境损害事实、损害程度、生态环境修复的时间、生态环境修复的期限等事项开展的行政协商。生态环境损害赔偿磋商是为弥补传统刚性环境行政管制手段不足而兴起的柔性行政执法方式。相较于司法机关,行政机关在环境监管与索赔上具备独特的专业优势。随着环境法律体系中赋权性规范的不断完善,行政机关享有的环境行政执法职权的威慑性不断增大。行政机关在法律授权的部分领域采取责令恢复原状、责令赔偿损失、代履行等措施制裁违法行为人,也在一定程度上实现了生态环境功能的修复。但在现有环境法律体系框架下,传统行政管制手段仍难以实现生态修复和生态损害赔偿的全覆盖。在传统行政管制手段力所不及但生态环境严重受损且难以修复的领域,辅之以生态环境损害赔偿磋商并达成协议,也能在很大程度上促使赔偿义务人积极履行生态环境修复或赔偿义务,提高生态修复效率。生态环境损害赔偿磋商属于行政磋商,赔偿权利人与赔偿义务人在不损害环境公共利益的前提下,基于意思自治达成的磋商协议视为行政协议。赔偿义务人在法定期限内既不申请行政复议又不提起行政诉讼,该行政协议便具有执行力。赔偿义务人未依照协议约定履行生态环境损害修复或赔偿义务,作为赔偿权利人的行政机关有权依据《行政强制法》的规定,催告赔偿义务人履行,赔偿义务人在法定催告期内仍未履行的,行政机关有权向法院申请强制执行。就耗时过长、成本过高的环境民事公益诉讼而言,生态环境损害赔偿磋商的另一优势为实效性,实效性优势能够更大程度上避免生态环境损害范围进一步扩大,并保障严重受损的生态环境得到及时修复或赔偿。如果环境民事公益诉讼和生态环境损害赔偿磋商同期进行,很可能因生态环境损害赔偿磋商用时短、效率高等优势而使环境民事公益诉讼的主要诉求因业已实现而被驳回。申言之,无论从专业性还是从实效性角度来看,以行政权为核心的生态环境损害赔偿磋商应当优先于以司法权为核心的环境民事公益诉讼。

在遵循生态环境损害赔偿磋商优先于环境民事公益诉讼的原则之下,仍应最大限度地确保环境公正和磋商公平,坚持公众参与原则。赔偿权利人与赔偿义务人就生态环境损害修复与赔偿的事项进行磋商,其目的在于维护和救济生态环境利益,生态环境损害赔偿磋商与环境民事公益诉讼具有目的一致性,因此,在生态环境损害赔偿磋商过程中,社会组织或检察机关提起环境民事公益诉讼并无必要。但是,禁止社会组织或检察机关在赔偿权利人与赔偿义务人进行生态环境损害赔偿磋商的过程中提起环境民事公益诉讼,并不意味着社会组织或检察机关无权参与生态环境损害赔偿磋商。换言之,生态环境损害赔偿磋商过程中,赔偿权利人不可避免地会运用其所掌握的行政资源。这种资源的运用与调配很大程度上是基于政府行政主体的身份而享有的,因此,需要接受公众的监督。赔偿权利人与赔偿义务人正着手准备或进行磋商的,社会组织或检察机关不得提起环境民事公益诉讼,但有权申请参与磋商,督促磋商协议的公正性与合理性。建议在生态环境损害调查、鉴定评估、修复方案制定与修复执行等生态环境损害赔偿磋商过程中,强化公众知情权、参与权与监督权。细化生态环境损害赔偿公众参与机制中公众范围的选择与确定标准,明确公众介入生态环境损害赔偿的时间点,优化咨询会、论证会、座谈会等参与方式,强化公众意见反馈处理。① 公众参与可以在一定程度上避免因利益不平衡导致的协

① 参见王金南:《实施生态环境损害赔偿制度 落实生态环境损害修复责任——关于〈生态环境损害赔偿制度改革试点方案〉的解读》,载《中国环境报》2015年12月4日,第2版。

议无效。社会组织或检察机关对生态环境损害赔偿磋商的监督是一种全过程监督，针对的对象应该包括磋商的启动、进行与协议达成。若赔偿权利人所提出的生态环境损害赔偿磋商请求不能涵盖社会组织或检察机关的诉求，则社会组织或检察机关可向赔偿权利人提出，要求增加请求或在磋商结束后另行起诉，保障公众参与权和检察监督权的实现，以切实、全面地维护和救济生态环境利益。

总而言之，在生态环境严重受损的领域，社会组织或检察机关在提起环境民事公益诉讼之前，应先告知对违法行为负有监督权和索赔权的行政机关及赔偿权利人，只有当行政机关或赔偿权利人不采取生态环境损害救济措施（行政机关不履行环境监督管理职责，或赔偿权利人在法定期限内经督促仍不启动生态环境损害赔偿磋商程序）时，社会组织或检察机关方能提起环境民事公益诉讼。此外，赔偿权利人与赔偿义务人开展磋商前，应在官方网站或信息共享平台发布磋商公告，相关社会组织或检察机关有权参与磋商并发表意见。赔偿权利人与赔偿义务人达成生态环境损害赔偿磋商协议后，社会组织或检察机关等参与磋商的第三方无额外诉求的，磋商协议达成并进入履行阶段。若社会组织或检察机关等第三方参与主体在磋商阶段提出的生态环境损害修复或赔偿诉求未被协议采纳，作为生态环境损害赔偿磋商的补充，社会组织或检察机关有权就已达成的协议中未涵盖的生态环境损害修复或赔偿诉求另行提起环境民事公益诉讼。

（三）生态环境损害赔偿诉讼与环境民事公益诉讼衔接的运行机理

针对生态环境损害赔偿诉讼与环境民事公益诉讼如何衔接的

问题,《最高人民法院关于审理环境民事公益诉讼案件适用法律若干问题的解释》(2015 年)为人民法院一并审理生态环境损害赔偿诉讼与环境民事公益诉讼提供了原则性的规则参照,而《最高人民法院关于审理生态环境损害赔偿案件的若干规定(试行)》以及部分地区的地方规范性文件则规定"生态环境损害赔偿诉讼优先",明确已立案受理的环境民事公益诉讼案件应当中止审理。但由于现有立法和司法解释并未规定环境民事公益诉讼的前置程序,社会组织可能在赔偿权利人提起生态环境损害赔偿诉讼期间提起环境民事公益诉讼,赔偿权利人亦可能在社会组织提起环境民事公益诉讼期间提起生态环境损害赔偿诉讼。司法实践乱象丛生,出现了前文所归纳的"三种模式九种情形"。为促进生态环境损害赔偿诉讼与环境民事公益诉讼常态化、稳定化及体系化发展,在遵循行政权与司法权关系理论以及权利义务关系理论的基础上,重新理顺两诉的衔接机理和运行机制势在必行。

基于行政权优先原理,在传统环境行政管制手段不足且柔性生态环境损害赔偿磋商无法开展或未能达成协议的情况下,赔偿权利人应当及时提起生态环境损害赔偿诉讼。生态环境损害赔偿诉讼的本质是作为赔偿权利人的行政机关借助司法手段行使索赔权,以履行国家环境保护义务和实现生态环境修复赔偿的公法目标。诚如学者所言,政府主张生态环境损害赔偿(包括开展生态环境损害赔偿磋商和提起生态环境损害赔偿诉讼)是履行其环境监管和索赔职责的应有之义,而环境民事公益诉讼仅仅是公权力缺位时应对环境危机的一种补充举措,因此,在起诉顺位问题上,应是生态环境损害赔偿诉讼优先,在政府索赔缺位的情况下,检察机关可以提起行政公益诉讼督促行政机关肩负起索赔职责,环保组织也可以提起民事公益诉讼，如果无环保组织起诉，检察机关应提起民事公益诉讼。[①] 就生态环境损害赔偿诉讼中未涵盖的诉讼请求，社会组织或检察机关有权另行提起环境民事公益诉讼，以最大限度地救济环境公共利益。生态环境损害赔偿诉讼路径救济应以生态环境损害诉讼为主，环境民事公益诉讼为辅，生态环境损害诉讼应优先于环境民事公益诉讼。[②] 换言之，复杂的现代环境治理领域内行政权优先于司法权，由此可以推导出属于行政权范畴的生态环境损害赔偿诉讼应当优先于属于司法权范畴的环境民事公益诉讼，最终得出由赔偿权利人提起的生态环境损害赔偿诉讼在逻辑顺位上应当优先于由社会组织或检察机关提起的环境民事公益诉讼。

此外，基于国家环境保护义务论以及义务先于权利的理论，赔偿权利人提起生态环境损害赔偿诉讼实属履行国家环境保护义务和生态环境损害索赔职责，法定义务或职责不可放弃，否则属于履职不当或怠于履职；而依据法律授权，符合条件的社会组织为维护环境公共利益提起环境民事公益诉讼是代表公众行使社会监督权的范畴；检察机关为维护环境公共利益和国家利益而提起环境民事公益诉讼是在社会监督权缺失的情况下行使法律监督权的应有之义。原则上，属于义务范畴的生态环境损害赔偿诉讼应优先于属于权利范畴的环境民事公益诉讼。

总的来说，针对违法行为导致的生态环境严重受损的情形，当

① 参见张梓太、李晨光：《生态环境损害政府索赔的路径选择》，载《社会科学辑刊》2018 年第 3 期。

② 参见黄大芬、张辉：《论生态环境损害赔偿磋商与环境民事公益诉讼调解、和解的衔接》，载《环境保护》2018 年第 21 期。

传统环境行政管制手段不足或生态环境损害赔偿磋商失效时,赔偿权利人应当及时优先提起生态环境损害赔偿诉讼。只有当赔偿权利人所主张的诉求不足以修复或赔偿严重受损的生态环境,或者当赔偿权利人在法定期限内经督促仍怠于提起生态环境损害赔偿诉讼时,作为补充,社会组织或检察机关才可提起环境民事公益诉讼。而同一违法行为导致的其他非严重的生态环境损害或可能发生重大环境风险的情形,不属于赔偿权利人提起生态环境损害赔偿诉讼的适用范围,符合条件的社会组织或检察机关可以在穷尽传统行政管制手段仍无法救济生态环境损害或防范重大环境风险时,提起环境民事公益诉讼。此时,基于诉讼标的具有牵连性,法院可以依照共同诉讼的基本法理,将生态环境损害赔偿诉讼与环境民事公益诉讼合并审理。

第二节　生态环境损害赔偿与环境行政公益诉讼的衔接逻辑和运行机理

如前所述,我国生态环境损害赔偿磋商本质上属于环境行政执法的延伸,生态环境损害赔偿诉讼是为实现国家环境保护义务和生态环境修复目标而创设的执法诉讼。生态环境损害赔偿磋商和诉讼的运作机理虽保留了一些“私法概念”,但其行政公权属性并未因此而发生改变。公权力的行使缺乏有效监督,可能会导致“政府失灵”。生态环境损害赔偿制度的运行亦有可能因作为赔偿权利人的行政机关怠于或违法履行生态环境损害索赔职责而失灵,最终无法达到修复生态环境损害、维护环境公益的目的。在政府或环保行政机关怠于依法履行环保监管或索赔职责时,有必要授权法定机关或社会组织借助司法督促政府或行政机关依法履职,促使环境行政公权力回归依法运行的轨道。检察机关作为我国的法律监督机关,天然具有监督行政机关依法开展监管和索赔工作的使命和职责。而环境行政公益诉讼正是激活检察机关法律监督职权的制度保障,也是检察机关借助司法手段监督和约束行政权的必要渠道。在国家环境治理体系和环境治理能力现代化背景下,生态环境损害赔偿与环境行政公益诉讼是行政机关和检察机关履行国家环境保护义务的两项重要制度,以司法权监督行政权,加强对权力运行的制约和监督,实现制度间的有效衔接,对生态环境损害救济体系化建设具有重大意义。

一、生态环境损害赔偿与环境行政公益诉讼衔接的理论逻辑

(一)域外生态环境损害赔偿与环境行政公益诉讼的衔接

在美国,《超级基金法》《石油污染法》等立法授权联邦政府、州政府提起自然资源损害赔偿。只要政府采取了管制、管理或者其他方式对违法行为进行了实质控制,就可以视为由政府"所有、管理或受托",进而适用自然资源损害赔偿制度。① 如果受托人没有依法提起自然资源损害索赔,公民和社会组织可以提起公民诉讼督促其履行职责。公民诉讼的作用在于监督受托人履行自然资源损害评估和修复的法定义务,而非向责任方要求自然资源损害赔偿。美国大部分的环境法规都有公民诉讼的条款,即公民可以通过起诉促进

① See Landreth, Lloyd W. &Ward, Kevin M., *Natural Resource Damages: Recovery under State Law Compared with Federal Laws*, 20 Environmental Law Reporter 10134 (1990).

环境法律的实施。在自然资源损害领域，如果公民认为行政机构没有履行受托人的职责，则可以提起公民诉讼督促其执法。[①]

欧盟环境损害救济则呈现由私法责任向公法应对转变的发展趋势。[②] 早期，欧盟试图依赖私法路径来救济环境损害。欧盟于1993年发布了《关于救济环境损害的绿皮书》，探讨了通过扩大民事侵权责任的适用范围以救济环境损害的问题。经过理论博弈和实践探索，欧盟又于2000年发布了《关于环境责任的白皮书》，承认政府在应对生态环境损害时应承担首要责任。[③] 随后，欧盟在2004年通过《关于预防和补救环境损害的环境责任指令》，其中规定了侵权责任人的预防和补救义务以及主管机关的权力与职责，[④]该指令更清晰地指出了环境损害救济的公法属性以及公法、私法主体的责任分工，为欧盟各成员生态环境损害赔偿立法提供了指引。该指令明确规定，公共机构为执行主体，只有在“主管机关通过自身或通过第三方代替经营者采取了措施”之后，再由其“向经营者索赔因此而产生的费用”。[⑤] “自然人或法人”只能“要求主管机关根据本指令

---

① 参见自然资源保护协会中国环境法项目、周悦霖、[美]Daniel Carpenter-Gold：《自然资源损害救济体系：美国经验及对中国的启示》，载谢玉红、曹明德主编：《中国环境法治》2014年下卷，法律出版社2015年版。

② See Emanuela Orlando, *From Domestic to Global? Recent Trends in Environmental Liability from a Multi-level and Comparative Law Perspective*：*From Domestic to Global?* 24 Review of European, Comparative& International Environmental Law 289(2015).

③ See Wilde M., *The EC Commission's White Paper on Environmental Liability*, 13 Journal of Environmental Law 21(2001).

④ See Kramer Ludwig, *Directive 2004/35/EC on Environmental Liability*, 16 Environmental Law and Management 5(2004).

⑤ 参见《欧盟〈关于预防和补救环境损害的环境责任指令〉》，王轩译，载沈四宝、王军主编：《国际商法论丛》第9卷，法律出版社2015年版。

采取行动”，[①]而不能直接起诉违法者。正因如此，有学者认为，该指令建立的乃是“一个由公共机构管理的成本分担系统”。[②] 欧盟各成员于2010年7月完成了对该指令的国内立法转化工作，具体做法则因各成员行政与司法体制的不同而有所差异。[③] 例如，德国制定的《环境损害预防和补救法》规定了责任人应履行信息报送、危害防治、恢复原状、费用负担等各项义务，主管部门监督责任人履行环境损害预防和补救的相关义务。若主管部门未依法履行监管职责，具有法定资格的环保组织则有权提起环境团体诉讼。在德国，利他型环境团体诉讼主要是指环境行政公益诉讼。如需要追究环境损害责任，环保组织只能起诉监管者，请求政府命令经营者履行环境损害的恢复义务，而不能直接对责任人提起请求恢复或采取适当方式恢复的诉讼。也就是说，环保组织发现经营者存在环境损害行为，应首先向行政机关提出申告，请求行政机关依据行政程序命令责任人采取措施，如果行政机关拒绝采取行动，环保组织可以向法院提起环境行政公益诉讼。[④]

---

① 参见《欧盟〈关于预防和补救环境损害的环境责任指令〉》，王轩译，载沈四宝、王军主编：《国际商法论丛》第9卷，法律出版社2015年版。

② 参见[英]马克·韦尔德：《环境损害的民事责任——欧洲和美国法律与政策比较》，张一心、吴婧译，商务印书馆2017年版，第5页。

③ See Plus Media, Register of Commission Documents: European Parliament Resolution of 26 October 2017 on the application of Directive 2004/35/EC of the European Parliament and of the Council of 21 April 2004 on Environmental Liability with Regard to the Prevention and Remedying of Environmental Damage 0414 Texts Adopted, European Union News, 2 December 2017.

④ 参见陶建国：《德国〈环境损害预防及恢复法〉评介及启示》，载《中国环境管理干部学院学报》2015年第2期。

囿于世界各国政治背景和权力构造的不同,无论是普通法系国家还是大陆法系国家,几乎没有形成体系化的检察机关提起的行政公益诉讼制度。中国是共产党的领导下的社会主义国家,行政机关与检察机关各司其职,共同维护人民的根本利益。中国立足于本国国情所积极探索和努力构建的检察机关提起的环境公益诉讼制度在世界上独树一帜,为国际社会发展公益诉讼制度提供了具有中国特色的开创性样本。2021 年,在世界自然保护大会、联合国生物多样性大会等重要国际会议上,公益诉讼检察制度作为中国特色社会主义司法制度的靓丽名片,获得相关国际组织、司法界人士的关注和好评。[①] 因此,应紧密围绕中国特色社会主义的政治背景和法治发展,探寻符合我国国情的生态环境损害赔偿与环境行政公益诉讼有效衔接的理论逻辑与运行机理。

(二)我国生态环境损害赔偿与环境行政公益诉讼衔接的理论逻辑

在中国特色社会主义法治建设的现实语境中,立法、行政、司法等不同国家权力之间并非西方国家"分权制衡"意义上的绝对分工,而是在人民主权原则和民主集中制基础上的功能差异与相对分工,行政权与其他国家权力之间在逻辑和经验上都存在交叉与互构。[②]基于国家环境保护义务论和公共治理理论,行政权与法律监督权合

---

① 参见邱春艳:《完善公益司法保护的中国方案 为服务保障中国式现代化作出新的检察贡献——最高检党组会研究讨论贯彻落实党的二十大"完善公益诉讼制度"要求》,载最高人民检察院网,https://www.spp.gov.cn//dj/xwjj/202211/t20221102_591767.shtml。

② 参见陈海嵩:《生态环境治理现代化中的国家权力分工——宪法解释的视角》,载《政法论丛》2021 年第 5 期。

理归位,以社会权力监督行政权,为生态环境损害赔偿与环境行政公益诉讼衔接奠定了理论基础。

1. 行政权与法律监督权的合理归位

由于生态环境损害修复和追偿通常需要投入大量的人力、物力和财力,且往往涉及较大时空范围的生态环境损害鉴定评估、专业技术方案的制定、巨额资金的监督管理等多个复杂的环节,由负有环保监督管理职责且具备专业技术、能力的政府或行政机关运用监管权和索赔权负责实施,更有助于环境保护公法目标的实现。换言之,生态环境损害赔偿制度旨在修复生态环境,政府作为生态环境的管理人,有首要的责任和义务维护、管理生态环境。赔偿权利人在权力结构上的优势地位也有利于率先开展索赔工作。[①] 如前所述,生态环境损害赔偿磋商是政府或行政机关运用索赔权、通过协商行政行为履行国家环境保护义务的一种新型柔性执法方式。同时,在磋商未能达成一致的情况下,作为赔偿权利人的政府或行政机关为追究生态环境损害修复或赔偿责任而提起的生态环境损害赔偿诉讼,实质上是一种"官告民"的执法诉讼,是现代环境监管手段之一。行政机关通过磋商和诉讼等途径对环境公共利益进行填补性救济,是传统行政管制手段的延伸,可以视为是行政机关全面履行其环境监管职责的必然要求。事实上,"政府的环境监管职责延伸说"同样可以溯源至立法者对《生态环境损害赔偿制度改革方案》的解读,通过生态环境损害赔偿制度可以使受损的生态环境得到修复,因而是政府履行国家环境保护义务的

① 参见陈爱武、姚震宇:《环境公益诉讼若干问题研究——以生态环境损害赔偿制度为对象的分析》,载《法律适用》2019 年第 1 期。

必然选择。

有权力则应有监督。新型生态环境损害赔偿制度存在的隐忧是“政企同盟”。作为污染者、生态破坏者的企业往往是地方的纳税大户,在“GDP至上”“稳定压倒一切”的理念主导下,地方官员出于考核与晋升的考虑,容易与企业“合谋”,减轻污染者责任甚至怠于索赔。由于地方政府秉持“GDP至上”的政绩观,地方官员的考核与晋升也和经济指标有直接关系,环境法律往往被各种经济政策削弱或取代,环境执法面临地方政府的强大阻力。[①]在某些特殊情形下,作为赔偿权利人的政府或行政机关出于地方保护主义或其他方面利益的考量,可能在生态环境损害赔偿磋商或诉讼制度规则允许的范围内作出部分“合法”让步,导致未能最大限度地修复严重受损的生态环境和维护环境公共利益。此外,司法实践中不乏赔偿权利人怠于履职的案例。例如,赔偿权利人未充分行使生态环境损害索赔权,反而依赖社会组织或检察机关提起环境民事公益诉讼,以达到代替赔偿权利人履行索赔职责的效果。为避免行政权的恣意,对生态环境损害这一公共议题之调处,应遵循“行政规制优先—司法监督行政”的位序安排。从理论上来说,行政机关与检察机关分工配合、各司其职。检察机关根据宪法和法律的授权行使法律监督职能,有权依据其享有的法律监督权对行政权力实施监督,这在具有中国特色的行政公益诉讼制度中得到充分体现。政府或行政机关依法享有生态环境监管权和索赔权,当政府或行政机关怠于或违法履行生态环境损害监

① 参见陈海嵩:《绿色发展中的环境法实施问题:基于PX事件的微观分析》,载《中国法学》2016年第1期。

管或索赔职责时,检察机关应当启动环境行政公益诉讼对其进行法律监督。

国家环境保护义务论亦为生态环境损害赔偿与环境行政公益诉讼衔接提供正当的理论支撑。立法机关、行政机关及司法机关共同但有区别地担负国家环境保护义务。立法机关为国家提供环境公共产品提供实体法、程序法的依据;行政机关严格依法行政,通过监督管理或环境执法实现环境保护的公法目标;司法机关作为纠纷终结者或法律监督者,为国家环境保护义务的实现提供司法保障和司法监督。党中央、国务院从顶层设计的高度创设了具有中国特色和创新蕴含的生态环境损害赔偿制度。无论是行政机关全面落实生态环境损害赔偿制度,还是检察机关针对行政机关索赔职责启动环境行政公益诉讼程序,都是国家公权力对宪法所规定的国家环境保护义务的履行和对环境公共利益的维护。此外,依据法律监督理论,构建生态环境损害赔偿与环境行政公益诉讼的衔接机制能够使行政权与法律监督权在生态环境损害赔偿磋商与诉讼过程中实现更好的协调,充分激活行政机关在生态环境损害赔偿领域的专业技术优势以及检察机关的法律监督职能。生态环境损害赔偿与环境行政公益诉讼的衔接宜采取"行政机关主导、检察机关监督"的模式。检察机关应作为生态环境损害索赔的监督者,行政机关适宜担任生态公共产品的供应者、生态利益保护的统领者和生态环境损害索赔的主体。由国家检察机关担任监督主体,督促环保行政部门履行生态环境损害修复和求偿的职责,也符合我国当下正在改革推进的以检察机关为中心的环境公益诉讼制度改革的方向。总的来说,国家主导的生态环境损害赔偿应该形成"环保行政部门为主、人民检察院监督”的运行模式。[①] 如果行政机关怠于向赔偿义务人追究生态环境损害赔偿责任,或违法履职导致严重受损的生态环境未得到有效修复或赔偿,检察机关应当对行政机关怠于或违法履行生态环境损害索赔职责的行为进行监督,而环境行政公益诉讼则是检察机关对行政机关进行法律监督的有效渠道和兜底手段。具体而言,检察机关一旦发现行政机关怠于履职或违法履职,可以向赔偿权利人制发诉前检察建议,诉前检察建议无果时,向人民法院提起环境行政公益诉讼,督促行政机关切实履行生态环境损害索赔职责。概言之,以“生态环境损害赔偿为主导、检察机关运用环境行政公益诉讼进行监督”的运行模式有助于扭转司法权越位行政权的错位局面,促使行政权与法律监督权合理归位,使两项制度独立运转又协调运行。

2. 以社会权利监督行政权

基于《宪法》赋予的特殊地位以及《行政诉讼法》第 25 条第 4 款的授权,我国检察机关无疑享有提起环境行政公益诉讼的资格。但是,现阶段的法律授权并不意味着检察机关理应作为有权提起环境行政公益诉讼的唯一适格主体。若从诉讼经济与诉讼秩序的视角对检察机关提起环境行政公益诉讼的现实状态进行细致考量,可以发现实际上我们既需要对原告资格进行必要的限制,也应当防止环境行政公益诉讼的实际启动权由单一主体独占。

随着公众环保意识不断提高,社会公众参与环境保护的热情亦日益升温。目前阶段,应当鼓励而不是排斥环保社会组织参与生态

① 参见卢瑶、熊友华:《生态环境损害赔偿制度的理论基础和完善路径》,载《社会科学家》2019 年第 5 期。

环境损害赔偿诉讼，等到时机成熟再由环保组织直接对环境污染、生态破坏者提起环境民事公益诉讼转向主要对环保执法机关提起行政公益诉讼，前提是允许环保社会组织代表社会公共利益提起环境行政公益诉讼。[①] 基于环境公共治理理论，从长远来看，赋予社会组织提起环境行政公益诉讼资格是国家治理体系与治理能力现代化的发展趋势。权力天然具有扩张性，为避免生态环境损害索赔权的肆意扩张，并打破公权力监督公权力的封闭监管格局，有必要赋予符合条件的社会组织针对行政机关怠于履行或违法履行生态环境损害索赔职责的行为提起环境行政公益诉讼。具体而言，在生态环境损害赔偿磋商阶段，赋予适格的社会组织参与权，有助于发挥公众对生态环境损害索赔权的监督制约作用。除了允许社会组织参与生态环境损害赔偿磋商，当作为赔偿权利人的行政机关怠于对违法行为人开展索赔或违法作为导致受损的生态环境得不到有效修复或赔偿时，适格的社会组织应有权向人民法院提起环境行政公益诉讼。社会组织作为环境行政公益诉讼的起诉主体，以社会权利监督行政公权力，从而切实助力多元共治的新型环境治理结构与体系的形成与发展，有利于完善"权力监督制约"的环境公共治理格局。总而言之，社会组织有权通过自发机制及时反映诉求，以相对理性且平和的方式化解纠纷，进而实现环境公共利益维护之目标。根据国家权力的分工，检察机关与行政机关存在某种监督与制衡的关系，而社会组织作为起诉主体参与其中的"权利监督权力"关系，使权力监督制约的作用更加牢固。社会组织能发挥对行政机关和

① 参见曹明德：《〈民法典〉生态环境损害赔偿条款法理辨析》，载《法律科学（西北政法大学学报）》2022 年第 1 期。

检察机关权力监督制约作用。[①] 为了充分发挥环保公益组织的监督制约作用,环境行政公益诉讼的原告资格应当与环境民事公益诉讼的相关规定一致,即应当允许符合特定条件的环保公益组织提起行政公益诉讼,而不是仅限于由检察机关提起。[②] 我国生态环境损害赔偿磋商或诉讼的正当运行,离不开社会权力的有效监督。社会公众是生态环境利益的直接享有者,其应当有权对涉及公众切身利益的生态环境损害赔偿制度进行监督。未来立法应当赋予适格社会组织提起环境行政公益诉讼的资格,使其有权借助司法对生态环境损害索赔权进行监督。

二、生态环境损害赔偿与环境行政公益诉讼衔接的运行机理

生态环境损害赔偿制度涉及更多的是公法层面的问题。居于主导地位的赔偿权利人能否依法尽职行使索赔权,直接决定生态环境损害赔偿目标的实现。检察机关作为法律监督机关,享有监督赔偿权利人行使生态环境损害索赔权、维护环境公共利益的神圣使命和法定职责。而检察机关行使该法律监督权的刚性保障便是环境行政公益诉讼。生态环境损害赔偿之诉的提起,某种意义上也是政府具体行政行为的一种体现,因其请求内容涉及环境公益,理论上说也应受到环境行政公益诉讼制度的监督。[③] 检察机关应当充分发

---

① 参见秦天宝:《论环境民事公益诉讼中的支持起诉》,载《行政法学研究》2020 年第 6 期。

② 参见王明远:《论我国环境公益诉讼的发展方向:基于行政权与司法权关系理论的分析》,载《中国法学》2016 年第 1 期。

③ 参见李晖、杨雷:《生态环境损害赔偿制度研究——兼论其与环境公益诉讼的衔接》,载《西部法学评论》2018 年第 3 期。

挥环境行政公益诉讼的监督功能,督促赔偿权利人依法履行生态环境损害索赔职责。

具体而言,生态环境损害赔偿与环境行政公益诉讼衔接主要存在三种情形:第一种情形为,省级、市地级政府及其指定的部门、机构作为赔偿权利人不依法开展磋商或磋商过程中不依法履职的,检察机关借助环境行政公益诉讼(包括诉前程序和诉讼程序)督促其依法进行磋商;第二种情形为,省级、市地级政府及其指定的部门、机构作为赔偿权利人与赔偿义务人达成磋商协议,但赔偿义务人未如约履行协议,赔偿权利人亦未依法催告并申请强制执行,检察机关借助环境行政公益诉讼(包括诉前程序和诉讼程序)督促其依法催告并申请强制执行;第三种情形为,省级、市地级政府及其指定的部门、机构作为赔偿权利人与赔偿义务人磋商不成,应及时提起生态环境损害赔偿诉讼而不提起,检察机关借助环境行政公益诉讼(包括诉前程序和诉讼程序)督促其依法提起生态环境损害赔偿诉讼。换言之,当赔偿权利人享有环境索赔职责却不依法行使索赔权时,检察机关有权制发检察建议督促其依法履职,赔偿权利人仍不依法行使索赔权的,检察机关有权提起环境行政公益诉讼。环境行政公益诉讼在生态环境损害赔偿领域发挥着督促索赔权依法实现的功能,体现了中国特色"司法权监督行政权"的运行逻辑。

(一)将生态环境损害赔偿纳入环境行政公益诉讼的适用范围

依据《最高人民法院、最高人民检察院关于检察公益诉讼案件适用法律若干问题的解释》第21条[①]的规定,负有环保监督管理职责的行政机关违法行使职权或不作为,致使环境公益受侵害的,检察机关有权提起环境行政公益诉讼。这里的"环保监督管理职责"宜做扩大解释,主要是指基于国家环境保护义务而授予行政机关行使的以维护环境公共利益为目标的行政职能,包括法律、行政法规、部门规章、司法解释等规范性文件规定的行政处罚、行政命令、行政强制、行政磋商等刚性或柔性执法手段以及执法诉讼。

行政协商的特质要求未来生态环境损害赔偿的制度设计须充分考虑作为协商一方的行政机关,为达成生态环境损害修复和赔偿合意而与行政相对人进行适当妥协与职能坚守的现实需要。因此,随着现代环境治理过程中复杂性问题不断涌现,赋予行政机关一定限度之协商裁量权具有相当的必要性。在协商行政理论的框架下,行政机关在开展生态环境损害赔偿协商前所进行的调查取证、鉴定评估、方案制定等行为以及达成生态环境损害赔偿合意后的执行监督行为,均应被视为行政权行使的公权行为。同时,行政机关的行政协商行为亦应严格限缩于实现严重生态环境损害的填补与救济的既定目标,并纳入行政控权之规制范畴。生态环境损害赔偿磋商的双方当事人为行政机关与行政相对人,那么就存在公权力与私权

① 该条规定:"人民检察院在履行职责中发现生态环境和资源保护、食品药品安全、国有财产保护、国有土地使用权出让等领域负有监督管理职责的行政机关违法行使职权或者不作为,致使国家利益或者社会公共利益受到侵害的,应当向行政机关提出检察建议,督促其依法履行职责。行政机关应当在收到检察建议书之日起两个月内依法履行职责,并书面回复人民检察院。出现国家利益或者社会公共利益损害继续扩大等紧急情形的,行政机关应当在十五日内书面回复。行政机关不依法履行职责的,人民检察院依法向人民法院提起诉讼。"

利之间的博弈与妥协,赋予行政公权力以及控制行政公权力都应当限定在正当合理的范围内。具体表现为:一是生态环境损害赔偿磋商具有时效性。不允许行政机关依其自由意志与赔偿义务人随意达成磋商协议,从而造成严重受损的生态环境修复不及时或赔偿不到位。二是生态环境损害赔偿磋商具有公益性。在磋商过程中,应当赋予行政机关足够但有限的行政自由裁量权。为确保严重受损的生态环境得到及时有效的修复,或在难以修复的情况下得到及时到位的赔偿,行政机关有权主导鉴定评估、方案制定以及公众参与,但应同时赋予行政机关在确保生态环境利益不减损的前提下,对赔偿义务人的履约方式进行适当妥协和权衡的权利。三是生态环境损害赔偿磋商具有职权性。在磋商中,如果赔偿权利人的诉求或与赔偿义务人达成的协议损害环境公共利益,检察院有权就赔偿权利人违法履职的行为提起环境行政公益诉讼。为了确保司法机关介入环境公共事务的正当性和有效性,应当明确行政机关在环境公共事务上的主导权,而对于行政机关是否勤勉执法,可以通过行政公益诉讼的方式来监督其履行监管职责。从法律的体系性和逻辑的一致性来看,宜在未来修改法律时进一步增加不能修复时责令赔偿的规定,并通过行政公益诉讼监督政府履行监管职责。①

赔偿权利人提起生态环境损害赔偿诉讼的"权利"同时也是其"职责",这是生态环境损害赔偿之诉得以常态化运行的内在逻辑和保障。司法实践中,当生态环境损害赔偿磋商未能达成一致时,存在赔偿权利人怠于及时提起生态环境损害赔偿诉讼甚至商请由检

① 参见张宝:《生态环境损害政府索赔权与监管权的适用关系辨析》,载《法学论坛》2017 年第 3 期。

察机关直接提起环境民事公益诉讼的情形,试图以司法权代替行政权的行使。同时,即使赔偿权利人提起生态环境损害赔偿诉讼,其也可能在不同环节中既是“运动员”又是“裁判员”,导致生态环境损害得不到有效救济。因此,应当对赔偿权利人提起生态环境损害赔偿诉讼的行为进行司法监督。生态环境的公益性特质需要未来立法在赋予行政机关法定给付义务和自由裁量权的同时,始终保持一张严肃的控权面孔,以司法外部监督促进行政权的合法正当运行。检察机关是我国的法律监督机关,赋予检察机关对赔偿权利人不履行生态环境损害求偿职责的监督权力,可以降低制度衔接的成本,提高工作效率。此外,赋予符合条件的社会组织就赔偿权利人怠于索赔或违法索赔的行为提起环境行政公益诉讼的资格,能够进一步打破公权力监督公权力的封闭格局,促进环境公共治理的实现。

简言之,应对“环保监督管理职责”做扩大解释,将生态环境损害赔偿磋商和诉讼纳入环境行政公益诉讼适用范围,即作为赔偿权利人的行政机关开展生态环境损害赔偿磋商或提起生态环境损害赔偿诉讼的行为均属于行政机关的职权行为,当赔偿权利人违法行使职权或者不作为,致使国家环境利益或环境公共利益受到侵害的,检察机关有权制发检察建议或提起环境行政公益诉讼督促其依法履行职责,符合条件的社会组织亦应具有提起环境行政公益诉讼的资格。

(二)以诉前建议监督生态环境损害赔偿(磋商+诉讼)

为节约司法资源,我国环境行政公益诉讼设置了检察机关制发诉前建议的前置程序。诉前程序为实现司法监督目标节约了成本、提高了控制行政权的效率。将生态环境损害赔偿磋商和诉讼纳入环境行政公益诉讼适用范围,有助于以司法权监督行政权,保障监管权和索赔权的依法运行。检察机关针对赔偿权利人违法行使生态环境损害索赔权的行为启动环境行政公益诉讼,同样适用诉前程序。但由于生态环境损害索赔权与监管权存在本质上的区别,仍应针对生态环境损害索赔权的特殊性设计特殊的条款,以便促进生态环境损害索赔目标的实现。

具体而言,第一,当负有生态环境损害索赔职责的赔偿权利人怠于启动生态环境损害赔偿磋商或在磋商过程中存在违法行使职权导致严重受损的生态环境未得到及时修复或赔偿时,检察机关有权向赔偿权利人制发诉前检察建议,督促赔偿权利人积极依法开展生态环境损害赔偿磋商。第二,赔偿权利人与赔偿义务人经生态环境损害赔偿磋商达成协议后,赔偿权利人应当对磋商协议的实施进行监督。因赔偿义务人原因导致磋商协议(其本质属于行政协议)未如约履行的,赔偿权利人可以向人民法院申请强制执行。若赔偿权利人怠于或违法行使监督协议履行的职权,检察机关有权制发诉前检察建议督促其依法履行监督生态环境损害赔偿协议实施的职责。第三,当生态环境损害赔偿案件有必要进入诉讼程序时,检察机关同样有权对赔偿权利人提起生态环境损害赔偿诉讼的行为进行法律监督,即当赔偿权利人与赔偿义务人依法定程序开展生态环境损害赔偿磋商,但未能达成磋商协议时,赔偿权利人应及时向人民法院提起生态环境损害赔偿诉讼,赔偿权利人在法定期限内怠于起诉的,检察机关有权向赔偿权利人制发诉前检察建议,督促赔偿权利人及时依法提起生态环境损害赔偿诉讼。

(三)以诉讼程序督促生态环境损害赔偿(磋商+诉讼)

在穷尽传统环境行政管制手段仍难以使严重受损的生态环境得到修复或赔偿的领域,基于国家环境保护义务,赔偿权利人应及时与赔偿义务人开展生态环境损害赔偿磋商。当赔偿权利人与赔偿义务人无法开展磋商或者经生态环境损害赔偿磋商仍未能达成磋商协议时,赔偿权利人有优先依法提起生态环境损害赔偿诉讼的职责。以诉前建议督促赔偿权利人开展生态环境损害赔偿磋商或诉讼,可以给予赔偿权利人自我纠错的机会,有助于节约司法资源,体现司法权遵让行政权的理念。而对于经诉前建议,赔偿权利人仍怠于或违法实施生态环境损害索赔权的行为,检察机关有权提起环境行政公益诉讼。

在社会组织尚未具备环境行政公益诉讼起诉资格的现阶段,社会组织亦应有权全程参与和监督生态环境损害赔偿过程。第一,当社会组织发现生态环境损害赔偿线索时,可以主动告知相关赔偿权利人和相应的检察机关,以督促赔偿权利人开展生态环境损害赔偿磋商。第二,基于公众参与原则,社会组织有权参与生态环境损害赔偿磋商过程,对磋商过程中涉及的生态环境损害程度、评估鉴定、赔偿数额、修复方案等内容进行监督。第三,当磋商未能达成一致时,社会组织有权告知检察机关以诉前检察建议的形式监督赔偿权利人及时依法提起生态环境损害赔偿诉讼。赔偿权利人经诉前建议仍怠于提起生态环境损害赔偿诉讼的,检察机关有权提起环境行政公益诉讼。

从长远来看,仍应打破检察机关作为唯一适格主体提起环境行政公益诉讼的局面,赋予符合法定条件的社会组织提起环境行政公益诉讼的主体资格,以进一步完善国家生态环境治理格局。在未来,我国应建立“以行政机关为首要求偿主体”“以社会组织为主要督促主体”“以检察机关为兜底监督主体”的三位一体的生态环境损害赔偿监督机制。在生态环境严重受损的领域,赔偿权利人是启动生态环境损害赔偿磋商或提起生态环境损害赔偿诉讼的首要求偿主体。如果赔偿权利人经诉前建议仍怠于启动生态环境损害赔偿磋商或提起生态环境损害赔偿诉讼,社会组织或检察机关有权对其提起环境行政公益诉讼。建立“政府—社会组织—检察院”三层递进的诉讼主体结构,有助于充分激活社会力量督促生态环境损害索赔权依法履行,并发挥检察机关作为法律监督机关的兜底功能。

第五章
生态环境损害赔偿与环境公益诉讼衔接的规范构造

在美国，环境公民诉讼和自然资源损害赔偿诉讼都是通过环境法中的特别条款来确立的。[①]在我国，根据《立法法》的规定，诉讼制度属于法律保留事项，应由全国人大或人大常委会以法律形式予以明确。法定性意味着立法内容明确具体，涵盖制度实施过程中的具体细节，包括适用范围、诉前程序、诉讼处分、执行监督等。这不仅涉及环境公共利益的判断和界定、行政权与司法权的界分等重大公共决策问题，还关乎我国如何形成长期有效的常态化程序机制，在保障公正效

① 参见巩固：《美国环境公民诉讼之起诉限制及其启示》，载《法商研究》2017 年第 5 期；自然资源保护协会(NRDC)中国环境法项目、周悦霖、[美]Daniel Carpenter-Gold：《自然资源损害救济体系：美国经验及对中国的启示》，载谢玉红、曹明德主编：《中国环境法治》2014 年下卷，法律出版社 2015 年版。

率的同时,避免行政恣意以及司法资源不必要的浪费。

在规范构造方面,立法应在遵循生态环境损害赔偿与环境公益诉讼衔接逻辑和运行机理的基础上,明确制度衔接的适用范围,充分发挥各项制度的功能优势。我国宜分别建立生态环境损害赔偿与环境民事公益诉讼、生态环境损害赔偿与环境行政公益诉讼的衔接机制和具体规范,形成“行政主导、司法为辅”“生态环境损害赔偿为主、环境行政公益诉讼加持、环境民事公益诉讼为补充”的多层次生态环境损害救济立法格局。简言之,政府和行政机关作为环境行政监管和索赔的第一责任人,应当优先依法行使监管权和索赔权,履行国家环境保护义务。在穷尽一切传统环境行政管制手段仍不足以修复或赔偿严重受损的生态环境时,作为赔偿权利人的行政机关应按照“先磋商后诉讼”的次序履行生态环境损害索赔职责。检察机关作为法律监督机关,应当借助环境行政公益诉讼督促行政机关积极依法履行监管权和索赔权。当赔偿权利人经督促仍怠于履行环境行政监管和索赔职责时,符合法定条件的社会组织可补充提起环境民事公益诉讼。在赔偿权利人不启动生态环境损害赔偿磋商或诉讼,又没有适格社会组织提起环境民事公益诉讼时,检察机关才作为兜底主体提起环境民事公益诉讼。本章拟循此而进,分别针对生态环境损害赔偿与环境民事公益诉讼的衔接、生态环境损害赔偿与环境行政公益诉讼的衔接开展论述。

第一节　生态环境损害赔偿与环境民事公益诉讼衔接的规范构造

一、严格限定衔接制度的适用范围

在实体法上,对环境公共利益内涵和外延的确认和界定主要依据公法。同理,生态环境损害赔偿与环境民事公益诉讼衔接制度的适用范围在实体上须依法律规定、依公法裁判,否则将陷入以私法规则处理公共事务、以个人意志界定公共利益的错位与混乱。

《生态环境损害赔偿制度改革方案》将"生态环境损害"界定为"因污染环境、破坏生态造成大气、地表水、地下水、土壤、森林等环境要素和植物、动物、微生物等生物要素的不利改变,以及上述要素构成的生态系统功能退化"。而"不利改变"以及"功能退化"等用语表明了生态环境损害赔偿制度救济的生态环境损害仅为环境污染或生态破坏行为造成的实际损害,同时,该方案明确列举了三种严重的生态损害情形:(1)发生较大及以上突发环境事件的;(2)在国家和省级主体功能区规划中划定的重点生态功能区、禁止开发区发生环境污染、生态破坏事件的;(3)发生其他严重影响生态环境后果的。各地区亦根据当地实际情况,以地方性法规的形式细化了"其他"导致生态环境发生严重损害后果的情形。另外,《生态环境损害赔偿制度改革方案》明确赔偿义务人须"违反法律法规"。我国《固体废物污染环境防治法》第 122 条明确规定,针对固体废物污染环境、破坏生态给国家造成重大损失的情形,赔偿权利人可以提起生态环境损害赔偿诉讼。《民法典》第 1235 条亦规定"违反国家规定造成生态环境损害的……”等内容。由此可见，我国生态环境损害赔偿磋商或诉讼的适用以“生态环境受到严重损害”且“行为违法”为前提。

相比之下，我国环境民事公益诉讼的适用范围要宽泛得多。根据《环境保护法》第58条、《民事诉讼法》第58条以及《最高人民法院关于审理环境民事公益诉讼案件适用法律若干问题的解释》第1条等规定，环境民事公益诉讼的适用范围包括两种情形：一是污染环境和破坏生态行为已经对社会公共利益造成损害后果的；二是污染环境和破坏生态行为具有损害社会公共利益重大风险的。从理论上讲，有“管制俘获”的可能就有“代位执法”的必要，故作为代位执法诉讼的环境民事公益诉讼的适用较为宽泛，当环境行政执法失灵时，环境民事公益诉讼可以在环境行政执法涉及的领域发挥补充性功能。因此，几乎所有污染环境、破坏生态行为导致环境公益损害或产生重大环境风险的情形均在环境民事公益诉讼受案范围之内。环境民事公益诉讼不以“严重损害后果”为必要前提。

从解释论立场出发，可从两个维度对生态环境损害赔偿与环境民事公益诉讼的适用范围作比较：首先，从时间维度来看，生态环境损害赔偿磋商或诉讼的适用范围仅包括污染环境和破坏生态行为造成的实际严重损害，生态环境损害赔偿的目的在于填补生态环境损害，是一种事后救济；而环境民事公益诉讼适用于任何一个环境行政管制失灵的环节，既包括事后救济也包括事前预防。其次，从空间维度来看，生态环境损害赔偿本质上是一个公共政策选择问题，是以柔性行政磋商或公法诉讼等新型执法方式实现环境行政管制目标，仅在传统环境行政管制手段（行政处罚、行政命令以及行政强制）难以发挥作用的生态环境严重损害领域适用；环境民事公益诉讼作为环境行政执法的补充机制,主要是为弥补行政管制的失灵,对适用范围无严格限制。环境民事公益诉讼与生态环境损害赔偿在适用范围上表现为一种包含与被包含的关系。基于此,可以将“结果严重性”和“行为违法性”作为确定衔接制度适用范围的判断标准。以损害结果为判断依据来确定是否提起诉讼,这反映出生态环境损害赔偿诉讼与环境民事公益诉讼追究的不仅是一种行为责任,更是一种结果责任,目的就是实现生态环境损害的完全恢复或者偿付,彰显的是不同诉讼之间的功能补充。[①] 作为救济生态环境损害的司法手段,环境民事公益诉讼和生态环境损害赔偿诉讼所担负的责任就是事后追究生态环境损害,而不是包揽所有保护生态环境的责任,将二者有效衔接的前提就是要对二者采用相同的归责原则,消除二者之间的龃龉,否则就会导致不同的主体对同一行为援引同一实体法依据进行追责但产生不同的法律后果之危险。应遵循《民法典》的规定,采用过错归责原则[②],即生态环境损害赔偿与环境民事公益诉讼仅在违法行为造成严重生态环境损害的范围内有衔接的空间。由此可见,应确立“有限实施”思想,通过立法明确界定生态环境损害赔偿的适用范围,将其限于确有可能和必要的领域,避免泛化或模糊化,将生态环境损害赔偿与环境民事公益诉讼的衔接限缩在合理范围内。

换言之,在穷尽传统环境行政管制手段仍不足以修复生态环境

---

① 参见向往、秦鹏:《生态环境损害赔偿诉讼与民事公益诉讼衔接规则的检讨与完善》,载《重庆大学学报(社会科学版)》2021 年第 1 期。

② 参见周虹:《论生态环境损害责任的归责原则——以环境民事公益诉讼与生态环境损害赔偿诉讼相衔接为视角》,载《法律适用》2023 年第 6 期。

或获得赔偿的生态环境严重损害领域，应优先由赔偿权利人与赔偿义务人进行生态环境损害赔偿磋商，在无法开展磋商或磋商未达成协议的情况下，由赔偿权利人提起生态环境损害赔偿诉讼。当赔偿权利人已着手履行其索赔职责时，社会组织提起环境民事公益诉讼的，人民法院不应受理。而对于生态损害赔偿制度适用范围之外出现的一般的生态环境损害或存在重大生态环境损害风险的情形，宜由法律规定的机关或有关组织提起环境民事公益诉讼，赔偿权利人无须提起生态环境损害赔偿磋商或诉讼，因为在严重生态环境损害领域之外不存在衔接空间和顺位冲突问题。

二、明确生态环境损害赔偿磋商与环境民事公益诉讼的衔接规则

生态环境损害赔偿分为磋商和诉讼两个阶段。生态环境损害赔偿诉讼与环境民事公益诉讼的衔接已有相关规范予以简单规定，但生态环境损害赔偿磋商与环境民事公益诉讼的衔接规则，相关规范却鲜有涉及。司法实践中，不乏“赔偿权利人与赔偿义务人进行磋商过程中，社会组织针对同一生态环境损害事实提起环境民事公益诉讼”或者“社会组织先行提起环境民事公益诉讼，法院审理期间，赔偿权利人与赔偿义务人再针对同一生态环境损害事实开展生态环境损害赔偿磋商”的情形。因此，有必要建构生态环境损害赔偿磋商与环境民事公益诉讼衔接的具体规则，以便形成稳定、常态化的衔接机制。

1. 磋商前或诉讼前的告知程序和沟通机制

基于协商行政理论，作为柔性执法手段的生态环境损害赔偿磋商是刚性执法手段（行政处罚、行政命令、行政强制）的延伸。负有法定环境保护监管职责的政府或行政机关应当首先依法履行环境

行政监管职责，在穷尽刚性执法手段仍不能有效维护和救济严重受损的生态环境的前提下，方可启动生态环境损害赔偿磋商程序，否则就构成对自身法定监管职责的放弃。由于赔偿权利人与赔偿义务人开展生态环境损害赔偿磋商的目的在于全面修复严重受损的生态环境，维护不特定多数公众共享的环境公共利益，因此，为保障生态环境损害赔偿磋商双方当事人达成的磋商协议符合环境正义，生态环境损害赔偿磋商应充分践行公众参与原则。在开展生态环境损害赔偿磋商前后，充分保障公众知情权、参与权和监督权，如明确规定生态环境损害赔偿磋商信息公开、公众参与的方式、公众介入的时间以及公众反馈意见的处理程序等。作为公众代表，社会组织有权参与生态环境损害赔偿磋商过程，在生态环境损害赔偿磋商过程中发挥公众监督和为公众维权的作用，避免针对同一生态环境损害事实和诉求另行提起环境民事公益诉讼，导致行政资源和司法资源的浪费。同时，为保障生态环境损害赔偿磋商与环境民事公益诉讼有序进行，合理配置行政资源和司法资源，赔偿权利人在开展生态环境损害赔偿磋商前，应当在官方平台或网站上公告磋商事由、磋商对象、磋商时间、磋商地点、参与方式等，并邀请社会组织、检察机关、专家学者等第三方主体参与生态环境损害赔偿磋商，以保障公众参与权和监督权的实现。受邀的社会组织、检察机关及专家学者等主体可以在生态环境损害赔偿磋商过程中发表意见，赔偿权利人或赔偿义务人不予采纳的，需说明理由。通过公告程序和沟通机制，让社会组织、检察机关及专家学者等主体参与磋商，既可以最大限度地实现生态环境修复目标，又能增强生态环境损害赔偿磋商协议的社会可接受性。此外，如前所述，生态环境损害赔偿磋商属于行政磋商的范畴，是行政权行使的特殊方式，基于

“司法权谦让行政权”的理论，应当设置生态环境损害赔偿磋商优先于环境民事公益诉讼的规则，且明确生态环境损害赔偿磋商具有阻断环境民事公益诉讼的效力，即一旦赔偿权利人启动生态环境损害赔偿磋商，社会组织提起环境民事公益诉讼的，人民法院不予受理。

在生态环境损害赔偿磋商启动前，将磋商信息向社会公开，有助于避免生态环境损害赔偿磋商过程中，社会组织针对同一生态环境损害事实另行提起环境民事公益诉讼。同时，社会组织或检察机关在提起环境民事公益诉讼之前，亦应与损害行为有关的行政机关及相关赔偿权利人进行沟通，避免已经提起的环境民事公益诉讼因赔偿权利人另行开展生态环境损害赔偿磋商而被阻断。然而，《最高人民法院关于审理环境民事公益诉讼案件适用法律若干问题的解释》第12条仅规定“人民法院受理环境民事公益诉讼后，应当在十日内告知对被告行为负有环境资源保护监督管理职责的部门”，并未对环境民事公益诉讼设置前置程序，导致社会组织提起环境民事公益诉讼时，对同一严重损害生态环境的行为负有索赔职责的赔偿权利人可能并不知情。一旦赔偿权利人与赔偿义务人在环境民事公益诉讼受理期间达成生态环境损害赔偿磋商协议，环境民事公益诉讼中原告的诉讼请求可能因全部或部分实现而被驳回，造成司法资源不必要的浪费。为避免社会组织提起环境民事公益诉讼后，赔偿权利人方才启动生态环境损害赔偿磋商，导致环境民事公益诉讼被中止或功能大打折扣，建议设置环境民事公益诉讼的诉前程序。违反环保法规定且造成严重生态环境损害的行为即属于生态环境损害赔偿适用范围，社会组织在提起环境民事公益诉讼前，应当告知违法行为人、负有监管或索赔职责的行政机关以及负有法律监督权的检察机关。在法定期限内,赔偿权利人与赔偿义务人依法及时启动生态环境损害赔偿磋商程序的,社会组织不得提起环境民事公益诉讼。在法定期限内,赔偿权利人经督促仍不启动生态环境损害赔偿磋商程序的,社会组织有权提起环境民事公益诉讼。社会组织向人民法院提起环境民事公益诉讼的,人民法院应在立案时审查涉案事实是否属于生态环境损害赔偿的适用范围。若涉案事实属于生态环境损害赔偿适用范围,社会组织则须提供已进行诉前告知且赔偿权利人不启动生态环境损害赔偿磋商的证明材料。否则,人民法院不予受理。同时,立法应当规定怠于启动生态环境损害赔偿磋商的赔偿权利人的法律责任。

2. 磋商过程中,社会组织提起环境民事公益诉讼宜受限制

在行政权尚未充分发挥监管或索赔功能时,司法权不宜干涉甚至替代行政权。为尊重行政机关的首次判断权并遵循行政成熟性原则,在赔偿权利人与赔偿义务人就生态环境损害修复和赔偿事宜启动磋商的过程中,社会组织原则上不得针对同一严重受损的生态环境损害事实提起环境民事公益诉讼。如果在赔偿权利人与赔偿义务人就生态环境损害修复与赔偿事宜开展行政磋商的过程中,社会组织向人民法院就同一严重受损的生态环境损害事实提起环境民事公益诉讼,人民法院应不予受理。虽然社会组织不得在生态环境损害赔偿磋商过程中就同一生态环境损害事实向人民法院提起环境民事公益诉讼,但社会组织有权应邀或申请参与生态环境损害赔偿磋商过程,督促生态环境损害赔偿磋商程序公正进行。社会组织参与生态环境损害赔偿磋商过程中,可以针对赔偿协议的内容或磋商程序发表意见,由赔偿权利人决定是否采纳社会组织的意见,不采纳的,应说明理由。

3. 磋商成功后，社会组织提起环境民事公益诉讼的特殊情形

赔偿权利人与赔偿义务人开展的生态环境损害赔偿磋商属于行政协商，磋商达成的协议具有行政协议属性。然而，在赔偿权利人与赔偿义务人就生态环境损害事实和程度、修复启动时间和期限、赔偿的方式和期限等事项进行磋商并达成生态环境损害赔偿协议的情况下，会出现完全履行磋商协议、部分履行磋商协议以及不履行磋商协议这三种情况。针对这三种情况，宜进一步细化相关衔接规则。

(1)完全履行磋商协议的情形

当赔偿义务人按照生态环境损害赔偿磋商协议的内容要求完全履行生态环境损害修复或赔偿目标时，生态环境损害赔偿磋商的目标即得以实现，那么，针对赔偿协议中约定并实现的事项，社会组织无须另行提起环境民事公益诉讼。但是超出生态环境损害赔偿协议约定的范畴，涉及一般生态环境损害或重大环境风险的诉求的，社会组织有权另行提起环境民事公益诉讼，法院应予以立案受理。

(2)部分履行磋商协议的情形

生态环境损害赔偿协议的履行应遵循全面赔偿或完全修复原则，以确保赔偿权利人与赔偿义务人经协商一致所达成的协议内容得到全面履行。在生态环境损害赔偿磋商协议达成后，如赔偿义务人仅部分履行生态环境损害赔偿磋商协议约定的赔偿或修复义务，就未履行部分的义务，赔偿权利人有权根据《行政强制法》和《最高人民法院关于审理行政协议案件若干问题的规定》第 24 条的规定，催告赔偿义务人继续履行，赔偿义务人经催告仍未继续履行协议的，赔偿权利人可以作出要求其继续履行协议的书面决定。赔偿义

务人收到书面决定后在法定期限内未申请行政复议或者提起行政诉讼，且仍不继续履行的，生态环境损害赔偿磋商协议内容具有可执行性，赔偿权利人可以向人民法院申请强制执行，督促赔偿协议全面实现。此种情况下，社会组织无须针对生态环境损害赔偿协议涉及事项另行提起环境民事公益诉讼。

（3）不履行磋商协议的情形

根据《行政强制法》和《最高人民法院关于审理行政协议案件若干问题的规定》第 24 条的规定可知，向人民法院申请强制执行是行政机关解决行政协议纠纷的重要手段。生态环境损害赔偿磋商协议本质上属于行政协议的范畴。生态环境损害赔偿协议达成后，赔偿义务人不履行生态环境损害赔偿协议约定的义务，经催告后又不履行，赔偿权利人可以作出要求其履行协议义务的书面决定。赔偿义务人收到书面决定后在法定期限内未申请行政复议或者提起行政诉讼，且仍不履行的，协议内容具有可执行性。赔偿权利人有权依法催告其如约履行，催告后赔偿义务人仍不履行的，赔偿权利人有权向人民法院申请强制执行。

总的来说，基于损害者担责原则和环境正义理念，赔偿权利人与赔偿义务人在公众监督下依照法定程序就生态环境损害修复和赔偿事宜进行全面磋商并达成赔偿协议后，该赔偿协议具有行政协议的属性。赔偿权利人应继续跟进监督，在赔偿义务人不完全履行赔偿协议的情况下，有权依法定程序催告并申请人民法院强制执行，以确保赔偿协议得以全部实现。社会组织不宜对赔偿协议所涉及的修复或赔偿事宜提起环境民事公益诉讼，但可以在赔偿协议内容之外就磋商协议未涵盖的一般生态环境损害或重大环境风险提起环境民事公益诉讼。

三、优化生态环境损害赔偿诉讼与环境民事公益诉讼衔接的规则

当赔偿权利人与赔偿义务人就生态环境损害事实和程度、修复启动时间和期限、赔偿的方式和期限等事项进行磋商,但最终因各种原因无法开展磋商或者未能达成磋商协议时,赔偿权利人应及时向人民法院提起生态环境损害赔偿诉讼。《最高人民法院关于审理生态环境损害赔偿案件的若干规定(试行)》秉持"平行立案、优先审理"①的理念就同一严重损害生态环境的行为,赔偿权利人提起生态环境损害赔偿诉讼的,适格主体可以同时提起环境民事公益诉讼,由同一人民法院受理并交由同一审判组织审理。而在环境民事公益诉讼裁判生效前,审理顺位上生态环境损害赔偿诉讼原则上优先于环境民事公益诉讼。这一立法进路试图采用多元并进的模式达到生态环境损害修复和赔偿"全覆盖"的效果,实质上却模糊了生态环境损害赔偿诉讼与环境民事公益诉讼的逻辑。实践中,若环境民事公益诉讼已先于生态环境损害赔偿诉讼被受理,但人民法院优先审理生态环境损害赔偿诉讼,即使环境民事公益诉讼被中止后再恢复审理,社会组织也往往仅能就律师费等实际支付的费用请求法院支持,这在一定程度上打击了适格主体提起环境民事公益诉讼的

---

① 《最高人民法院关于审理生态环境损害赔偿案件的若干规定(试行)》第 16 条规定,"在生态环境损害赔偿诉讼案件审理过程中,同一损害生态环境行为又被提起民事公益诉讼,符合起诉条件的,应当由受理生态环境损害赔偿诉讼案件的人民法院受理并由同一审判组织审理";第 17 条规定,"人民法院受理因同一损害生态环境行为提起的生态环境损害赔偿诉讼案件和民事公益诉讼案件,应先中止民事公益诉讼案件的审理,待生态环境损害赔偿诉讼案件审理完毕后,就民事公益诉讼案件未被涵盖的诉讼请求依法作出裁判"。

积极性,也造成司法资源不必要的浪费。

如前所述,生态环境损害赔偿诉讼系作为赔偿权利人的行政机关借助司法权实现环境行政执法目标的特殊手段,其本质属于环境行政执法的延伸,属于行政权行使的范畴;而环境民事公益诉讼属于典型的环境司法范畴。基于"司法权谦让行政权"以及"义务先于权利"理论,原则上,生态环境损害赔偿诉讼在立案、审理和执行环节均应优先于环境民事公益诉讼。具体而言,社会组织在提起环境民事公益诉讼之前,应将起诉信息告知违法行为人、赔偿权利人和检察机关,违法行为人拒不采取修复或赔偿措施、赔偿权利人经检察机关督促在30日内不予回复或仍不提起生态环境损害赔偿诉讼的,社会组织方有权向人民法院提起环境民事公益诉讼。赔偿权利人在法定期限内经督促无合理理由仍未提起生态环境损害赔偿诉讼的,人民法院应受理社会组织提起的环境民事公益诉讼。由此,为保障生态环境损害赔偿诉讼的优先地位,又不完全压缩环境民事公益诉讼的适用空间,建议在立法确立生态环境损害赔偿诉讼优先顺位的同时,增加但书的规定,即"但社会组织提起民事公益诉讼前已告知赔偿权利人,赔偿权利人在30日内不提起生态环境损害赔偿诉讼或不予回复的除外"。社会组织在提起环境民事公益诉讼前履行了诉前告知程序,负有法定索赔职责的赔偿权利人放弃诉权或怠于行使诉权的,也表明其放弃了优先审理权。如果赔偿权利人在人民法院受理环境民事公益诉讼期间再提起生态环境损害赔偿诉讼,则不应被优先审理。同时,立法应规定赔偿权利人放弃或怠于提起生态环境损害赔偿诉讼的法律责任。基于检察机关的法律监督身份以及在环境民事公益诉讼中的兜底作用,当且仅当赔偿权利人不提起生态环境损害赔偿诉讼,且社会组织亦不对同一严重损害生态环境的违法行为提起环境民事公益诉讼时,检察机关才有权在公告期满后直接向人民法院提起环境民事公益诉讼,以追究违法行为人的法律责任。

此外,在赔偿权利人提起生态环境损害赔偿诉讼的情况下,人民法院应将起诉信息向社会公开,社会组织不宜针对同一严重受损的生态环境损害事实另行提起环境民事公益诉讼,但社会组织可以就生态环境损害赔偿诉讼未涵盖的诉讼请求提起环境民事公益诉讼,基于诉讼标的的牵连性以及诉讼经济效率原则,法院可以合并审理。

四、制定诉讼程序之间统一的证据规则

基于"一事不再理"以及"司法权谦让行政权"的原则,为避免违法行为人因同一生态环境损害行为重复承担相似的法律责任,针对同一严重受损的生态环境,原则上只能由赔偿权利人提起生态环境损害赔偿诉讼,或者由适格主体提起环境民事公益诉讼,且相较于环境民事公益诉讼,法院应优先受理生态环境损害赔偿诉讼。当赔偿权利人经督促仍不提起生态环境损害赔偿诉讼时,社会组织或检察机关有权提起作为补充之诉的环境民事公益诉讼。

生态环境损害赔偿诉讼与环境民事公益诉讼虽有适用顺位之别,但统一证明标准和证据规则对实现两者的有效衔接有着重要的价值。目前,我国部分政策性文件和司法解释对生态环境损害赔偿与环境民事公益诉讼的证明标准和证据规则作出了原则性的规定,但仍存在证明标准不一致、证明规则待明确等问题。

在证明标准方面,生态环境损害赔偿诉讼与环境民事公益诉讼对生态环境损害的证明标准不同。例如,《最高人民法院关于审理

生态环境损害赔偿案件的若干规定(试行)》第5条规定,赔偿权利人需提供切实的证据证明其原告资格、发生严重生态环境损害事实等。而《最高人民法院关于审理环境民事公益诉讼案件适用法律若干问题的解释》第8条规定,适格主体提起环境民事公益诉讼需提供被告的行为已经损害社会公共利益或具有损害社会公共利益重大风险的初步证明材料。显然,生态环境损害赔偿诉讼的证明标准高于环境民事公益诉讼的证明标准。

在证据规则方面,存在规则适用待明确的问题。例如,《最高人民法院关于审理生态环境损害赔偿案件的若干规定(试行)》第18条规定:"生态环境损害赔偿诉讼案件的裁判生效后,有权提起民事公益诉讼的国家规定的机关或者法律规定的组织就同一损害生态环境行为有证据证明存在前案审理时未发现的损害,并提起民事公益诉讼的,人民法院应予受理。民事公益诉讼案件的裁判生效后,有权提起生态环境损害赔偿诉讼的主体就同一损害生态环境行为有证据证明存在前案审理时未发现的损害,并提起生态环境损害赔偿诉讼的,人民法院应予受理。"但"未发现的损害"是指提起前诉之前已发生但未发现的损害还是提起前诉之后新出现的损害,该规定并未明确。此外,由于环境行政执法各阶段所形成的调查报告、监测数据、行政处罚等材料能较全面反映案件事实,不少工作规范或司法解释规定可将行政执法所形成的证据材料作为生态环境损害赔偿诉讼或环境民事公益诉讼中认定案件事实的依据。又如,《最高人民法院关于审理环境公益诉讼案件的工作规范(试行)》第21条规定,人民法院根据当事人申请或认为必要的,可以向负有环境保护监督管理职责的部门调取与案件相关的环境影响评价许可、排污许可证等许可文件,行政执法过程中出具的事件调查报告、调查笔录、检验报告、检测报告、评估报告、监测数据以及行政处罚决定和处罚依据等材料。《关于推进生态环境损害赔偿制度改革若干具体问题的意见》第九部分“关于与公益诉讼的衔接”中规定，生态环境、自然资源、住房城乡建设、农业农村、水利、林业和草原等部门可以对检察机关提起环境民事公益诉讼提供证据材料和技术方面的支持。《最高人民法院关于审理生态环境损害赔偿案件的若干规定（试行）》第9条规定，负有相关环境资源保护监督管理职责的部门或者其委托的机构在行政执法过程中形成的事件调查报告、检验报告、检测报告、评估报告、监测数据等，经当事人质证并符合证据标准的，可以作为认定案件事实的根据。《关于检察公益诉讼案件适用法律若干问题的解释》第6条规定，人民检察院办理公益诉讼案件，可以向有关行政机关以及其他组织、公民调查收集证据材料。《人民检察院公益诉讼办案规则》第35条规定，人民检察院办理公益诉讼案件，可以采取咨询专业人员、相关部门或者行业协会等对专门问题的意见的方式开展调查和收集证据。《生态环境行政处罚办法》第27条规定，生态环境主管部门立案前依法取得的证据材料，可以作为案件的证据。其他机关依法依职权调查收集的证据材料，可以作为案件的证据。然而，由于环境行政执法所形成的证据材料与司法审判所需证明材料之间存在证据标准的差异，两种证据之间的转化存在一定的困难。

证明标准和证据规则的不统一或不明确不利于实现生态环境损害赔偿诉讼与环境民事公益诉讼的有效衔接，亦会给法院审理同一类严重损害生态环境的案件带来不必要的困扰。针对不同诉讼所要求的证据、证明标准的不同，可以在负有生态环境监督、管理职责的部门与省、市政府等赔偿权利人之间建立有效的沟通机制，及时做好证据固定、证据保全等必要工作。[①] 打通环境行政执法所收集的证据与生态环境损害赔偿诉讼、环境民事公益诉讼所认定的证据之间的壁垒,有助于减少因证据问题引起的行政程序与司法程序之间以及司法程序之间的内耗。建议立法进一步优化证明标准和证据规则,完善赔偿权利人提起生态环境损害赔偿诉讼、社会组织提起环境民事公益诉讼以及检察机关提起环境民事公益诉讼的证明标准,明确行政机关在环保执法中形成调查报告、监测数据等证据材料的标准和要求,赋予行政执法中依法形成的证据材料以司法证据效力,提高诉讼效率。此外,加强部门之间、行政机关与社会主体之间的沟通机制,有助于负有环保监管职责的行政机关在对环境违法行为人作出行政处罚、行政命令或行政强制执行过程中有意识地依法定程序保全证据、固定证据,在符合生态环境损害索赔的领域,随时向赔偿权利人进行通报和移送,实现行政执法与生态索赔的有效衔接。同时,社会组织和检察机关在提起环境民事公益诉讼时,亦可以获取与环保行政机关同样的具有司法证明力的证据材料。在行政机关、社会组织、检察机关等多方主体有效沟通协调下,统筹构建顺畅的证据固定和共享机制,促进生态环境损害赔偿诉讼和环境民事公益诉讼的有效衔接。

五、完善生态环境损害赔偿金的使用和管理

生态环境损害赔偿金的使用和管理直接影响生态环境损害赔偿与环境民事公益诉讼的实施效果,因而生态环境损害赔偿金管理

① 参见陈爱武、姚震宇:《环境公益诉讼若干问题研究——以生态环境损害赔偿制度为对象的分析》,载《法律适用》2019 年第 1 期。

机制的完善在当下环境法治中具有迫切的现实意义。

然而，现阶段我国生态环境损害赔偿金的使用和管理仍存在诸多不足。对于生态环境损害赔偿资金的使用和管理，《生态环境损害赔偿资金管理办法（试行）》作出了较为明确的规定，其中第 6 条规定，赔偿权利人负责生态环境损害赔偿资金使用和管理；生态环境损害赔偿资金作为政府非税收入，实行国库集中收缴，全额上缴赔偿权利人指定部门、机构的本级国库，纳入一般公共预算管理。但对于环境民事公益诉讼胜诉所获资金的使用和管理，该规定并未明确。《最高人民法院关于审理环境公益诉讼案件的工作规范（试行）》第 36 条规定，人民法院判令被告支付的生态环境修复费用以及生态环境服务功能损失赔偿金等款项，可以由环境公益诉讼专项基金或者专项资金账户等受领。《生态环境损害赔偿资金管理办法（试行）》第 15 条规定，环境民事公益诉讼中，经人民法院生效法律文书确定的生态环境无法修复或者无法完全修复的损害赔偿资金，以及赔偿义务人未履行义务或者未完全履行义务时应当支付的生态环境修复费用，可参照该办法规定管理。实践中，各个地区对于环境民事公益诉讼胜诉所获的生态环境损害赔偿金的管理和使用标准并不一致，大体包括归入国库、设立专项账户、设立基金会等模式，主要存在资金的归属对象各异、管理模式不一、监督机制匮乏、支出程序混乱和法律依据不足等问题。

我国生态环境损害赔偿磋商或诉讼仅适用于生态环境严重受损的特定领域。相较而言，作为补充之诉的环境民事公益诉讼，除可以适用于生态环境严重受损的特定领域外，还适用于一般生态环境损害以及重大环境风险领域。由于生态环境严重受损的特定领域属于赔偿权利人依法履行索赔职责的范围，环境民事公益诉讼仅在赔偿权利人不提起生态环境损害赔诉讼时发挥补充作用，其目的仍是修复严重受损的生态环境，辅助破解“企业污染、群众受害、政府买单”的困局。因此，在生态环境严重受损的特定领域，赔偿权利人怠于提起生态环境损害赔偿诉讼，社会组织或检察机关补充提起环境民事公益诉讼的，原告胜诉所获的生态环境损害赔偿金宜作为政府非税收入全额纳入一般公共预算进行统一管理。而在一般生态环境损害救济以及重大环境风险预防领域，宜根据各地试点探索的成熟经验，发挥社会公众力量，通过设立基金会的方式对环境民事公益诉讼胜诉所获的生态环境损害赔偿金进行开放式管理。基金会管理模式比行政专项管理更灵活，既有利于提高非政府组织或企业的社会责任感，也可以减少行政干预，符合管理型行政的改革发展趋势。但针对设立基金会可能出现的资金管理不善、贪污腐败等问题，仍需构建科学合理的组织架构和监督机制，保障合法、合理地将生态环境损害赔偿资金专款用于生态环境损害修复和重大环境风险预防。

概言之，生态环境损害赔偿磋商或诉讼所获的资金作为政府非税收入，纳入一般公共预算，专款专用于严重生态环境损害的修复和治理。环境民事公益诉讼胜诉所获的资金，根据诉讼请求的类别，分别用于严重生态环境损害修复、一般生态环境损害修复或预防重大环境风险，其中用于严重生态环境损害修复的资金应作为政府非税收入，纳入一般公共预算，与生态环境损害赔偿金统一管理和使用。

第二节　生态环境损害赔偿与环境行政公益诉讼衔接的规范构造

在我国,生态环境损害赔偿是作为赔偿权利人的行政机关履行国家环境保护义务和行使生态环境损害索赔权的新型途径。为确保生态环境损害索赔权的正当行使,有必要对其进行有效监督。用环境行政公益诉讼监督生态环境损害赔偿,符合新时代背景下司法权监督行政权的发展趋势。然而,我国现有立法体系中,涉及生态环境损害赔偿与环境行政公益诉讼衔接的规定相对匮乏。基于法律保留原则,有必要通过完善法律或司法解释,为生态环境损害赔偿与环境行政公益诉讼的衔接提供适法依据。第一,明确作为赔偿权利人的行政机关行使生态环境损害索赔权是在履行环境监管索赔职责,将行政机关怠于或违法行使索赔权的行为纳入环境行政公益诉讼的受案范围,为司法实践提供明确的立法指引。第二,针对索赔权与监管权的异同,明确赔偿权利人行使生态环境损害索赔权的履职标准,为环境行政公益诉讼制度的启动和终结提供明确的法律依据。第三,从诉前程序、诉讼程序、执行程序等方面细化程序性规则,完善生态环境损害赔偿与环境行政公益诉讼衔接的配套措施和具体细则。

一、将生态环境损害赔偿纳入环境行政公益诉讼的适用范围

德国环境法大多是基于公法之基础而建构,将环境保护视为国家的义务。德国利他型环境团体诉讼实质是环境行政公益诉讼。德国利他型环境团体诉讼主要针对行政不当作为和行政不作为两

种情况，诉讼范围扩展至生态损害赔偿。[①] 这对我国完善生态环境损害赔偿与环境行政公益诉讼衔接机制有一定的借鉴意义。

相比之下，我国对环境行政公益诉讼适用范围的界定相对谨慎。2017 年修改后的《行政诉讼法》赋予检察机关在生态环境和资源保护、食品药品安全、国有财产保护、国有土地使用权出让等领域行政公益诉讼法律监督职能。该规定在上述四领域之后使用了“等”的表述，为检察机关扩大环境行政公益诉讼适用范围预留了空间。然而，目前行政公益诉讼相关司法解释均将监督对象限于行政监督管理行为，赔偿权利人的索赔行为能否纳入其中尚未明确。

作为赔偿权利人的行政机关依法负有国家环境保护义务。就理论而言，国家环境保护义务包括保障公民主观基本权利免受侵害的消极义务和保障客观法秩序价值的积极义务。为维护和促进环境公共利益，赔偿权利人积极与赔偿义务人开展生态环境损害赔偿磋商或诉讼，则是通过维护客观法秩序以履行国家环境保护义务的体现。具体而言，首先，建议将生态环境损害赔偿的法律属性明确界定为环境行政执法延伸，属行政权行使的范畴。如前所述，从该制度的目的来看，行政机关行使生态环境损害索赔权实际上是在履行国家环境保护义务，根本目的在于填补损害，维护环境公益。该制度的各个阶段均具有明显的行政公权属性，体现我国生态环境纠纷的多元化解决趋势和合理共治理念，可以将其理解为以民事司法为手段、以维护环境公益为目的的环境行政执法的延伸。其次，在明确生态环境损害赔偿是环境行政执法延伸的前提下，将行政机关

① 参见谢伟：《德国环境团体诉讼制度的发展及其启示》，载《法学评论》2013 年第 2 期。

怠于或违法行使生态环境损害索赔权的行为纳入环境行政公益诉讼的受案范围。对于环境行政公益诉讼受案范围的判断进路可以遵循以下三个步骤:一是判断案件是否属于“环境公益”案件;二是判断行政机关所作行为是否属于行政行为;三是判断该行政行为能否用诉讼处断。根据此判断进路,其一,生态环境损害赔偿制度的目的在于填补因环境污染、生态破坏等造成的严重生态环境损害,维护生态利益,若行政机关怠于或违法履行索赔职责将损害环境公共利益,因此符合“环境公益”的标准。其二,生态环境损害赔偿是环境行政执法的延伸,行政机关依法履行索赔职责是借助司法途径实现环境行政监管目标的柔性手段,能够产生行政法律效果,使赔偿义务人承担行政法律责任,属于环境行政行为。其三,根据《行政诉讼法》《行政强制法》等相关规定,柔性行政行为亦属于环境行政公益诉讼受案范围,赔偿权利人怠于履行索赔职责的行为可用诉讼处断。由此可见,将赔偿权利人怠于或违法行使索赔权的行为纳入环境行政公益诉讼的受案范围具有正当性。将其纳入受案范围既是两项制度衔接的基础,也是检察机关履职的需要。

因此,若赔偿权利人不履行或违法履行其生态环境损害索赔职责,即不依法启动生态环境损害赔偿磋商或提起生态环境损害赔偿诉讼,检察机关有权依法制发检察建议以督促其履行职责;如经诉前检察建议,赔偿权利人仍不履行索赔职责或未纠正违法履行行为,人民检察院可依法提起环境行政公益诉讼。基于此,立法宜明确规定:在生态环境和资源保护领域,行政机关未穷尽传统环境行政管制手段、赔偿权利人未开展生态环境损害赔偿磋商或诉讼的,属于检察机关提起环境行政公益诉讼的适用范围,检察机关制发检察建议后,赔偿权利人仍未依法履行生态环境监管或索赔职责的,检察机关有权提起环境行政公益诉讼。

二、细化赔偿权利人行使生态环境损害索赔权的履职标准

在环境行政公益诉讼中,是否需要从诉前程序过渡到诉讼程序的关键在于判断行政机关是否依法履行法定职责。而对行政机关是否依法履行法定监管职责,理论界和实务界形成了“行为标准”、“结果标准”和“复合标准”三种认定观点。“行为标准”强调行政机关是否已穷尽其所能采取的监管措施,如已穷尽其所能采取的监管措施,即使生态环境仍处于受损状态,也视为行政机关已履职。“结果标准”强调生态环境得到有效修复的结果状态,否则认定行政机关未依法履职。“复合标准”则要求同时满足“行为标准”与“结果标准”的要件。《最高人民法院关于审理环境公益诉讼案件的工作规范(试行)》第53条[①]采用复合标准,要求行政机关穷尽行政监管手段且社会公共利益足以得到保护。但这一审查标准过于严苛、没有充分考虑不应归责于行政机关的客观原因导致诸多司法困境。“行为标准”和“结果标准”各有利弊,立足于环境行政公益诉讼的性质、目的和功能等进行审视,“行为标准”和“结果标准”都将会长期存在。在制度价值上,环境行政公益诉讼制度的旨趣不在于扩张司法而在于督促行政。因此,在制度解释适用上,要体现司法权的谦抑与对行政权专业性的尊重。[②] 就司法机关而言,如何发挥各自

① 《最高人民法院关于审理环境公益诉讼案件的工作规范(试行)》第53条规定:“行政机关在诉前程序中作出的行政行为不足以保护社会公共利益,或者行政机关虽已作出足以保护社会公共利益的行政行为,但社会公共利益仍处于受侵害状态,检察机关提起环境行政公益诉讼的,应予受理。”

② 参见刘超:《环境行政公益诉讼诉前程序省思》,载《法学》2018年第1期。

优点或克服各自弊端将是一个长期的挑战。[①]

在生态环境损害赔偿领域,将生态环境损害赔偿磋商或诉讼纳入环境行政公益诉讼受案范围,核心问题亦在于明确生态环境损害索赔权的履职标准。监管权与索赔权均属于行政权的范畴,但两者有本质的区别。监管权是政府或行政机关依法运用行政规划、行政许可、行政命令、行政处罚等传统行政管制手段对行政相对人进行监督管理的行政权力;索赔权是赔偿权利人在行政机关监管权已穷尽但仍未能有效实现严重生态环境损害的修复或赔偿时,依法借助司法手段实现公法救济目标的公权力。索赔权是监管权在行政权领域内的延伸。目前,我国相关司法解释仅对行政机关监管权的履职标准进行了规定,但暂未涉及索赔权的履职标准。例如,《人民检察院公益诉讼办案规则》第67条规定,国家利益或者社会公共利益受到侵害,生态环境和资源保护等领域对保护国家利益或者社会公共利益负有监督管理职责的行政机关可能违法行使职权或者不作为的,人民检察院应当立案。基于索赔权与监管权的本质差异,索赔权的履职标准与监管权的履职标准并不完全一致,对赔偿权利人是否履职的认定,建议确立以"行为标准为主、结果标准为辅"的标准。

依照生态环境损害赔偿磋商与诉讼的进程来看,行为人实施违法行为导致生态环境严重受损,且环境行政监管部门依法采取行政管制手段仍无法责令违法行为人修复受损生态环境或赔偿生态环境功能损失的,赔偿权利人应依法启动生态环境损害赔偿磋商程

① 参见王清军:《环境行政公益诉讼中行政不作为的审查基准》,载《清华法学》2020年第2期。

序，发布磋商信息、告知相应的人民法院，避免社会组织或检察机关在不知情的情况下针对同一生态环境损害事实另行提起环境民事公益诉讼并被受理。赔偿权利人与赔偿义务人开展生态环境损害赔偿磋商需秉持生态修复理念和坚持损害者担责原则。若双方达成磋商协议，赔偿义务人在法定期限内没有申请行政复议也没有提起行政诉讼的，磋商协议具有执行力。赔偿权利人应依法跟进并确保协议全面履行，以达到修复受损生态环境和赔偿生态功能损失的救济目标。赔偿义务人不完全履行磋商协议所约定的生态环境修复、赔偿义务的，赔偿权利人应依法向人民法院申请强制执行。若双方因各种原因未能达成磋商协议，赔偿权利人应及时向人民法院提起生态环境损害赔偿诉讼。换言之，在生态环境损害赔偿磋商阶段，当具备磋商条件时，赔偿权利人应当依法及时开展磋商，在磋商协议达成并具有执行力的情况下确保磋商协议全面履行。如此，可视为赔偿权利人依法履行了生态环境损害赔偿磋商职责。当生态环境损害赔偿磋商在法定期限或次数内未能达成一致时，赔偿权利人应当依法及时提起生态环境损害赔偿诉讼，若赔偿权利人依法提起生态环境损害赔偿诉讼，可视其为依法履职。反之，当违法行为导致生态环境严重受损且环保监管部门已穷尽法定管制措施，符合生态环境损害赔偿启动条件时，赔偿权利人未启动生态环境损害赔偿程序，或者经过磋商达成协议但未监督协议完全履行，或者经过磋商未达成一致、赔偿权利人未及时依法提起生态环境损害赔偿诉讼的，检察机关有权制发环境行政公益诉讼诉前检察建议，督促赔偿权利人依法履行索赔磋商或诉讼职责，经检察建议督促，赔偿权利人仍未履行索赔职责的，检察机关有权提起环境行政公益诉讼。

三、诉前程序的启动与追踪

保持检察机关和行政机关两者间合适"功能秩序"之诉前程序的设置不仅是司法克制主义的集中体现,也是实现行政公益诉讼高效运行的关键,符合检察监督的内在意蕴。[①] 制发诉前检察建议是检察机关履行法律监督权的重要形式。为环境行政公益诉讼设置诉前程序,意味着增设了一个缓冲机制,给予赔偿权利人自主纠正并依法履行索赔职责的机会。如若经诉前程序督促,赔偿权利人依法履行索赔职责,实现了生态环境损害修复和赔偿的目的,则没有必要启动环境行政公益诉讼程序。

针对我国当前生态环境损害赔偿与环境行政公益诉讼衔接立法缺失的现状,有必要对检察机关以诉前程序督促赔偿权利人依法履行生态环境损害索赔权的适用情形、具体内容、制发程序、跟踪监督等事宜进行明确规定。完善诉前程序有助于增加检察建议的权威性和执行力,减少对诉讼资源的占用。

(一)明确诉前程序的适用情形

检察机关接到生态环境损害赔偿案件线索后,经调查,若符合启动生态环境损害赔偿磋商的条件,赔偿权利人怠于启动生态环境损害赔偿磋商、达成磋商协议后未持续监督确保协议完全履行或者怠于及时依法提起生态环境损害赔偿诉讼的,检察机关有权向赔偿权利人制发诉前检察建议,督促赔偿权利人及时依法开展生态环境损害赔偿磋商、在达成磋商协议的情况下确保生态环境损害赔偿磋

① 参见张鲁萍:《检察机关提起环境行政公益诉讼功能定位与制度建构》,载《学术界》2018 年第 1 期。

商协议完全如约履行或者及时依法提起生态环境损害赔偿诉讼。

具体而言,存在下列情形之一的,检察机关有权向赔偿权利人制发诉前检察建议:第一,符合生态环境损害赔偿磋商启动条件,赔偿权利人怠于启动生态环境损害赔偿磋商程序的。生态环境损害赔偿磋商程序包括调查生态环境损害事实、开展生态环境损害鉴定评估、确定赔偿义务人、通知赔偿义务人参与磋商、发布磋商信息公告、将磋商信息告知有管辖权的人民法院等。第二,赔偿权利人与赔偿义务人经磋商达成协议,赔偿义务人不完全履行协议约定内容,赔偿权利人怠于催告或向法院申请强制执行以确保协议全面履行的。第三,赔偿权利人与赔偿义务人经磋商未能在法定期限或次数内达成一致,赔偿权利人怠于及时依法提起生态环境损害赔偿诉讼的。

(二)诉前检察建议的具体内容

检察机关向赔偿权利人制发诉前检察建议,应明确阐释生态环境损害事实属于生态环境损害赔偿案件适用范围、检察机关法律监督权的正当性、赔偿权利人索赔职责的依据、赔偿权利人依法履行索赔职责的建议等。具体而言,首先,应当载明严重生态环境损害事实的基本情况,将该情况符合生态环境损害赔偿案件适用范围的理由阐述清楚,并辅以法律法规、政策和规范性文件进行说理释法。其次,载明检察机关法律监督权的依据,应当附上法律法规中有关环境行政公益诉讼诉前程序的相关法条,说明检察机关发送检察建议的法律依据,增强检察建议的合法性,体现以检察建议督促赔偿权利人依法索赔的正当性。再次,阐明赔偿权利人的索赔职责,说明赔偿权利人具有依法开展生态环境损害赔偿磋商或诉讼的索赔职责,应当依法开展相关索赔工作,救济严重受损的生态环境。最后,明确告知经督促仍不履职的法律后果,即赔偿权利人经督促仍怠于启动生态环境损害赔偿磋商、怠于监督磋商协议全面履行或怠于提起生态环境损害赔偿诉讼的,检察机关将通过提起环境行政公益诉讼的方式进一步督促其履职。为便于此类诉前检察建议的常态化使用,可以形成专门适用于生态环境损害赔偿案件的检察建议书样式,规范向索赔主体提出的检察建议的具体内容。

(三)诉前检察建议的制发程序

首先,可以建立上级抄送制度。一方面,检察机关向怠于或违法履行生态环境损害索赔职责的赔偿权利人发送诉前建议后,可以同步抄送给上级行政机关,增强检察建议对涉案赔偿权利人的约束力和影响力。生态环境损害赔偿作为完善环境法治体系、健全良好生态运行机制、推进生态文明建设的重要制度,其实施情况一直受中央和地方政府的关注,向赔偿权利人的上级行政机关抄送检察建议,有利于督促赔偿权利人进行落实和整改。另一方面,可以将诉前检察建议同步抄送给地方党委。例如,在"泰州市人民检察院督促泰兴市人民政府依法履行生态环境损害赔偿职责公益诉讼案"中,考虑环境污染的严重性和向赔偿义务人追责的迫切性,泰州市人民检察院及时向泰州市委书面汇报了相关情况,对生态环境修复方案提出了相关建议,得到了市委领导的特别重视和高度关注,市委当即决定由泰州市人民检察院督促泰兴市人民政府开展磋商工作。

其次,可以尝试运用检察建议公开宣告制度,增强检察建议的刚性。检察机关在发现赔偿权利人怠于或违法行使生态环境损害索赔职权的案件线索时,可以将检察建议进行公开宣告,增加仪式感和权威性。例如,在“吉水县人民检察院督促县林业局、县生态环境局依法履行生态环境损害赔偿职责公益诉讼案”中,吉水县人民检察院以公开宣告的方式向吉水县林业局、吉水县生态环境局送达督促磋商的检察建议,提高了相关行政机关履行索赔职责的主动性和积极性。

此外,应根据实际情况,灵活、合理地设置赔偿权利人书面回复检察建议的期限。在环境行政公益诉讼诉前程序规范体系中,原则上规定行政机关应当在收到检察建议后两个月内依法办理。而生态环境损害赔偿案件有其特殊性,如生态环境损害赔偿案情多数较为复杂,生态环境损害程度严重,需要专业的鉴定评估,多部门协作配合耗费时间长,赔偿义务人的磋商意愿不一等。当不是因为赔偿权利人的主观原因而是受到客观条件限制,如因生态环境损害程度严重、赔偿义务人确定困难、损害评估鉴定周期长、法定磋商次数和期限不统一、赔偿义务人拒不履行磋商协议等原因,致使赔偿权利人难以在两个月内达成磋商协议并确保磋商协议完全履行时,“两个月”的强制性规定便失去了现实合理性。因此,在生态环境损害赔偿领域,对环境行政公益诉讼的诉前程序回复期限的规定,除坚持原则性的基本期限规定外,还应根据赔偿权利人履行索赔职责的特殊性规定弹性期限。

(四)诉前程序的追踪监督

赔偿权利人接到诉前检察建议后,应针对检察建议所提出的问题进行纠正。赔偿权利人如存在开展磋商前的调查评估程序违法、未履行磋商告知义务、超过法定磋商期限或次数、磋商结果明显不当、磋商达成后不督促赔偿义务人全面履约、磋商不成不提起生态环境损害赔偿诉讼等履职不当或违法履职的行为,经诉前检察建议监督能在法定期限内依法纠正并书面回复检察机关,则检察机关制发诉前检察建议督促赔偿权利人行使索赔权的目标已达成,应当终结环境行政公益诉讼案件。赔偿权利人若有合理理由不开展磋商或不提起诉讼,需书面回复检察机关,无正当理由不启动生态环境损害赔偿磋商或提起生态环境损害赔偿诉讼的,检察机关有权向人民法院提起环境行政公益诉讼。

同时,检察机关制发诉前检察建议应遵循"不越位""不缺位"原则。一方面,检察机关应保持适当的谦抑性,尊重赔偿权利人在开展生态环境损害赔偿磋商或诉讼中的主导地位,在对赔偿权利人履职行为进行法律监督的同时,避免对赔偿权利人进行过度干预,亦不应与赔偿权利人联合进行索赔。另一方面,检察机关制发诉前检察建议后,应派员定期跟进赔偿权利人切实履行索赔职责的情况,督促赔偿权利人依法与赔偿义务人开展磋商并全面履行磋商协议或在磋商不成时及时依法提起生态环境损害赔偿诉讼,以保障诉前程序能够发挥预期监督效果。若赔偿义务人经诉前建议督促仍未在法定期限内依法履行索赔职责,则检察机关有权向人民法院提起环境行政公益诉讼。

四、诉讼程序的启动与执行

诉前程序的设置是为了给予赔偿权利人一个自行纠正、依法履职的缓冲期。如果赔偿权利人接到检察机关制发的诉前检察建议后,在法定期限内仍不启动生态环境损害赔偿磋商程序、怠于监督赔偿义务人全面履行磋商协议或者不依法提起生态环境损害赔偿诉讼,检察机关有权向人民法院提起环境行政公益诉讼,通过法院判决来督促赔偿权利人依法履行索赔磋商或诉讼职责。

具体而言,存在下列情形的,检察机关有权向人民法院提起环境行政公益诉讼:第一,发生生态环境损害赔偿案件适用范围内的情形,赔偿权利人经检察建议督促后仍未启动生态环境损害赔偿磋商程序的;第二,赔偿权利人与赔偿义务人经磋商达成协议,赔偿义务人不按照协议约定的义务全面履行,经诉前检察建议督促,赔偿权利人仍不依法催告或催告不成后仍未向人民法院申请强制执行以确保磋商协议全面履行的;第三,赔偿权利人与赔偿义务人在法定期限和次数内未能达成磋商协议,经诉前检察建议督促,赔偿权利人仍不依法及时提起生态环境损害赔偿诉讼的。

在立案管辖方面:首先,根据生态环境损害赔偿案件的实际赔偿权利人层级确定环境行政公益诉讼案件的管辖检察院层级。当作为赔偿权利人的省级、市地级人民政府怠于或违法履行索赔职责时,由省级、市地级人民检察院管辖;[①]当赔偿权利人已经指定相关机构或部门开展生态环境损害赔偿工作,被指定机构或部门怠于或违法履行索赔职责时,由对应层级的人民检察院进行立案管辖。其次,完善检察办案一体化工作机制建设,加强省、市、县三级检察机关之间的互联共通。当基层检察院发现行政机关怠于或错误履行生态环境损害索赔职责的案件时,除依法向相应行政机关发送诉前检察建议外,应同时向上级人民检察院报告,以便层级对应的上级检察院及时督促相应层级的行政机关履职。当省级或市地级人民

① 《人民检察院公益诉讼办案规则》第13条规定:“人民检察院办理行政公益诉讼案件,由行政机关对应的同级人民检察院立案管辖。行政机关为人民政府,由上一级人民检察院管辖更为适宜的,也可以由上一级人民检察院立案管辖。”

检察院发现行政机关怠于或错误履行索赔职责的案件时，应当指令对应的下级人民检察院提出诉前检察建议，并由其负责后续的跟踪落实，下级人民检察院定期汇报督促落实情况。

此外，判决的有效执行是确保环境行政公益诉讼效果的关键所在。由于生态环境损害关涉不特定多数人的环境利益，当人民法院对赔偿权利人怠于履行生态环境损害索赔职责的行为作出责令履职的判决时，仍需动员包括检察院、法院、社会组织等在内的全社会力量对判决的有效执行进行监督。首先，强化检察监督机制。在环境行政公益诉讼中，检察机关的法律监督权不仅体现在诉前程序以及起诉环节，还应在判决执行阶段予以落实。人民法院作出要求赔偿权利人履行职责之判决的，检察机关应派人定期追踪判决执行情况，如发现赔偿权利人拒不执行或怠于执行生效判决，检察机关可以向人民法院提出检察建议，督促法院责令赔偿权利人履行职责。其次，人民法院宜适时作出司法建议。基于司法权谦让行政权的逻辑原理，人民法院对赔偿权利人怠于或不依法履行生态环境损害索赔职责作出判决时，往往只作出责令履行的判决，不直接阐明具体的履行内容和履行方式。对于不宜在判决书中阐明的建议，人民法院可以通过司法建议的方式向赔偿权利人提出，避免赔偿权利人在履行生态环境损害索赔职责时履行不到位。再次，完善社会监督机制。充分发挥社会力量的监督作用。社会组织可以对环境行政公益诉讼案件判决的后续执行情况进行跟踪监督，将赔偿权利人履行生态环境损害索赔职责的情况及时向法院、检察院等机关反映。最后，还可以将赔偿权利人的履职行为与领导人的行政责任挂钩。针对拒绝执行或执行不到位的情形，可以追究相应领导人的行政责任。[1] 总而言之,通过完善判决执行阶段的联合配合机制,充分督促赔偿权利人履行生态环境损害索赔职责,救济严重受损的生态环境,落实国家环境保护义务和损害者担责原则,实现生态环境共治的法治格局。

① 参见张鲁萍:《检察机关提起环境行政公益诉讼功能定位与制度建构》,载《学术界》2018 年第 1 期。

参考文献

一、中文著作类

[1]蔡守秋主编:《欧盟环境政策法律研究》,武汉大学出版社 2002 年版。

[2]陈慈阳:《环境法总论》,中国政法大学出版社 2003 年版。

[3]陈海嵩:《国家环境保护义务论》,北京大学出版社 2015 年版。

[4]陈泉生:《环境法原理》,法律出版社 1997 年版。

[5]陈冬:《美国环境公民诉讼研究》,中国人民大学出版社 2014 年版。

[6]陈新民:《德国公法学基础理论》,山东人民出版社 2001 年版。

[7]杜群:《环境法融合论:环境·资源·生态法律保护一体化》,科学出版社 2003 年版。

[8]冯汝:《政府提起生态环境损害赔偿诉

讼制度研究》,中国政法大学出版社 2022 年版。

[9]高家伟:《欧洲环境法》,工商出版社 2000 年版。

[10]胡中华:《环境保护普遍义务论》,法律出版社 2014 年版。

[11]贾峰等编著:《美国超级基金法研究:历史遗留污染问题的美国解决之道》,中国环境出版社 2015 年版。

[12]菅从进:《权利制约权力论》,山东人民出版社 2008 年版。

[13]蒋银华:《国家义务论——以人权保障为视角》,中国政法大学出版社 2012 年版。

[14]柯坚:《环境法的生态实践理性原理》,中国社会科学出版社 2012 年版。

[15]李丹:《环境治理社会化的法治进路研究》,中国政法大学出版社 2020 年版。

[16]吕忠梅、[美]王立德主编:《环境公益诉讼:中美之比较》,法律出版社 2009 年版。

[17]彭中遥:《生态环境损害赔偿诉讼制度研究》,中国社会科学出版社 2022 年版。

[18]朴光洙主编:《环境法与环境执法》(第 3 版),中国环境出版社 2015 年版。

[19]王名扬:《法国行政法》,中国政法大学出版社 1988 年版。

[20]王蓉:《环境法总论:社会法与公法共治》,法律出版社 2010 年版。

[21]颜运秋:《公益诉讼法律制度研究》,法律出版社 2008 年版。

[22]叶俊荣:《环境政策与法律》,中国政法大学出版社 2003 年版。

[23]俞可平:《增量民主与善治》,社会科学文献出版社 2005 年版。

[24]张宝:《环境规制的法律构造》,北京大学出版社 2018 年版。

[25]张建伟:《政府环境责任论》,中国环境科学出版社 2008 年版。

二、中文译著类

[1][德]奥托·迈耶:《德国行政法》,刘飞译,商务印书馆 2002 年版。

[2][美]埃莉诺·奥斯特罗姆:《公共事物的治理之道》,余逊达、陈旭东译,上海三联书店 2000 年版。

[3][美]E.博登海默:《法理学:法律哲学与法律方法》,邓正来译,中国政法大学出版社 1999 年版。

[4][美]R.德沃金:《法律帝国》,李常青译,中国大百科全书出版社 1996 年版。

[5][英]弗里德利希·冯·哈耶克:《法律、立法与自由》,邓正来等译,中国大百科全书出版社 2000 年版。

[6][美]杰弗里·C.哈泽德、[美]米歇尔·塔鲁伊:《美国民事诉讼法导论》,张茂译,中国政法大学出版社 1998 年版。

[7][美]本杰明·卡多佐:《司法过程的性质》,苏力译,商务印书馆 1998 年版。

[8][美]曼瑟尔·奥尔森:《集体行动的逻辑》,陈郁等译,格致出版社、上海三联书店、上海人民出版社 2018 年版。

[9][美]罗·庞德:《通过法律的社会控制—法律的任务》,沈

宗灵、董世忠译，商务印书馆 1984 年版。

[10][美]史蒂文·卢克斯：《权力：一种激进的观点》，彭斌译，江苏人民出版社 2008 年版。

[11][日]大须贺明：《生存权论》，林浩译，法律出版社 2001 年版。

[12][日]黑川哲志：《环境行政的法理与方法》，肖军译，中国法制出版社 2008 年版。

[13][日]美浓部达吉：《公法与私法》，黄冯明译，中国政法大学出版社 2003 年版。

[14][日]盐野宏：《行政法》，杨建顺译，法律出版社 1999 年版。

[15][日]原田尚彦：《诉的利益》，石龙潭译，中国政法大学出版社 2014 年版。

[16][意]莫诺·卡佩莱蒂：《福利国家与接近正义》，刘俊祥等译，法律出版社 2000 年版。

[17][英]安东尼·吉登斯：《第三条道路：社会民主主义的复兴》，郑戈译，北京大学出版社 2000 年版。

[18][瑞士]托马斯·弗莱纳：《人权是什么？》，谢鹏程译，中国社会科学出版社 2000 年版。

三、中文期刊类

[1]别涛：《环境公益诉讼的立法构想》，载《环境保护》2005 年第 12 期。

[2]蔡守秋：《从环境权到国家环境保护义务和环境公益诉讼》，载《现代法学》2013 年第 6 期。

[3]曹明德:《〈民法典〉生态环境损害赔偿条款法理辨析》,载《法律科学(西北政法大学学报)》2022年第1期。

[4]曹和平、尚永昕:《中国构建环境行政公益诉讼制度的障碍与对策》,载《南京社会科学》2009年第7期。

[5]陈海嵩:《生态环境损害赔偿制度的反思与重构——宪法解释的视角》,载《东方法学》2018年第6期。

[6]陈杭平、周晗隽:《公益诉讼"国家化"的反思》,载《北方法学》2019年第6期。

[7]程多威、王灿发:《论生态环境损害赔偿制度与环境公益诉讼的衔接》,载《环境保护》2016年第2期。

[8]程雨燕:《生态环境损害赔偿磋商制度构想》,载《北方法学》2017年第5期。

[9]杜群:《中外环境行政管制之比较》,载《太平洋学报》1997年第3期。

[10]杜群:《法治生态化转型与生态文明法律制度研究(专题讨论)》,载《哈尔滨工业大学学报(社会科学版)》2015年第4期。

[11]杜群、梁春艳:《我国环境公益诉讼单一模式及比较视域下的反思》,载《法律适用》2016年第1期。

[12]段厚省:《环境民事公益诉讼基本理论思考》,载《中外法学》2016年第4期。

[13]高琪:《检察机关提起环境公益诉讼:历程与评价》,载《南京工业大学学报(社会科学版)》2020年第1期。

[14]巩固:《环境民事公益诉讼性质定位省思》,载《法学研究》2019年第3期。

[15]巩固:《公益诉讼的属性及立法完善》,载《国家检察官学

院学报》2021 年第 6 期。

[16]巩固:《美国环境公民诉讼之起诉限制及其启示》,载《法商研究》2017 年第 5 期。

[17]龚学德:《论公法制裁后环境民事公益诉讼中的重复责任》,载《行政法学研究》2019 年第 5 期。

[18]郭立新:《新时代检察机关法律监督的任务》,载《中国检察官》2018 年第 23 期。

[19]郭武:《论中国环境诉讼类型的整合策略》,载《东方法学》2022 年第 6 期。

[20]胡卫列、迟晓燕:《从试点情况看行政公益诉讼诉前程序》,载《国家检察官学院学报》2017 年第 2 期。

[21]江国华:《走向能动的司法——审判权本质再审视》,载《当代法学》2012 年第 3 期。

[22]蒋银华:《论国家义务的理论渊源:现代公共性理论》,载《法学评论》2010 年第 2 期。

[23]柯坚:《破解生态环境损害赔偿法律难题——以生态法益为进路的理论与实践分析》,载商鸿钧、王明远主编:《清华法治论衡》第 16 辑,清华大学出版社 2012 年版。

[24]黄胜开:《生态环境损害赔偿诉讼的法理辨析与机制协调》,载《理论月刊》2022 年第 1 期。

[25]黄锡生、韩英夫:《生态损害赔偿磋商制度的解释论分析》,载《政法论丛》2017 年第 1 期。

[26]黄锡生、谢玲:《环境公益诉讼制度的类型界分与功能定位——以对环境公益诉讼“二分法”否定观点的反思为进路》,载《现代法学》2015 年第 6 期。

[27]冷罗生、李树训:《生态环境损害赔偿制度与环境民事公益诉讼研究——基于法律权利和义务的衡量》,载《法学杂志》2019年第11期。

[28]李启家:《环境法领域利益冲突的识别与衡平》,载《法学评论》2015年第6期。

[29]李艳芳:《美国的公民诉讼制度及其启示——关于建立我国公益诉讼制度的借鉴性思考》,载《中国人民大学学报》2003年第2期。

[30]李艳芳、李斌:《论我国环境民事公益诉讼制度的构建与创新》,载《法学家》2006年第5期。

[31]林丽:《关于环境行政公益诉讼的法律思考》,载《河北法学》2007年第8期。

[32]刘超:《环境行政公益诉讼诉前程序省思》,载《法学》2018年第1期。

[33]刘耀辉:《国家义务的可诉性》,载《法学论坛》2010年第5期。

[34]刘静:《环境民事公益诉讼的界限》,载《法商研究》2022年第3期。

[35]刘莉、胡攀:《生态环境损害赔偿磋商制度的双阶构造解释论》,载《甘肃政法学院学报》2019年第1期。

[36]罗丽:《生态环境损害赔偿诉讼与环境民事公益诉讼关系实证研究》,载《法律适用》2020年第4期。

[37]罗丽、王浴勋:《生态环境损害赔偿磋商与诉讼衔接关键问题研究》,载《武汉理工大学学报(社会科学版)》2017年第3期。

[38]吕梦醒:《生态环境损害多元救济机制之衔接研究》,载

《比较法研究》2021 年第 1 期。

[39]吕忠梅:《环境公益诉讼辨析》,载《法商研究》2008 年第 6 期。

[40]梅宏:《生态损害:风险社会背景下环境法治的问题与思路》,载《法学论坛》2010 年第 6 期。

[41]梅宏、胡勇:《论行政机关提起生态环境损害赔偿诉讼的正当性与可行性》,载《重庆大学学报(社会科学版)》2017 年第 5 期。

[42]孙洪坤、范雅莉:《生态环境损害赔偿诉讼与环境民事公益诉讼衔接困境及其破解》,载《南京工业大学学报(社会科学版)》2023 年第 5 期。

[43]史玉成:《生态环境损害赔偿制度的学理反思与法律建构》,载《中州学刊》2019 年第 10 期。

[44]陶建国:《德国环境行政公益诉讼制度及其对我国的启示》,载《德国研究》2013 年第 2 期。

[45]王明远:《论我国环境公益诉讼的发展方向:基于行政权与司法权关系理论的分析》,载《中国法学》2016 年第 1 期。

[46]王明远:《论环境权诉讼——通过私人诉讼维护环境公益》,载《比较法研究》2008 年第 3 期。

[47]王金南、刘倩、齐霁、於方:《加快建立生态环境损害赔偿制度体系》,载《环境保护》2016 年第 2 期。

[48]王清军:《环境行政公益诉讼中行政不作为的审查基准》,载《清华法学》2020 年第 2 期。

[49]王世进、张维娅:《论生态环境损害赔偿诉讼与环境民事公益诉讼的衔接》,载《时代法学》2020 年第 2 期。

[50]王一彧:《检察机关提起环境行政公益诉讼现状检视与制度完善》,载《中国政法大学学报》2019年第5期。

[51]王旭光:《论生态环境损害赔偿诉讼的若干基本关系》,载《法律适用》2019年第21期。

[52]王曦、唐瑭:《对“环境权研究热”的“冷”思考》,载《上海交通大学学报(哲学社会科学版)》2013年第2期。

[53]吴宇:《德国环境团体诉讼的嬗变及对我国的启示》,载《现代法学》2017年第2期。

[54]吴良志:《论生态环境损害赔偿诉讼的诉讼标的及其识别》,载《中国地质大学学报(社会科学版)》2019年第4期。

[55]夏云娇:《西方两大法系环境行政公益诉讼之比较与借鉴》,载《湖北社会科学》2009年第5期。

[56]向往、秦鹏:《生态环境损害赔偿诉讼与民事公益诉讼衔接规则的检讨与完善》,载《重庆大学学报(社会科学版)》2021年第1期。

[57]谢伟:《德国环境团体诉讼制度的发展及其启示》,载《法学评论》2013年第2期。

[58]徐忠麟、夏虹:《生态环境损害赔偿与环境民事公益诉讼的冲突与协调》,载《江西社会科学》2021年第7期。

[59]薛艳华:《论环境公益诉讼与环境行政执法之冲突与消解》,载《中国软科学》2020年第4期。

[60]颜运秋、张金波、李明耀:《环境行政公益诉讼的逻辑和归位》,载《环境保护》2015年Z1期。

[61]杨建顺:《公共利益辨析与行政法政策学》,载《浙江学刊》2005年第1期。

[62]杨朝霞:《论环保机关提起环境民事公益诉讼的正当性——以环境权理论为基础的证立》,载《法学评论》2011 年第 2 期。

[63]叶勇飞:《论环境民事公益诉讼》,载《中国法学》2004 年第 5 期。

[64]于安:《行政诉讼的公益诉讼和客观诉讼问题》,载《法学》2001 年第 5 期。

[65]于文轩、孙昭宇:《生态环境损害赔偿磋商的属性界定与制度展开——以双阶理论为视角》,载《中国地质大学学报(社会科学版)》2021 年第 2 期。

[66]詹建红:《论环境公益诉讼形态的类型化演进》,载《河北法学》2006 年第 8 期。

[67]张宝:《生态环境损害政府索赔权与监管权的适用关系辨析》,载《法学论坛》2017 年第 3 期。

[68]张力、庞伟伟:《大规模侵权损害救济机制探析》,载《法治研究》2017 年第 1 期。

[69]周勇飞:《生态环境损害赔偿诉讼与环境民事公益诉讼的界分——功能主义的视角》,载《湖南师范大学社会科学学报》2020 年第 5 期。

[70]朱谦:《环境权问题:一种新的探讨路径》,载《法律科学(西北政法学院学报)》2004 年第 5 期。

[71]竺效:《论环境民事公益诉讼救济的实体公益》,载《中国人民大学学报》2016 年第 2 期。

[72]自然资源保护协会(NRDC)中国环境法项目、周悦霖、[美]Daniel Carpenter-Gold:《自然资源损害救济体系:美国经验及

对中国的启示》,载谢玉红、曹明德主编:《中国环境法治》2014 年下卷,法律出版社 2015 年版。

四、英文著作类

[1] Bruce T. Wallace & William J. Stapleton, *Environmental Litigation*, Wiley Law Publications, 1994.

[2] Baier & Lowell E., *Inside the Equal Acess to Justice Act: Environmental Litigation and the Crippling Battle over Amer*, Rowaman & Littlefield, 2020.

[3] Frank Maes, *Marine Resource Damage Assessment: Liability and Compensation for Environmental Damage*, Springer, 1988.

[4] Ibrahim Abdullahi, *Civil Litigation in Nigeria*, African Books Collective, 2018.

[5] Kopp, Raymond J., Smith, V. Kerry, *Valuing Natural Assets: The Economics of Natural Resource Damage Assessment*, Taylor & Francis Inc., 1993.

[6] Lee Paddock, Du Qun & Louis Kotze, *Compliance and Enforcement in Environmental Laws: Toward More Effective Implementation*, Edward Elgar Publishers, 2010.

[7] Rachel E. Stern, *Environmental Litigation in China: A Study in Political Ambivalence*, Cambridge University Press, 2013.

[8] Reid, *Civil Litigation*, Oxford University Press, 2013.

[9] Riesel & Daniel, *Envionmental Enforcement: Civil and Criminal*, Law Journal Press, 1988.

[10] Shinkle & Florence, *A Force for Nature: The Environmental*

Litigation of Lewis C. Green, Gashouse Books, 2009.

[11] The Commission on Global Governance, *Our Global Neighborhood*, Oxford University Press, 1995.

[12] Thomas F. Goldman, *Civil Litigation: Process and Procedures*, Prentice Hall, 2011.

[13] Tim Stephens, *International Courts and Environmental Protection*, Cambridge University Press, 2009.

五、英文论文类

[1] Brian Reilly, *The Public Right-to-Know on A Need-to-Know Basis: Striking the Balance between National Security and Environmental Protection*, 41 B. C. Envtl. Aff. L. Rev. (2014).

[2] Charles C. Steincamp, *Citizenship: A Discussion of Environmental Citizen Suits*, 39 Washburn L. J. (1999).

[3] Daniel J. Dunn, *Environmental Citizen Suits Against Natural Resource Companies*, 17 Nat. Resources & Env't. (2003).

[4] David G. Samuels, *Precluding Preclusion: A Proposal for a New Way of Addressing Citizen Suit Overfiling*, 26 Tul. Envtl. L. J. (2013).

[5] Douglas Naftz, *The Environmental Litigation Bond: An Illegal and Shortsighted Limitation on Environmental Litigation in Utah*, 33 Utah Environmental Law Review (2014).

[6] Frank B. Cross, *Rethinking Environmental Citizen Suits*, 8 Temp. Envtl. L. & Tech. J. (1989).

[7] James R. May, *The Availabilty of State Environmental*

Citizen Suits,32 Nat. Resourse & Env't. (2004).

[8] Jeffrey G. Miller, *The Constitutionality of Citizen Suit Provisions in Federal Environmental Statutes*, 27 Journal of Environmental Law and Litigation(2012).

[9] John C. Dernbach, *Citizen Suits and Sustainability* , 10 Widener Law Review (2004).

[10] John E. Bonine, *Private Public Interest Environmental Law:History,Hard Work,and Hope*,26 Pace Envtl. L. Rev. (2009).

[11] Joseph T. Phillips, *Fridends of the Earth v. Laidlaw Environmental Services :Impact,Outcomes,and the Future Viability of Environmental Citizen Suits*,68 University of Cincinnati Law Review (2000).

[12] Karl S. Coplan, *Citizen Litigants Citizen Regulators: Four Cases Where Citizen Suits Drove Development of Clean Water Law*,25 Colorado Natural Resources,Energy& Environmental Law (2014).

[13] Kristi M. Smith, *Who's Suing Whom?: A Comparison of Government and Citizen Suit Environmental Enforcement Action Brought Under EPA-Administered Statutes*,1995 – 2000,29 Columbia Journal of Environmental Law (2004).

[14] Marisa L. Ugalde, *The Future of Environmental Citizen Suits after Buckhannon Board & Care Home, INC. v. West Virginia Department of Health & Human Resources*, 8 Enviornmental Law (2002).

[15] Michel Lee,*Attorney's Fees in Environmental Citizen Suits and the Economically Benefited Plaintiff: When are Attorneys' Fees*

and Costs Appropriate?,26 Pace Envtl. L. Rev. 495(2009).

[16] Patti Goldman,*Public Interest Environmental Litigation in China*:*Lessons Learning from the U. S. Experience*,8 Vt. J. Envtl. L. (2007).

[17] Scott Foster,*Breaking the Transsubstantive Pleading Mold*: *Public Interest Environmental Litigation after Ashcroft v. Iqbal*,35 Wm. & Mary Envtl. L. & Poly Rev. (2011).

[18] Stephen M. Johnson, *Private Plaintiffs*, *Public Rights*: *Article II and Environmental Citizen Suits*, 49 U. Kan. L. Rev. (2000).

[19] Stephen M. Johnson, *Sue and Settle*: *Demonizing the Environmental Citizen Suit*,37 Seattle U. L. Rev. (2014).

[20] Susan George, William J. Snape & Rina Rodriguez, *The Public in Action*: *Using State Citizen Suit Statutes to Protect Biodiversity*,6 U. Balt. J. Envtl. L. (1997).

[21] Joseph L. Sax, *The Public Trust Doctrine in Natural Resource Law*: *Effective Judicial Intervention*, 68 Michigan Law Review(1970).

[22] Trevor W. Morrison, *Private Attorneys General and the First Amendment*,103 Mich. L. Rev. (2005).